Rosa Koire

HINTER DER GRÜNEN MASKE
Die Agenda 21 entlarvt

⊘MNIA VERITAS.

Rosa Koire
(1956-2021)

HINTER DER GRÜNEN MASKE
Die Agenda 21 entlarvt

Behind the green mask - UN agenda 21, The post Sustainability Press - 2011

Aus dem Amerikanischen übersetzt und herausgegeben von
Omnia Veritas Ltd

⒪MNIA VERITAS®

www.omnia-veritas.com

© Omnia Veritas Limited - 2022

Alle Rechte vorbehalten. Kein Teil dieser Publikation darf ohne vorherige Genehmigung des Herausgebers in irgendeiner Form vervielfältigt werden. Das Gesetz über geistiges Eigentum verbietet Kopien oder Vervielfältigungen, die für eine kollektive Nutzung bestimmt sind. Jede vollständige oder teilweise Darstellung oder Vervielfältigung durch ein beliebiges Verfahren ohne die Zustimmung des Herausgebers ist rechtswidrig und stellt eine Fälschung dar, die nach den Artikeln des Gesetzes über geistiges Eigentum bestraft wird.

DAS INSTITUT FÜR NACHHALTIGE ENTWICKLUNG 11

    Unsere Mission 11

    Rosa Koire 12

VORWORT 15

DAS INDIVIDUUM UND DAS KOLLEKTIV 18

LASSEN SIE UNS ETWAS TIEFER GRABEN 30

ZU BEGINN 35

ES ZU HAUSE DURCHSETZEN 38

    Konsens: Feinde neutralisieren 38

DIE DELPHI-TECHNIK 41

    Wie kann all das geschehen, ohne dass ich davon weiß oder es gutheiße? 46

VON INTERNATIONAL BIS LOKAL IN EINEM SCHRITT. 55

    Worüber genau sprechen wir also? 66
    Die Rückkehr zur Erde? 76
    Wildlands: Unsere glorreiche Zukunft 81
    Der Preis für faule Tomaten 87
    Wie passt die Regionalisierung in diesen Kontext? 88

DIE GRÜNE MASKE 91

    Wir wissen, wann du geschlafen hast 96
    Unsere Reise zur Wahrheit beginnt 101
    Der Wecker 106
    Methoden und Taktiken 136
    Setzen Sie alles zusammen und es entsteht die Agenda 21. 144

DEMOKRATEN GEGEN DIE AGENDA 21 150

    Die Stadt verliert die Kontrolle 151

WENN DIE IDEOLOGIE AUF DIE REALITÄT TRIFFT	168
EIN BLICK HINTER DEN SPIEGEL	172
DAS ENDE DER LINIE	178
BEHALTEN SIE IHRE "AUS DEM GEFÄNGNIS ENTLASSEN"-KARTE	181
DIE SMARTE MASKE	182
MINISTERIUM FÜR WAHRHEIT	183
UNSERE SPARTANISCHE ZUKUNFT: NEOFEUDALISMUS	183
WIE GEHT ES JETZT WEITER? WAS IST ZU TUN?	**193**
DANKE	**223**
BEREITS ERSCHIENEN	**229**

Gewidmet dem Andenken an
ESTELLE W. KOIRE
Ihr Mut, die Wahrheit zu sagen
"Sich bemühen, suchen, finden und nicht nachgeben".

DAS INSTITUT FÜR NACHHALTIGE ENTWICKLUNG

Unsere Aufgabe

Das Post Sustainability Institute wurde gegründet, um die Auswirkungen der Agenda 21 der Vereinten Nationen, der nachhaltigen Entwicklung und des Kommunitarismus auf die Freiheit zu untersuchen. Unsere Absicht ist es, den Fortschritt der Nachhaltigkeitsbewegung zu verfolgen und die wahrscheinlichsten Ergebnisse vorherzusagen, wenn sie sich unkontrolliert fortsetzt.

Wir sind ein überparteilicher, regierungsunabhängiger Think Tank mit Sitz in den USA. Wir beabsichtigen, ein Informationszentrum über die Allianzen der Vereinten Nationen mit regierungsunabhängigen und staatlichen Gruppen, die den Kommunitarismus als vorherrschende Form der Weltordnungspolitik etablieren wollen, bereitzustellen und als Sammelpunkt für diejenigen zu dienen, die sich gegen den Abbau der Freiheit wehren. Ihre Teilnahme und Unterstützung ist willkommen.

Post-Nachhaltigkeit: Der Zustand der ökologischen, politischen, sozialen und wirtschaftlichen Systeme nach der Durchsetzung des Kommunitarismus/Kommunismus.

ROSA KOIRE

Rosa Koire war geschäftsführende Direktorin des Post Sustainability Institute. Expertin für die Bewertung von Gewerbeimmobilien und Spezialistin für die Bewertung von High-End-Domains. Ihre achtundzwanzigjährige Karriere als sachverständige Zeugin für Landnutzung und Immobilienwerte führte dazu, dass sie die Auswirkungen der nachhaltigen Entwicklung auf die privaten Eigentumsrechte und die individuelle Freiheit aufzeigte.

2005 wurde sie zum Mitglied eines Bürgerüberwachungsausschusses in Santa Rosa, Nordkalifornien, gewählt, der ein 1300 Acres großes Umgestaltungsprojekt untersuchte, in dem 10.000 Menschen leben und arbeiten. Ihre Recherchen zu den Dokumenten, die die Pläne rechtfertigten, brachten sie und ihren Partner Kay Tokerud dazu, die betrügerischen Grundlagen des riesigen Neugestaltungsprojekts von Gateways anzufechten. Um Koire daran zu hindern, das Projekt anzuprangern, zog die Stadt das Viertel, in dem sich die Anwesen von Koire und Tokerud befanden, aus dem Neuentwicklungsgebiet heraus.

Koire und Tokerud kämpften jedoch, da sie die Tausenden von Unternehmen und Eigentümern, die noch in dem Gebiet ansässig waren, nicht aufgeben wollten. Sie gründeten einen Verband von Unternehmern und Eigentümern und eine gemeinnützige Organisation (Concerned Citizens of Santa Rosa Against Redevelopment Law Abuse) und konnten fast 500.000 US-Dollar an Spenden und freiwilliger juristischer Arbeit aufbringen, um die Stadt Santa Rosa zu verklagen und das Projekt zu stoppen. Die Klage, *Tokerud gegen die Stadt Santa Rosa*, wurde vom Obersten Gerichtshof abgewiesen, doch das Gericht entschied, dass sie weitermachen konnten, und so legten sie Berufung beim Berufungsgericht des ersten Bezirks von San Francisco ein, wo sie 2009 erneut verloren. Durch den dreijährigen Rechtsstreit gegen die Enteignung und die geplante Neugestaltung wurde das Projekt verzögert, während die Wirtschaft zusammenbrach. Die Stadt setzte ihre Pläne nicht um, verfügt aber immer noch über die Enteignungsbefugnis für das 1100 Morgen große Gebiet.

Im Laufe des Gerichtsverfahrens wurde Koire die Quelle der Planungsrevolution bewusst, die sie seit über zehn Jahren beobachtet hatte: die Agenda 21 der Vereinten Nationen. Durch ihre Recherchen fand sie heraus, dass ein Großteil der Finanzierung und Umsetzungsmacht der lokalen Planungsprogramme der Agenda 21/Nachhaltigkeit aus der Umleitung von Grundsteuern an die Umplanungsagenturen stammt.

Seine Arbeit, bei der er Informationen und Lösungen für Bürger bereitstellt, die gegen die Agenda 21 der Vereinten Nationen kämpfen, hat sich im ganzen Land und auf der ganzen Welt verbreitet, da immer mehr Menschen auf die zunehmende Einschränkung ihrer Eigentumsrechte und die Methoden zur Umsetzung von Social Engineering aufmerksam werden.

Über ihre Website democratsagainstunagenda21.com und ihre taktische Basisorganisation Santa Rosa Neighborhood Coalition hat sie zusammen mit anderen Führungspersönlichkeiten dafür gesorgt, dass Aktivisten aus vielen scheinbar unzusammenhängenden Themen zusammenkommen und die Quelle: UN Agenda 21/Nachhaltige Entwicklung bekämpfen.

Im Jahr 2010 wurde die Reichweite der von ihr und ihrem Partner gegründeten gemeinnützigen Organisation erweitert und sie wurde in The Post Sustainability Institute umbenannt.

Rosa Koire, ASA California Certified General Real Estate Appraiser
Accredited Senior Appraiser, American Society of Appraisers
District Branch Chief, California Dept. of Transportation Bachelor
of Arts, English, UCLA

VORWORT

Der Arm der Agenda 21 der Vereinten Nationen ist lang und reicht in alle Regionen der Welt. Die Philosophie des Kommunitarismus ist in diesem Plan allgegenwärtig. Zu wollen, dass die Regierung der Bevölkerung dient, indem sie Dienstleistungen, Infrastruktur und Schutz bereitstellt, steht nicht im Widerspruch dazu, sich gegen die Auferlegung von Beschränkungen zu wehren, die Hausbesitzern das Herz und den Geldbeutel brechen.

Der Kommunitarismus schafft ein "Gleichgewicht" zwischen den Rechten des Einzelnen und den sogenannten Rechten der Gemeinschaft. Da die Rechte der Gemeinschaft nicht in einer Verfassung festgelegt sind, können sie sich ohne Vorwarnung oder Ankündigung ändern; die Rechte des Einzelnen werden gegen ein amorphes Regelwerk abgewogen, das ständig neu definiert wird. Dieses Regelwerk wird im Dunkeln geschrieben, und der Einzelne stößt im Morgengrauen und allein darauf.

Das Motto der Agenda 21 der Vereinten Nationen, *die Rechte künftiger Generationen und aller Arten vor den potenziellen Verbrechen der Gegenwart zu schützen*, ist sowohl eine Nebelwand als auch eine Erklärung von Rechten. Auf der Grundlage dieses hehren Prinzips werden die Rechte des Einzelnen als egoistisch bezeichnet und diejenigen, die sich für ihre Verteidigung einsetzen, als unmoralisch gebrandmarkt. Die Philosophie, dass die bloße Tatsache, dass wir leben und ablaufen, eine direkte Gefahr für die Erde darstellt, ist selbstzerstörerisch und wahrhaft schädlich für das Land, dessen Verwalter wir sind.

Die grüne Maske muss vom fernen Gesicht der Prominenten heruntergerissen werden: den kleinen Diktatoren, die Konzerne, Stiftungen, Planungsabteilungen, Gemeinderäte, Provinzen und Staaten, nichtstaatliche Stiftungen usw. leiten. Die grüne Maske muss denjenigen abgenommen werden, die die Umweltbewegung unterschlagen haben. Hinter dem grünen Geld, den über fünf Billionen Dollar an privatem Geld, das zur Aufnahme grüner Kredite dient, den Maklern für CO2-Kredite, dem enormen Reichtum, der durch den Kauf von Mülldeponien, "CO2-Quoten" und unzugänglichem Land in Ländern der Dritten Welt entsteht, hinter dieser Gier, die man erwarten könnte, heben Sie die Maske an, um zu sehen, wer sich dahinter verbirgt. Sehen Sie, was intelligente und gebildete Menschen auf der ganzen Welt entdecken: Es gibt einen Plan für eine Weltordnungspolitik, die wie ein metastasierendes Krebsgeschwür an jeder Nation auf der Welt nagt.

Unter dem Banner der Rettung des Planeten ertränken wir die Freiheit. Unter der grünen Maske werden unsere bürgerlichen Freiheiten in jedem Dorf und Weiler eingeschränkt, begrenzt und erstickt. Der Plan wird lokal durchgesetzt, doch sein Ziel dient dem Globalismus...

Ihre Regierung ist eine *Korporatokratie*, ein neuer autoritärer Staat, der dabei ist, Ihre Produktion in einem besser kontrollierbaren und ausbeutbaren Kanal zu konsolidieren. Der Grund, warum Ihre Regierung Sie täuscht und Ihnen sagt, dass das alles gut für Sie ist, liegt darin, dass es keinen Gewinn bringt, einen Massenaufstand zu managen. Es ist zu störend. Die Märkte wollen, dass Sie weiterhin kooperieren - ruhig und gefügig.

Die Technologie, die Ihnen angeboten wird, wird in Wirklichkeit dazu benutzt, Sie darauf zu konditionieren, dass Sie erwarten, ausspioniert zu werden und andere auszuspionieren.

Alle totalitären Staaten in der Geschichte stützten sich auf das Sammeln von Daten. Die Nazis waren Meister im Sammeln und Analysieren von Daten. Ihre Regierung verfügt nun über technologische Fähigkeiten, die alles, was bislang auf dem Planeten zu sehen war, bei weitem übertreffen. Sie befinden sich inmitten des größten PR-Betrugs der Weltgeschichte. Die hübsche pastellfarbene Vision des Lebens in einer Smart Growth-Entwicklung ist eine Manipulation, eine Maske. In Wirklichkeit sollen diese Pläne Ihre Freiheit einschränken.

Bewusstseinsbildung ist der erste Schritt des Widerstands.

Das Individuum und das Kollektiv

Kommunitarismus bedeutet, dass die Rechte des Einzelnen gegen die Rechte der Gemeinschaft abgewogen werden. Die amerikanische Verfassung garantiert uns Rechte, mit denen wir geboren wurden: das Leben, die Freiheit und das Streben nach Glück. Das letzte Recht ist nach der Philosophie von John Locke das "Eigentum". Eigentum ist nicht nur ein Stück Land. SIE sind Ihr eigenes Eigentum. Die Abschaffung der Sklaverei war ein grundlegender Bestandteil der ursprünglichen Version der Unabhängigkeitserklärung.

Wie können Sie dann die Rechte des Einzelnen mit denen der Gemeinschaft "ausgleichen"? Die Gemeinschaft hat nach der amerikanischen Verfassung keine Rechte.

Der Einzelne hat Rechte und Pflichten, aber die Gemeinschaft als Ganzes - was ist das? Das Kollektiv? Jedes Mal, wenn Sie die Rechte des Einzelnen "ausgleichen" oder überwältigen oder unterordnen oder konsensualisieren, erhalten Sie etwas anderes als das, was uns die Verfassung garantiert.

Hier ein Beispiel:

Nehmen Sie zwei Gläser und stellen Sie sie auf einen Tisch.

Ein Glas ist mit Wasser gefüllt. Nennen wir es eine konstitutionelle Republik.

Das andere Glas ist mit Milch gefüllt. Nennen wir es einen Gemeinschaftsstaat.

Nun nehmen wir einen Glaskrug und stellen ihn auf den Tisch.

Wir mischen das Wasser und die Milch, indem wir beide in den Krug gießen. Was erhalten wir?

Das ist doch kein Wasser mehr, oder? Es ist Milch. Wässrige Milch. Aber es ist Milch. Nicht Wasser.

Der dritte Weg.

Kommunitarismus: Finde ein Gleichgewicht zwischen deinen individuellen Rechten und den "Rechten der Gemeinschaft". Definiert jetzt als "globale Gemeinschaft". Das wird Ihnen als die neue, aufgeklärte Form des politischen Diskurses präsentiert.

Sie sind "egoistisch", wenn Sie auf Ihren individuellen Rechten und Freiheiten bestehen.

Dies ist die Begründung für die Agenda 21 der Vereinten Nationen/nachhaltige Entwicklung.

Zum Wohle des Planeten. Für die Sicherheit aller Menschen. Für Ihre Gesundheit.

Um Ihre Kinder zu schützen. Um Gewalt am Arbeitsplatz einzudämmen. Um Mobbing zu beenden.

Um die "Rechte" zukünftiger Personen zu schützen.

All diese Ideen sind lobenswert, aber auf die eine oder andere Weise führen sie immer zu restriktiveren Gesetzen, die alle betreffen. Sie kriminalisieren jeden. In vielen Städten wurden einfache Rezepte kriminalisiert.

Was bedeutet das? Wenn Sie Ihren Rasen nicht mähen, ist das ein Verstoß.

Wird Ihr Kind vorbestraft sein, wenn es ein anderes Kind als "Schwuchtel" bezeichnet? Werden Sie zur Rechenschaft gezogen, wenn Ihr Angestellter jemanden erschießt, obwohl Sie wussten, dass dieser wegen einer Trennung von seiner Frau aufgebracht war?

Wird Ihre 15-jährige Tochter am Flughafen nackt durchsucht werden? Werden Sie das Sorgerecht für Ihr 10-jähriges Kind verlieren, weil es fettleibig ist?

Werden Sie aus Ihrer Wohnung geworfen, weil Sie auf Ihrem Balkon geraucht und damit gegen eine örtliche Verordnung verstoßen haben? Werden Sie besteuert, weil Sie 15 Meilen zur Arbeit gefahren sind, anstatt Ihr Fahrrad zu nehmen? Werden Sie einen Bußgeldbescheid erhalten, weil Sie Ihren Gemüsegarten gegossen haben? Wird Ihr intelligenter Zähler dazu verwendet, Werbefachleuten zu sagen, was sie Ihnen verkaufen sollen? Wird Ihr intelligentes Fahrzeug mit Fernhaltefunktion in der Hauptstadt Ihres Bundesstaates von jemandem angehalten, während Sie am Steuer sitzen?

Wird Ihr Nachbar Sie bei der gemeindeorientierten Polizeieinheit Ihrer örtlichen Polizeidienststelle anzeigen, weil Sie sich seltsam zu verhalten scheinen? Wird Ihnen das Recht, das Wasser aus Ihrem Brunnen zu nutzen, verweigert werden? Müssen Sie das Dreifache Ihrer ursprünglichen Stromtarife zahlen, weil Ihre Stadt beschlossen hat, in die Stromerzeugung einzusteigen (Community Aggregate Power Generation)? Müssen Sie Hektar Ihrer Ranch an die County Open Space spenden, bevor Sie dort ein Haus bauen können? Werden Sie jahrelang Grundsteuern zahlen, ohne im Gegenzug irgendwelche Dienstleistungen zu erhalten, weil die Umschuldungsschulden Ihre Stadt lahmgelegt haben? Müssen

Sie Ihre obligatorische Freiwilligenarbeit leisten, bevor Sie Ihr Kind in der Little League anmelden können?

Wird man Ihnen vorwerfen, sich nicht um den Planeten zu kümmern, wenn Sie die nachhaltige Entwicklung in Frage stellen?

Ihre Rechte wurden beseitigt. Willkommen in der neuen Weltordnung des 21.

Zusätzlich zur Ablehnung Ihres Antrags auf Baugenehmigung beabsichtigen wir, Ihr Eigentum im Namen des Gemeinwohls zu konfiszieren!!!

OK, WAS IST DIE AGENDA 21 DER VEREINTEN NATIONEN UND WARUM SOLLTE ICH MICH DAMIT BESCHÄFTIGEN?

Haben Sie sich schon einmal gefragt, woher die Begriffe "Nachhaltigkeit", "intelligentes Wachstum" und "Stadtentwicklung mit hoher Dichte und gemischter Nutzung" kommen? Haben Sie nicht das Gefühl, dass Sie vor zehn Jahren noch nie etwas davon gehört haben und dass heute alles diese Modewörter zu beinhalten scheint? Ist das nur ein Zufall? Dass jede Stadt, jeder Landkreis, jeder Staat und jede Nation auf der Welt ihre Raumplanungscodes und ihre Regierungspolitik ändert, um sich an ... was?

Zunächst einmal möchte ich, bevor ich anfange, sagen: Ja, ich weiß, dass die Welt wirklich klein ist und dass wir alle auf demselben Planeten leben, etc. Ich weiß auch, dass wir eine Regierung des Volkes, durch das Volk und für das Volk haben, und so schwerfällig das manchmal auch sein mag (Donald Rumsfeld sagte, die Chinesen hätten es leicht; sie müssten ihr Volk nicht fragen, ob es damit einverstanden sei. Und Bush Junior sagte, es wäre toll, einen Diktator zu haben, solange er selbst dieser Diktator sei), haben wir eine dreigliedrige Regierung und die Bill of Rights, die Verfassung und die Selbstbestimmung. Das ist doch einer der Gründe, warum die Menschen in die USA kommen wollen, oder? Wir haben hier im Allgemeinen nicht den Platz des Himmlischen Friedens (ja, ich erinnere mich an Kent State - das ist nicht das Gleiche und ja, das ist ein Skandal). Ich habe also nichts dagegen, bestimmte Themen zu einer Priorität zu machen, wie z. B. den bewussten Umgang mit Energie, das Sponsoring alternativer Energien, Recycling/Wiederverwendung und Sensibilität für alle lebenden Kreaturen.

Aber es gibt auch die Agenda 21 der Vereinten Nationen. Was ist das?

Da ihre Politik in alle Generalpläne der Städte und Landkreise in den USA aufgenommen wurde, ist es wichtig, dass die Menschen wissen, woher diese Politik kommt. Während viele die Vereinten Nationen bei ihren friedensstiftenden

Bemühungen unterstützen, wissen nur wenige, dass sie eine sehr spezifische Raumplanungspolitik haben, die sie in jeder Stadt, jedem County, jedem Bundesstaat und jeder Nation umgesetzt sehen wollen. Dieser spezifische Plan wird als Agenda 21 der Vereinten Nationen für nachhaltige Entwicklung bezeichnet, die auf Kommunitarismus beruht. Heute haben die meisten Amerikaner von nachhaltige Entwicklung gehört, kennen aber die Agenda 21, die Agenda des 21. Jahrhunderts, weitgehend nicht.

Kurz gesagt sieht dieser Plan vor, dass die Regierungen die Kontrolle über die Landnutzung übernehmen und keine Entscheidungen den privaten Landbesitzern überlassen. Er geht davon aus, dass die Menschen keine guten Verwalter ihres Landes sind und dass die Regierung bessere Arbeit leisten wird, wenn sie die Kontrolle hat.

Individuelle Rechte im Allgemeinen müssen den Bedürfnissen der Gemeinschaften weichen, wie sie von einem globalistischen Lenkungsgremium festgelegt werden. Darüber hinaus sollen die Menschen in menschlichen Siedlungen oder menschlichen Wohninseln, wie sie in den Dokumenten der UN-Agenda 21 genannt werden, in der Nähe von Beschäftigungszentren und Verkehrsverbindungen zusammengeführt und zusammengepfercht werden. Ein anderes Programm, das sogenannte Wildlands Project, erklärt, wie der Großteil des Landes für Nicht-Menschen reserviert werden soll. In Erwartung unserer Einwände gegen diese Pläne werden unsere Bürgerrechte aufgelöst.

Die Agenda 21 der Vereinten Nationen nennt den Reichtum der Amerikaner als ein großes Problem, das korrigiert werden muss. Sie empfiehlt, den Lebensstandard der Amerikaner zu senken, damit die Menschen in ärmeren Ländern mehr haben; das ist eine Umverteilung des Reichtums. Obwohl Menschen auf der ganzen Welt danach streben, das Wohlstandsniveau zu erreichen, das wir in unserem Land haben, und dafür ihr Leben riskieren, werden die Amerikaner in einem sehr negativen Licht dargestellt und sollen auf einen Zustand zurückgeführt werden, der eher dem Weltdurchschnitt entspricht. Nur dann wird es soziale Gerechtigkeit geben, die ein Eckpfeiler des Agenda-21-Plans der Vereinten Nationen ist.

Die Politik der UN-Agenda 21 geht auf die 1970er Jahre zurück, aber richtig los ging es 1992 auf dem UN-Erdgipfel in Rio de Janeiro, als sich Präsident Bush zusammen mit den Staatsoberhäuptern von 178 anderen Ländern der Agenda anschloss. Da es sich um "Soft Law" handelte, musste es nicht vom Kongress ratifiziert werden. Im darauffolgenden Jahr begann Präsident Clinton mit der Umsetzung, indem er den Präsidialrat für nachhaltige Entwicklung (Presidential Council on Sustainable Development, PCSD) gründete. Eine der ersten Aufgaben des PCSD, der sich aus Regierungsmitgliedern, Wirtschaftskapitänen (darunter Ken Lay von Enron) und gemeinnützigen Gruppen wie dem Sierra Club zusammensetzte, bestand darin, der American Planning Association einen Zuschuss in Höhe von mehreren Millionen Dollar zu gewähren, damit sie einen Gesetzgebungsleitfaden entwirft, der von jeder Stadt, jedem Landkreis und jedem Bundesstaat in den USA als Vorlage für die Umsetzung der Agenda 21 der Vereinten Nationen verwendet werden soll. An diesem Dokument mit dem Titel *Growing Smart Legislative Guidebook: Model Statutes for Planning and the Management of Change* wurde sieben Jahre lang gearbeitet, bis zur endgültigen Fassung waren es sogar neun volle Jahre. Der Leitfaden - und es ist nicht nur ein Leitfaden, sondern ein Plan - enthält Beispiele für Gesetze, Verordnungen, Regeln, Vorschriften und Statuten, die in die Generalpläne jeder Stadt und jedes Landkreises in den USA aufgenommen werden sollen. Im Jahr 2002 hatten alle Planungsabteilungen und alle lokalen, staatlichen und bundesstaatlichen Stellen, die die Landnutzung regeln, ein Exemplar und wandten die Praktiken an. Jede Universität, jedes College, jede High School, jede Privatschule und jede Bildungseinrichtung in unserer Nation verwendete *Growing Smart in* ihrem Lehrplan. Kommt Ihnen das bekannt vor? Growing Smart ist intelligentes Wachstum.

Eine Nichtregierungsorganisation, der International Council of Local Environmental Initiatives (ICLEI), ist für die lokale Umsetzung der Ziele der Agenda 21 der Vereinten Nationen zuständig. Über 600 Städte und Landkreise in den USA sind Mitglieder. Die Kosten werden von den Steuerzahlern getragen.

OK, sagen Sie, interessant, aber ich sehe nicht, wie mich das wirklich betrifft.

Hier einige Beispiele:

Wo auch immer Sie wohnen, ich wette, dass im Zentrum Ihrer Stadt in letzter Zeit Hunderte von Wohnungen gebaut oder geplant wurden. In den letzten zehn Jahren hat in den USA eine "Planungsrevolution" stattgefunden. Dabei handelt es sich um die Umsetzung von *Growing Smart*. Ihre Gewerbe-, Industrie- und Mehrfamilienhausgrundstücke wurden in "gemischte Nutzung" umklassifiziert.

Fast alles, was eine Entwicklungsgenehmigung erhalten hat, wurde auf die gleiche Weise konzipiert: Geschäfte im Erdgeschoss und darüber zwei oder drei Stockwerke mit Wohnungen. Gemischte Nutzung. Sehr schwer für den Bau zu finanzieren und sehr schwer zu verwalten, da eine hohe Bevölkerungsdichte erforderlich ist, um den Einzelhandel zu rechtfertigen. Ein großer Teil des Viertels steht leer und die meisten Geschäfte im Erdgeschoss sind es ebenfalls. Hohe Insolvenzrate.

Was ist damit?

Die meisten Ihrer Städte haben die Finanzierung und/oder den Ausbau der Infrastruktur für diese privaten Projekte sichergestellt. Sie haben dafür die Mittel der Redevelopment Agency verwendet. Ihr Geld. Genauer gesagt: Ihre Grundsteuer. Ist Ihnen aufgefallen, dass es jetzt sehr wenig Geld in Ihren allgemeinen Fonds gibt und das meiste davon für die Bezahlung der Polizei und der Feuerwehr verwendet wird? Ihre Straßenlaternen sind ausgeschaltet, Ihre Parks sind in schlechtem Zustand, Ihre Straßen sind kaputt, die Krankenhäuser im Bezirk schließen. Das Geld, das für diese Dinge verwendet werden sollte, wird seit 30 Jahren an die Redevelopment Agency abgezweigt. Sie ist die einzige Regierungsbehörde, die ohne Abstimmung des Volkes Anleihen ausgeben kann. Das haben sie auch getan, und nun zahlen Sie diese Anleihen für die nächsten 30 bis 45 Jahre mit Ihrer Grundsteuer. Wussten Sie das?

Was hat das also mit der Agenda 21 zu tun?

Redevelopment ist ein Instrument, das eingesetzt wird, um die Vision der Agenda 21 zu fördern, die amerikanischen Städte neu zu gestalten. Mit dem Redevelopment haben die Städte das Recht, Immobilien nach eminenter Domäne - gegen den Willen des Eigentümers - zu übernehmen und sie einem privaten Bauunternehmer zu schenken oder zu verkaufen. Indem ein Bereich der Stadt für "heruntergekommen" erklärt wird (und in einigen Städten wurden über 90% der Stadtfläche für heruntergekommen erklärt), werden die Grundsteuern für diesen Bereich aus dem allgemeinen Fonds abgezweigt. Diese Einschränkung der verfügbaren Mittel lässt die Städte verarmen, zwingt sie dazu, immer weniger Dienstleistungen anzubieten und senkt Ihren Lebensstandard. Sie werden Ihnen jedoch sagen, dass es besser ist, da sie schöne Straßenlaternen und bunte Pflastersteine im Stadtzentrum aufgestellt haben. Das Geld wird in die Redevelopment Agency umgeleitet und an privilegierte Bauherren verteilt, die Wohnungen für Geringverdiener und mit gemischter Nutzung bauen. Intelligentes Wachstum. Die Städte haben Tausende von Wohnungen in den Redevelopment Agencies bauen lassen und sagen Ihnen, dass Sie entsetzlich sind, weil Sie Ihren eigenen Garten haben wollen, Privatsphäre haben wollen, sich nicht vom Vorstand einer Vereinigung von Eigentümern von Eigentumswohnungen Vorschriften machen lassen wollen, asozial sein wollen, nicht einverstanden sind, um einverstanden zu sein, nicht in eine enge, überteuerte Wohnung im Stadtzentrum ziehen wollen, wo sie Ihre Grundsteuer verwenden können, um diese riesigen Anleihenschulden zu tilgen. Aber das funktioniert nicht, und Sie wollen dort nicht einziehen. Also müssen sie Sie dazu zwingen. Lesen Sie weiter.

Die menschliche Behausung, wie sie heute bezeichnet wird, ist auf Grundstücke innerhalb der Grenzen des städtischen Wachstums der Stadt beschränkt. Es sind nur bestimmte Gebäudemodelle erlaubt. Ländliche Grundstücke werden hinsichtlich der Nutzung, die auf ihnen stattfinden darf, zunehmend eingeschränkt. Obwohl die Landkreise behaupten, dass sie die landwirtschaftliche Nutzung, den Verzehr von lokal produzierten Lebensmitteln, Bauernmärkte usw. unterstützen, gibt es in Wirklichkeit so viele Vorschriften, die die Nutzung von Wasser und Land einschränken (es gibt szenische Korridore, innere ländliche Korridore, Buchtenkorridore, Zonenpläne, spezifische Pläne, Umgestaltungspläne, enorme Gebühren, Geldstrafen), dass die Landwirte ihr Land vollständig verlieren. Die Straßen im Bezirk sind nicht gepflastert. Die Menschen werden dazu gedrängt, das Land zu verlassen, abhängiger zu werden und in die Städte zu ziehen. Die Vorstädte zu verlassen und in die Städte zu ziehen. Ihre Privathäuser zu verlassen, um in Eigentumswohnungen zu ziehen. Verlassen ihre Privatautos, um mit dem Fahrrad zu fahren.

Die Fahrräder. Was hat das damit zu tun? Ich fahre gerne Fahrrad und du auch. Was ist damit? Die Fahrradschutzgruppen sind jetzt sehr mächtig.

Advocacy (dt.: Anwaltschaft). Das ist ein ausgefeilter Begriff für Lobbyarbeit, Beeinflussung und vielleicht sogar Belästigung der Öffentlichkeit und von Politikern. Wie hängt das mit Radfahrergruppen zusammen? Nationale Gruppen wie Complete Streets, Thunderhead Alliance und andere haben Schulungsprogramme, in denen sie ihren Mitgliedern beibringen, wie sie sich für eine Umgestaltung einsetzen können, und sie schulen Kandidaten für die Wahlen. Es geht nicht nur um Fahrradwege, sondern auch um die Neugestaltung von Städten und ländlichen Gebieten nach dem "nachhaltigen Modell". Das Ziel ist eine hochverdichtete Stadtentwicklung ohne Parkplätze für Autos. Sie werden als "Transitdörfer" bezeichnet. Das bedeutet, dass ganze Städte abgerissen und nach dem Vorbild der nachhaltigen Entwicklung neu aufgebaut werden sollen.

Radfahrergruppen, die oft von mit Testosteron vollgepumpten Eiferern dominiert werden, werden als "Stoßtruppen" für diesen Plan eingesetzt.

Welcher Plan ist das? Wir verlieren unsere Häuser seit Beginn dieser Rezession/Depression, und viele von uns konnten sich diese Häuser zunächst nie leisten. Wir haben billiges Geld bekommen, alles, was wir hatten, genutzt, um in diese Häuser zu schlüpfen, und nun haben einige von uns sie verloren. Wir wurden gelockt, verschuldet und versenkt. An manchen Orten stehen ganze Stadtviertel leer. Einige werden gerade abgerissen. Die Städte können es sich nicht leisten, die Dienstleistungen außerhalb ihrer Kerngebiete auszuweiten. Langsam werden sich die Menschen keine Einfamilienhäuser mehr leisten können. Werden sich keine Privatautos mehr leisten können. Werden abhängiger sein. Mehr eingeschränkt werden. Leichter zu überwachen und zu kontrollieren.

Dieser Plan ist ein Plan für das ganze Leben. Er betrifft das Bildungssystem, den Energiemarkt, das Transportsystem, das Regierungssystem, das Gesundheitssystem, die

Lebensmittelproduktion usw. Der Plan besteht darin, Ihre Wahlmöglichkeiten einzuschränken, Ihre Gelder zu begrenzen, Ihre Freiheiten zu beschneiden und Sie Ihrer Stimme zu berauben. Eine Methode ist die Anwendung der Delphi-Technik zur "Herstellung eines Konsenses". Eine andere besteht darin, Gemeindegruppen zu infiltrieren oder Nachbarschaftsverbände mit handverlesenen "Anführern" zu gründen. Eine weitere besteht darin, zukünftige Kandidaten für lokale Ämter vorzubereiten und zu schulen. Eine andere besteht darin, nichtstaatliche Gruppen zu sponsern, die in die Schulen gehen und die Kinder ausbilden. Eine weitere besteht darin, Zuschüsse und Finanzierungen auf Bundes- und privater Ebene für lokale Programme anzubieten, die die Agenda vorantreiben. Ein weiteres besteht darin, eine neue Generation von Raumplanern auszubilden, die die neue Stadtplanung einfordern. Eine weitere besteht darin, Fabriken für andere Zwecke umzuwandeln, energiepolitische Maßnahmen einzuführen, die die verarbeitende Industrie benachteiligen, und Ziele für den Energieverbrauch auf dem Niveau von vor 1985 festzulegen. Eine weitere besteht darin, eine unregulierte Zuwanderung zuzulassen, um den Lebensstandard zu senken und die lokalen Ressourcen abzuziehen.

Alles, was geschehen ist, war von Ihrer Regierung gewollt.

Graben wir etwas tiefer

Die drei Eckpfeiler der Agenda 21 der Vereinten Nationen/nachhaltige Entwicklung sind Ökonomie, Ökologie und soziale Gerechtigkeit, die manchmal auch als die "drei E" bezeichnet werden.

Der wirtschaftliche Zusammenbruch schafft eine Kette von Ereignissen, aber auf mikroökonomischer Ebene (Landkreis, Stadt) kommt es zu einer deutlichen Verringerung der Einnahmen für die Aufrechterhaltung von Dienstleistungen. Der Verlust von Dienstleistungen in Randgebieten bedeutet z. B., dass Straßen in ländlichen und vorstädtischen Gebieten nicht instand gehalten werden. Der Verlust von Dienstleistungen in Randgebieten bedeutet beispielsweise, dass Straßen in ländlichen und vorstädtischen Gebieten nicht instand gehalten werden, dass Schulen in diesen Gebieten nicht unterstützt werden, dass Polizei, Feuerwehr und soziale Dienste in diesen Gebieten nicht unterstützt werden, was zu einer allmählichen Abwanderung in die dichter besiedelten Innenstädte führt. Wenn man dann noch die steigenden (manipulierten) Benzinkosten und die (manipulierten) Energiekosten für das Heizen und Kühlen der statistisch gesehen größeren Häuser hinzurechnet, entsteht ein zusätzlicher Druck, ländliche und vorstädtische Gebiete zu verlassen. Die Senkung des Energieverbrauchs ist von entscheidender Bedeutung.

Intelligentes Wachstum/neue Stadtplanung in Neuentwicklungsgebieten ist die vermeintliche Antwort: kleinere Einheiten, angebundene Eigentumswohnungen, wenig oder keine Parkplätze, wenig Privatautos. Mehr Augen auf der Straße. Neuentwicklungsprojekte sind ein Teil der Umsetzung des UN-Plans und beinhalten die Umzonung großer Teile Ihrer

Städte in intelligente Wachstumszonen. Diese physische Manifestation der UN-Agenda 21 ist ein soziales Engineering, das mit dem Geld Ihrer Grundsteuer bezahlt wird. Die Grundsteuern für diese Zonen werden dann von Ihren Diensten abgezweigt und fließen über Jahrzehnte hinweg in die Taschen einiger weniger Bauträger und Anleihenmakler. Was ist das Ergebnis? Bankrotte Städte und Landkreise.

Zusätzlich zu diesen Faktoren machen ökologisch motivierte Vorschriften die ländliche/suburbane Entwicklung prohibitiv. Vom Schutz von Flüssen, Bächen und Gräben über den Schutz von Wassereinzugsgebieten, das Verbot von Badegebieten, Binnenland und ländlichen Korridoren bis hin zum verstärkten Artenschutz (die Listen werden immer länger) wird die Landnutzung stark eingeschränkt. Die Überwachung von Wasserbrunnen und der Verlust von Wasserrechten schränken die Möglichkeiten ein, außerhalb der Städte zu leben. Wildlands-Programme, die Straßen und Wege in ländlichen Gebieten verbieten und sie gleichzeitig angeblich durch Grunddienstbarkeiten zur Erhaltung schützen, erhöhen den Verlust der Unabhängigkeit von unseren Nahrungsquellen. Der Verkauf von Entwicklungsrechten an landwirtschaftliche Treuhandgesellschaften, die Landwirte und Viehzüchter daran hindern, ihr Land zu nutzen, und damit die landwirtschaftliche Nutzung für mehr als eine weitere Generation unmöglich machen, gefährdet unsere Fähigkeit, uns zu ernähren.

Wenn man dann noch den Druck der ICLEI-Klimaschutzkampagnen hinzufügt, unseren Energieverbrauch auf das Niveau von vor 1985 zu senken, sowie eine stärkere Regulierung der Industrie, hat man den perfekten Sturm für den Verlust von Arbeitsplätzen und eine größere Abhängigkeit von anderen Ländern für Waren. Die Förderung von Nachbarschaftsgärten und städtischen Gärten ist eine Manipulation. Sie können nicht genug Lebensmittel anbauen, um mehr zu tun, als eine geringfügige Ergänzung zu Ihren gekauften Lebensmitteln zu liefern, und die meisten Menschen sind keine Landwirte.

Um Nahrungsmittel zu produzieren, braucht man Hingabe, Wissen, billiges Wasser, guten Boden, der nicht mit Blei verseucht ist (wie es bei den meisten städtischen Böden der Fall ist), und genügend Land, um Skaleneffekte zu erzielen. Andernfalls spielen Sie nur. Da die Bevölkerung zunehmend urbanisiert wird und weniger in der Lage ist, für notwendige Lebensmittel oder Produkte zu sorgen, werden immer mehr Menschen für Wohnraum, Lebensmittel und andere lebensnotwendige Güter von der Regierung abhängig sein. Die Regierung selbst wird abhängig von Subventionen und Krediten, die an Bedingungen geknüpft sind. Auf diese Weise werden die politischen Entscheidungsträger von der *Konzernokratie* beeinflusst und unter Druck gesetzt.

Öffentlich-private Partnerschaften bevorzugen bestimmte Unternehmen gegenüber anderen und bringen das Spielfeld völlig aus dem Gleichgewicht. Unabhängige Unternehmen gehen in Konkurs. Die Armut bahnt sich ihren Weg in die Mittelschicht.

Hier kommt die soziale Gerechtigkeit, ein weiterer Eckpfeiler der Agenda 21, ins Spiel. Als ein wichtiger Nivellierungsfaktor wird der Verlust von Geld, Land, Nahrungsmitteln und Energieunabhängigkeit die USA dazu bringen, "soziale Gerechtigkeit" mit den ärmsten Ländern herzustellen. Dies ist eines der Ziele der Agenda 21. 1976 erklärte die Konferenz der Vereinten Nationen über menschliche Siedlungen (Habitat I) in ihrer Präambel, dass "*privater Landbesitz auch ein Hauptinstrument für die Anhäufung und Konzentration von Reichtum ist und daher zu sozialer Ungerechtigkeit beiträgt... Die öffentliche Kontrolle der Landnutzung ist daher unerlässlich*". Denken Sie an die Implikationen, die sich daraus ergeben, wenn wir über eminente Domänen, Landnutzungsbeschränkungen und Erhaltungsservituten diskutieren. Sie hätten denken können, dass soziale Gerechtigkeit bedeuten würde, dass die Armen erhöht werden.

Nein. Einige Elemente des Konzepts der sozialen Gerechtigkeit verhindern die Entwicklung einer "schmutzigen Industrie" oder von etwas, das "schlecht für die Gemeinschaft" wäre, in einem Gebiet mit niedrigem Einkommen. Gebiete mit niedrigem Einkommen sollten nicht als Müllhalde für Umweltverschmutzung betrachtet werden. Ja, ich stimme Ihnen zu. Sie wahrscheinlich auch. Aber das ist die grüne Maske. Dahinter verbirgt sich der Rückzug ALLER Industrien aus allen Gebieten. Das Einzige, was in Gebieten mit niedrigem Einkommen gebaut wird, sind Wohnungen für Menschen mit niedrigem Einkommen (mit Sanierungsgeldern.) Das Ergebnis ist die Einlagerung der Armen. Die Gesundheit, die vermeintliche Gesundheitsversorgung und die Ernährung werden darunter leiden. Psychologische Probleme, der Stress, in engen Smart Growth Areas mit anderen arbeitslosen oder unterbeschäftigten Menschen zu leben, und Kriminalität werden die Folge sein. Die Gemeindepolizei (unter der Schirmherrschaft des Justizministeriums) wird die Menschen ermutigen oder sogar dazu verpflichten, ihre Nachbarn zu beobachten und verdächtige Aktivitäten zu melden. Mehr Aktivitäten werden als "Verbrechen" identifiziert werden - wie Fettleibigkeit, Rauchen, Alkoholkonsum, obwohl Sie ein Alkoholproblem haben, Beleidigungen, das Licht brennen lassen, Vernachlässigung (nach jemandes Wahrnehmung) von Kindern, älteren Menschen und Haustieren, Autofahren, obwohl Sie Fahrrad fahren könnten, Missachtung der Ausgangssperre und Versäumnisse bei der obligatorischen Freiwilligenarbeit. Die "Gemeinschaft" wird mehr Ordnungskräfte erfordern, um die Ordnung wiederherzustellen, und es werden mehr Regeln und Vorschriften folgen. Die Grenzen zwischen Regierung und nichtstaatlichen Gruppen werden zunehmend verschwimmen, da nicht gewählte lokale Gruppen politische Entscheidungen treffen werden, indem sie die Delphi-Technik zur Konsensfindung anwenden. Das chinesische und das russische Modell sind lehrreich, was Sie vom Kommunitarismus erwarten können. Lesen Sie *Life and Death in Shanghai* von Nien Cheng und *Der Archipel Gulag* von Alexander Solschenizyn für konkrete Beispiele. Der Krieg gegen den Terror ist ein kommunistischer Plan, der darauf ausgelegt ist, SIE zu terrorisieren.

Sie können feststellen, dass die grundlegende Arbeit geleistet wurde und in der ganzen Nation umgesetzt wird. Wenn Sie eine tiefe Abhängigkeit schaffen und dann die Hilfe zurückziehen, ist das Ergebnis Chaos und Armut.

Propaganda durchdringt unsere Kultur mit Botschaften wie: Es gibt nur wenige Gewinner und viele Verlierer; wir töten die Erde und die Zeit läuft uns davon; Wohlstand ist ein Anachronismus und schadet dem Leben; individuelle Freiheit ist egoistisch und schadet denjenigen, die weniger frei sind.

Diese Nachrichten sollen Sie beschämen und unter Druck setzen und ein Gefühl der Dringlichkeit erzeugen, das Ihre Fähigkeit zu klarem Denken beeinträchtigt.

Zu Beginn

Obwohl es frühere Hinweise darauf gibt, dass die Vereinten Nationen versuchten, die Landnutzung zu kontrollieren und die Bevölkerung zu verwalten (1976- Habitat I), war der Vorläufer des Erdgipfels von Rio 1992 ein ähnliches Treffen der gleichen Kommission im Jahr 1987, der Weltkommission für Umwelt und Entwicklung (genannt Brundtland-Kommission), die ursprünglich den Begriff "nachhaltige Entwicklung" definierte. In ihrem Bericht "Our Common Future" (Unsere gemeinsame Zukunft), der den Vereinten Nationen vorgelegt wurde, definierte die Brundtland-Kommission die nachhaltige Entwicklung wie folgt:

> *Eine Entwicklung, die die Bedürfnisse der Gegenwart befriedigt, ohne die Fähigkeit künftiger Generationen zu gefährden, ihre eigenen Bedürfnisse zu befriedigen".*

Es blieb nichts anderes übrig, als zu erklären, dass unsere gegenwärtigen Aktivitäten und Lebensweisen "die Fähigkeit künftiger Generationen gefährden, ihre eigenen Bedürfnisse zu befriedigen", und zu entscheiden, was zu tun sei.

Nachdem "Our Common Future" 1987 der Generalversammlung der Vereinten Nationen vorgelegt worden war, wurde die Weltkommission für Umwelt und Entwicklung (Brundtland-Kommission) beauftragt, Strategien zu entwerfen, um bis zum Jahr 2000 eine nachhaltige Entwicklung zu erreichen.

Auf dem Erdgipfel in Rio 1992 kehrte die Kommission (unter dem Vorsitz von Maurice Strong) mit der Agenda 21 zurück. Es gibt keinen Aspekt unseres Lebens, der nicht von diesem

Dokument abgedeckt wird. Die vierzig Kapitel sind in vier Abschnitte unterteilt:

Abschnitt I: Soziale und wirtschaftliche Dimensionen

Abschnitt II: Bewahrung und Bewirtschaftung von Ressourcen für die Entwicklung

Abschnitt III: Stärkung der Rolle großer Gruppen

Abschnitt IV: Mittel zur Umsetzung

Sie können sie selbst auf der Website der Vereinten Nationen lesen. Geben Sie einfach die Agenda 21 der Vereinten Nationen in eine Suchmaschine ein. Einige der wichtigsten Informationen finden sich in Kapitel 7 - Menschliche Siedlungen, das die Grundlage für "nachhaltige Gemeinschaften" bildet, sowie in den letzten Kapiteln, in denen Technologien und Umsetzungsmethoden behandelt werden.

Die philosophische Grundlage für einen großen Teil der Gesetze und Vorschriften der Agenda 21 der Vereinten Nationen ist das Vorsorgeprinzip. Es stammt vom Erdgipfel in Rio de Janeiro 1992 und ist Prinzip 15. Definition: *Das Vorsorgeprinzip besagt, dass, wenn eine Handlung oder Politik ein vermutetes Risiko darstellt, der Öffentlichkeit oder der Umwelt Schaden zuzufügen, und kein wissenschaftlicher Konsens darüber besteht, dass die Handlung oder Politik schädlich ist, die Beweislast dafür, dass sie nicht schädlich ist, bei denjenigen liegt, die die Handlung ergreifen.*

Es ist eine Art Prinzip "schuldig bis zum Beweis des Gegenteils". Die Tatsache, dass es ein Prinzip genannt wird, macht es zu einer Rechtsquelle in der Europäischen Union. Die EU hat es nicht formell festgelegt, verwendet es aber bei der Ausarbeitung ihrer Gesetze zu Ernährung, technologischer

Entwicklung, Handel, Umwelt- und Verbraucherschutz. Sie ist verbindlich vorgeschrieben. In den USA nennen wir sie "Vorsorgeansatz", um sie nicht als Gesetz zu kodifizieren, aber sie wird immer noch zur Gestaltung von Politik verwendet. Was halten Sie davon? Wenn es keinen Beweis dafür gibt, dass etwas schädlich ist, sollen Sie beweisen, dass es nicht schädlich ist. Das ist ernst - denken Sie an den Klimawandel/die Erderwärmung oder die Auswirkungen auf die Arten.

Zu Hause auferlegen

Bill Clinton wurde im November 1992 zum Präsidenten gewählt und erließ sechs Monate später das Dekret Nr. 12852 zur Gründung des Präsidialrats für nachhaltige Entwicklung (PCSD). Der Rat trat im Sommer 1993 zum ersten Mal zusammen und setzte seine Arbeit bis 1999 fort. Zu den Mitgliedern des PCSD gehörten die Staatssekretäre für Verkehr, Landwirtschaft, Bildung, Handel, Wohnungswesen und Stadtentwicklung, die Umweltschutzbehörde, die Verwaltung für Kleinunternehmen, Energie, Inneres und Verteidigung. Die Wirtschaft war unter anderem durch die CEOs von Pacific Gas and Electric, Enron (Ken Lay), BP Amoco und Dow Chemical vertreten. Umweltorganisationen vervollständigten das Bild, wobei der Natural Resources Defense Council, der Sierra Club, das World Resources Institute, das Nature Conservancy und der Environmental Defense Fund am bemerkenswertesten waren.

Das PCSD begann sofort damit, die Grundlagen für die Umsetzung der Agenda 21 in den USA zu schaffen. Ziel war es, die öffentliche Politik zu verändern und an die neue Agenda des 21. Jahrhunderts anzupassen. Der PCSD formalisierte seine Empfehlungen in *"Sustainable America-A New Consensus"*. Seitdem sind wir nicht mehr die Gleichen.

Konsens: Feinde neutralisieren

Eines der Elemente einer neuen Rechtsregel ist die Schaffung einer neuen Sprache, die mit ihr einhergeht. Als "Jargon" bezeichnet, hat dieses neue Vokabular für Kenner eine andere Bedeutung als die, die Sie vielleicht verstehen, wenn Sie diese Wörter sehen oder hören. Fast jeder Beruf hat seinen Jargon, aber die Verantwortlichen für die Umsetzung der Agenda 21 der Vereinten Nationen verlassen sich darauf, dass die Dunkelheit ihrer Definitionen Sie davon abhalten wird, alarmiert zu sein. Bewohnbar. Marktfähig. Vibrierend. Fahrradtauglich. Konsens. Konversation. Fortschrittlich. Gemeinschaftlich. Vielfalt. Kohlenstoff-Fußabdruck. Intelligent. Vision. Grün. Stakeholder. Regional. Nachhaltig. Modewörter und Slogans werden wie Etiketten verwendet, um Sie zu manipulieren. Wenn Sie solche Jargonwörter hören, werden Sie darauf konditioniert, das Projekt oder den Plan, mit dem sie in Verbindung gebracht werden, zu unterstützen und zu akzeptieren, ohne ihn zu hinterfragen. Diese Wörter zeigen Ihnen durch ihren regelmäßigen Gebrauch in den Medien und ihre implizite Akzeptanz durch Gleichaltrige, dass etwas beliebt ist. Es sind die Modewörter der Designer. Ein Jargon, der geschaffen wurde, um Ihnen das Gefühl zu geben, dass Sie zur Masse gehören, dass Sie etwas Positives und Gutes tun und dass Sie durch Teilnahme akzeptiert werden. Die besten PR-Spezialisten der Welt arbeiten an diesen Begriffen, nur für Sie.

Das Wort "Konsens" zum Beispiel wird in meinem Wörterbuch definiert als *"Eine Meinung oder Position, die von einer Gruppe als Ganzes erreicht wird"*. In der Liste der wesentlichen Elemente, die in ihre Empfehlungen aufgenommen werden sollen, hat der PCSD diese Aussage aufgenommen:

Wir brauchen einen neuen, kollaborativen Entscheidungsprozess, der zu besseren Entscheidungen, schnelleren Veränderungen und einer sinnvolleren Nutzung von menschlichen, natürlichen und finanziellen Ressourcen führt, um unsere Ziele zu erreichen".

Ein neuer kollaborativer Entscheidungsprozess. Die neue Definition von Konsens ist die Neutralisierung der geäußerten Opposition.

In der alten, demokratischen Art und Weise wird den Wählern eine Frage vorgelegt und sie stimmen direkt darüber ab oder sie haben einen Vertreter, der die Fragen prüft, öffentlich diskutiert und dann abstimmt. Wenn die Wähler mit dem Ergebnis nicht zufrieden sind, können sie ein Referendum einleiten oder den Repräsentanten abwählen.

Nachhaltiges Amerika - ein neuer Konsens lässt keinen wirklichen Dissens zu. Es darf keine Möglichkeit des Scheiterns bei der Umsetzung der Agenda 21 geben. Tatsächlich gaben die Kabinettssekretäre an, dass sie etwa zwei Drittel der PCSD-Empfehlungen verwaltungstechnisch umsetzen können. Es ist jedoch nicht wünschenswert, dass Sie bemerken, dass man Ihnen in den wichtigsten Fragen Ihres Lebens keine Wahl lässt, so dass Sie die Illusion haben, dass Sie Entscheidungen für sich selbst treffen. Wie im vorherigen Beispiel mit den Gläsern Wasser und Milch repräsentiert dieses Prinzip, zwei gegensätzliche Standpunkte zu nehmen und sie zu einem dritten zu vermischen, in Wirklichkeit nicht Ihre Meinung. Man könnte sagen, dass sie auch nicht "die andere" Seite repräsentiert, aber da "die andere" Seite die Versammlung leitet, können Sie sicher sein, dass die Manipulation zu dem vorher festgelegten Ergebnis führt. Sie werden feststellen, dass das Wasser nie in den Krug kommt. Die wahre Bedeutung des Konsenses besteht darin, Ihnen Ihre Stimme zu nehmen und Ihnen den Eindruck zu vermitteln, dass nur Sie ein Problem mit den Ergebnissen haben. Der Presidential Council on Sustainable Development hat die Delphi-Technik in seine Empfehlungen aufgenommen, um Ihnen durch geschickte Manipulation einen "schnelleren Wandel" aufzuzwingen.

Die Delphi-Technik

Die Delphi-Methode wurde von der RAND Corporation als Technik zur mentalen Manipulation während des Kalten Krieges entwickelt und wird verwendet, um eine Gruppe von Menschen dazu zu bringen, eine ihnen aufgezwungene Ansicht zu akzeptieren, während sie gleichzeitig davon überzeugt werden, dass es ihre Idee ist. In den 1970er und 1980er Jahren wurde diese Technik eingesetzt, um Landbesitzer davon zu überzeugen, dass es sich lohnt, die Karten des Generalplans zu akzeptieren. Delphi kann bei jeder Gruppe eingesetzt werden, von einer einzelnen Person bis hin zu einer ganzen Welt. Geschulte Moderatoren präsentieren einer Gruppe eine Reihe von Wahlmöglichkeiten, haben diese aber so angepasst, dass sie das Ergebnis lenken. Diese Methode wird am häufigsten bei öffentlichen Veranstaltungen, den sogenannten "Visionstreffen", eingesetzt, die von Ihrer Stadt oder Ihrem Landkreis veranstaltet werden, um Ihre Meinung zu "Ihre Stadt 2020 oder 2035" einzuholen. Das Geld für diese Programme kommt häufig von Bundesbehörden (Mitglieder des Presidential Council on Sustainable Development) in Form von Zuschüssen an Ihre Lokalregierung. Die Treffen werden als Gelegenheit für Sie angekündigt, Ihre Meinung zu einem neuen, spannenden Plan für die Neugestaltung Ihrer Innenstadt für die Zukunft zu äußern. Dabei handelt es sich in der Regel um einen speziellen Plan für ein Neugestaltungsprojekt oder einen regionalen Verkehrsplan, der Einschränkungen bei der Wohnraum- und Flächennutzung mit sich bringt. Delphi wird bei Sitzungen von Schulausschüssen, bei Schulungen, bei Treffen von Nachbarschaftsverbänden und an anderen Orten eingesetzt, an denen die Organisatoren den Eindruck erwecken wollen, dass sie sich die Meinung der Gemeinde angehört und in ihren Plan einfließen lassen haben. Übrigens werden Sie das

Wort "Delphi" nie hören - sie werden nie zugeben, dass sie es tun.

Was Sie in diesem Zusammenhang wissen sollten, ist, dass Sie natürlich keinen Einfluss haben.

Nur Kommentare und Anmerkungen, die mit dem vorab genehmigten Plan übereinstimmen, werden berücksichtigt. Alle anderen werden auf einen großen Block Papier geschrieben und später weggeworfen. Die Illusion der öffentlichen Zustimmung ist alles, was nötig ist. Die Organisatoren können später darauf verweisen, dass sie eine öffentliche Versammlung abgehalten haben, dass eine bestimmte Anzahl von Anwohnern daran teilgenommen hat, dass öffentliche Kommentare gesammelt wurden und dass die Gemeinde den Plan gebilligt hat. Der Moderator ist oft ein privater Berater, der professionell darin geschult wurde, eine Versammlung zu leiten und zu führen. Dieser Berater wurde von Ihrer Stadt beauftragt, die Anforderung zu erfüllen, dass das Projekt von den Bürgern gesehen und unterstützt wurde - es ist IHR Plan. Wenn das Projekt umstritten ist, hat die Stadt möglicherweise einen Aufruf an gemeinnützige Gruppen, Nachbarschaftsverbände, Stadträte und -ausschüsse sowie städtische Angestellte gestartet, Mitglieder zu entsenden, um das Publikum zu vergrößern und den potenziellen Gegnern zahlenmäßig überlegen zu sein. Das führt zu einem Krieg. In den seltenen Fällen, in denen die Mehrheit der Teilnehmer gegen das geplante Ergebnis ist, schließt der Moderator die Versammlung und setzt sie zu einem anderen Zeitpunkt und an einem anderen Ort neu an. Sie erleben den neuen Konsens.

Sehen wir uns also an, was in einem Delphi-Treffen passiert. Wenn Sie durch die Tür gehen, werden Sie aufgefordert, sich anzumelden. Sie erhalten ein Namensschild und werden je nach Art des Treffens an Tischen oder in einem Auditorium sitzen. Es wird ein kurzer Überblick über das Projekt gegeben und es sind keine Fragen erlaubt. Der Moderator kann versuchen, die demografischen Merkmale der Teilnehmer zu ermitteln, indem er Sie bittet, die Hand zu heben, wenn Sie zwischen 18 und 25, 26 und 35 usw. alt sind. Das Treffen beginnt nun endgültig.

Die Redner sind Regierungsvertreter, manchmal Ihr Bürgermeister oder Mitglieder des Gemeinderats, Vertreter von gemeinnützigen Organisationen und lokale Geschäftsleute, die an dem Ergebnis interessiert sind, wie Ingenieure, Architekten und Stadtplaner. Der Zeitplan für das Treffen ist straff und es gibt nur wenige Gelegenheiten, Fragen zu stellen. Erlaubte Fragen werden in der Regel kurz beantwortet oder auf einen späteren Zeitpunkt vertagt. Der Moderator hat ansprechende PowerPoint-Folien und bunte Dokumente mit vielen Fotos von Menschen aus der Mittelschicht produziert, die sich in sonnendurchfluteten mehrstöckigen Gebäuden mit breiten, von Bistrotischen gesäumten Gehwegen vergnügen. Ihnen fällt auf, dass es keine verarbeitende Industrie gibt. In dieser angenehmen Utopie gibt es wenige Autos, viele Hochgeschwindigkeitszüge, einen blauen Himmel und Fahrräder. Viele Fahrräder. Offene Parks, aber keine privaten Gärten. Flache Veranden, die auf die Straße führen. Gebäude, die direkt hinter dem Bürgersteig gebaut wurden und ihre Nachbarn berühren.

Vielleicht zeigt man Ihnen einen Satz Karten Ihrer Stadt und bittet Sie, die Bereiche auszumalen, in denen Sie gerne das pastellfarbene Utopia anstelle des gegenwärtigen Zustands sehen würden. Übrigens: Oftmals wurden die Eigentümer des Projektgebiets absichtlich nicht über die Versammlung informiert, und man hat sie überhaupt nicht gebeten, daran teilzunehmen. Dieses Treffen ist für die "Öffentlichkeit" bestimmt, was bedeutet, dass jeder von überall aus daran teilnehmen und seine Meinung über die Vision äußern kann.

Während die Leute fröhlich mit ihren Buntstiften und goldenen Sternen kritzeln wie Kindergartenkinder, ist ihnen nicht bewusst, dass ein großer Prozentsatz der Gruppe bereits über das Projekt informiert und angewiesen wurde, ihren Tisch zu verwalten. Ja, an jedem Tisch gibt es "Shills". Bei großen Treffen können sie sich als Teil des Organisationsteams identifizieren und den Tisch offen leiten. Während die ahnungslosen realen Personen diskutieren, beobachten die Tischaufsichten ihr Verhalten. Wer ist argumentativ, wer ist folgsam, wer lässt sich dazu bringen, eine Szene zu provozieren, wer lässt sich dazu bringen, das Projekt zu unterstützen. Die "Anführer" der Nachbarschaft, die kooperieren, werden identifiziert, um sie später zu kultivieren. Sie werden zur Gründung von Nachbarschaftsverbänden eingesetzt oder dazu ermutigt, bestehende Verbände zu dominieren.

Wenn das Treffen reibungslos verläuft, werden Sie das Offensichtliche nie bemerken.

Dass man Ihnen keine wirkliche Wahl gelassen hat und dass alle gedruckten Dokumente das Projekt so zeigen, wie es nach der Fertigstellung aussehen wird, ohne Rücksicht darauf, was Sie sagen könnten. An Ihrem Tisch könnten Sie etwas sagen wie "Hey, mir gefällt die Idee nicht, die Hauptstraße auf zwei Spuren zu reduzieren". Aber entweder werden Sie ignoriert oder mehrere Personen am Tisch werden sich zusammenschließen, um Ihnen zu zeigen, dass es das Beste für die Gemeinschaft ist, und wollen Sie nicht, dass Ihre Stadt fahrrad- und fußgängerfreundlich ist?

Sie könnten sagen: "Wie soll die Feuerwehr da durchkommen, wenn Sie in der Mittelstraße einen Wendehammer einbauen? Man wird Ihnen antworten, dass dies bereits von der Feuerwehr genehmigt wurde, und Ihr Kommentar wird notiert, um später verworfen zu werden.

Was passiert, wenn Sie es wagen, Ihre Meinung zu äußern? Der Kommunitarismus ist das Herzstück von Konsensveranstaltungen. Ein lebenswichtiges Element des

Kommunitarismus ist die Anwendung von sozialem Druck, um Sie dazu zu bringen, sich anzupassen. Scham. Ziel ist es, in der Versammlung ein Klima der Isolation für diejenigen zu schaffen, die nicht einverstanden sind. Die Idee des Dissenses ist zu beängstigend, zu exponiert und zu unsozial, als dass Sie der Lächerlichkeit und der Missbilligung durch Ihre Kollegen trotzen sollten. Wenn Sie es also wagen, Ihre Meinung zu äußern, werden Sie ignoriert, verspottet, verleumdet, gedemütigt, ausgebuht oder angepöbelt. Tischaufsichten können eine Person, die sie als "anfällig für eine Szene" identifiziert haben, dazu bringen, Ihnen lautstark zuzustimmen, um den Eindruck zu erwecken, dass Sie einen Randstandpunkt vertreten.

Der Moderator kann zulassen, dass dieses kleine Chaos eine Minute lang weitergeht, damit sich die Spannung löst und Ihre Frage in Vergessenheit gerät.

Am Ende des Treffens wird Ihnen für Ihren Beitrag gedankt und Sie gehen mit dem Gefühl nach Hause, dass Sie der Einzige sind, dem der Plan nicht gefällt oder der sich manipuliert gefühlt hat. Vielleicht beschließen Sie sogar, nicht mehr zu einem dieser Treffen zurückzukehren, weil Sie nicht wirklich das Gefühl hatten, gehört worden zu sein, und außerdem hat es Stunden Ihres Abends in Anspruch genommen. Vielleicht schämen Sie sich ein wenig dafür, dass Sie auf dem Grundstück einer anderen Person gesichtet haben, einer Person, die nicht dabei war und nicht protestieren konnte, indem sie sagte, dass sie ihr Grundstück so liebt, wie es ist. Vielleicht wollen Sie gar nicht darüber nachdenken, was man tun müsste, um diese Vision Wirklichkeit werden zu lassen. Aber Sie zucken mit den Schultern und gehen mit dem Gefühl, ein guter Bürger gewesen zu sein und an einem Gemeinschaftsereignis teilgenommen zu haben, zu Ihrem Auto. Sie haben sich der Delphi-Methode unterzogen.

Wie kann das alles geschehen, ohne dass ich davon weiß oder es gutheiße?

Sie werden nicht gebeten, über die geheimen Aktivitäten Ihrer Regierung abzustimmen.

Verträge und Abkommen, wie die Agenda 21 der Vereinten Nationen, die Agenda für das 21. Jahrhundert, werden geschlossen, ohne dass Sie davon hören.

Vielleicht kann eine Unterschrift des Präsidenten die des Kongresses ersetzen, vielleicht ist sie aber auch gar nicht nötig.

Nur weil du nichts bemerkt hast, heißt das nicht, dass es nicht passiert ist?

Wenn es in der Zeitung steht, im zweiten Abschnitt, auf Seite 3, an einem Tag im Jahr, wurden Sie dann informiert? Wenn der Landkreis 15 Sitzungen über die Erstellung des Generalplans (in völliger Übereinstimmung mit der Agenda 21 der Vereinten Nationen) abgehalten hat und Sie zu Hause geblieben sind und ferngesehen haben oder an 15 Sitzungen teilgenommen haben, bei denen die Agenda 21 nie erwähnt wurde, bedeutet das, dass es sie nicht gibt? Wenn Sie all die verschiedenen Einschränkungen, Vorschriften, Propagandafilme, Bücher, Radio, Zeitschriften und das Fernsehen nicht zusammenzählen, bedeutet das dann, dass sie nicht existiert? Die Ironie ist, dass die UN-Agenda 21 eine stärkere Beteiligung der Bürger fordert, dies aber durch die Schaffung von so vielen Räten, Kommissionen, regionalen Agenturen, gemeinnützigen Organisationen, Treffen und Programmen erreicht, dass es unmöglich ist, den Überblick über die Geschehnisse zu behalten. Wir werden also zwangsläufig zersplitterter, weniger nah beieinander, erschöpft und isoliert, weil wir nicht mithalten können. Die sogenannte Bürgerbeteiligung wird von falschen Nachbarschaftsgruppen diktiert, die von Lobbyisten und bezahlten Moderatoren geleitet werden. Die Vorstände und Ausschüsse werden auf der Grundlage ausgewählter "Teamplayer" oder "Shills" ausgewählt, um ein Endspiel durchzusetzen, indem sie die wenigen echten, ungebundenen Bürger, die Teil dieser Gruppen sind, überrollen. Diese Gruppen sind die "Vorauswahl"-Gruppen für die Kandidaten für öffentliche Ämter. Sie sind es, die zum Zeitpunkt der Wahlen die Spenden erhalten. Es ist unwahrscheinlich, dass sich jemand, der nicht mitspielt, auf dem Wahlzettel wiederfindet. Dann wird uns gesagt, dass WIR es sind, die diese neuen Regelungen initiiert haben.

Wir sind zu erschöpft, um uns in mehr als einer Angelegenheit zu bekämpfen. Vielleicht sind wir Opfer der Vorschriften unserer Regierung, aber da sie jeweils nur für ein Projekt, eine Immobilie oder ein Unternehmen gelten, haben wir selten die Gelegenheit, uns zusammenzuschließen. Oder wir haben Angst, von der Regierung, lokalen Gruppen oder Zeitungen ins Visier genommen zu werden, wenn wir Stellung beziehen. Je weniger Menschen kleine Unternehmen und Privateigentum besitzen, desto weniger kümmern wir uns oder bemerken es, wenn ungerechte Entscheidungen getroffen werden. So unterstützt eine zusammengebrochene Wirtschaft, in der wir unsere Häuser und Unternehmen verlieren, die Agenda 21 der Vereinten Nationen.

Auf konservativen Radiosendern hört man nie etwas über Agenda 21/Nachhaltige Entwicklung. Auch in liberalen Radiosendern hört man nie etwas davon.

Sie sehen ihn nicht auf FOX. Sie sehen ihn nicht auf MSNBC. Sie wollen nicht darüber sprechen. Republikaner und Demokraten brechen das Schweigen nicht.

Beide befürworteten sie. Vier Präsidenten haben ihn unterstützt. Zwei Bushs, Clinton und Obama. Wenn wir darüber sprechen, werden wir als Verschwörungstheoretiker bezeichnet oder es wird uns gesagt, dass es so etwas nicht gibt.

Aber das tun sie. Und sie wissen es. Also ist es jetzt ein Rennen. Sie sind ein Teil davon. Das Rennen, um sie bloßzustellen. Um Ihre Freunde, Partner, Eltern und Nachbarn aufzuklären, um es zu verbreiten. Die Menschen wissen, dass etwas passiert, aber sie können es nicht benennen, und sie erkennen vielleicht nicht, dass alles miteinander verbunden ist. Sie hingegen wissen es. Vielleicht fragen Sie sich, warum man sich bei Besprechungen die Mühe macht, Sie um Ihre Meinung zu bitten. Warum setzen die Führungskräfte das Projekt nicht ohne Delphi durch? Weil sie die Grüne Maske nicht ablegen wollen. Sie müssten zugeben, dass es eine grüne Maske gibt, was zu zivilen Unruhen führen würde. Schauen Sie sich in der Europäischen Union die Ergebnisse der "Sparmaßnahmen" an. Unruhen. Kriegsrecht und verstärkte innere Überwachung.

Die Machtdemonstration ist einschüchternd, aber sie zeigt auch, was sich hinter der Maske verbirgt.

Ein weiterer Grund, warum Sie vielleicht noch nie von der Agenda 21 der Vereinten Nationen gehört haben, ist, dass Widerstand gegen dieses Programm oft mit Antisemitismus gleichgesetzt wird. Es als "zionistische Verschwörung" zu bezeichnen, ist absurd, wenn man bedenkt, dass der Zionismus eine ultra-nationalistische Bewegung ist, die sich völlig gegen die Auflösung nationaler Grenzen wendet (Israel ist ungefähr so groß wie Vancouver Island und etwas größer als New Jersey). Wenn Sie das Thema aus dieser Perspektive angehen, fordere ich Sie auf, diese Haltung aufzugeben. Sie ist nicht produktiv, sie ist nicht realistisch (man könnte sagen, dass es sich um eine protestantische Verschwörung handelt, würde das Sinn machen?), und sie nährt direkt die Dialektik, die uns gegeneinander aufbringt. Die Mainstream-Medien können sie dann als "Außenseiter" bezeichnen, was ihre Nicht-Berichterstattung rechtfertigt. Es ist dumm und falsch, alle

Liberalen zu dämonisieren. Spielen Sie nicht das Spiel der Entfremdung mit der Hälfte der Vereinigten Staaten. Wir müssen zusammenarbeiten.

Machen Sie sich mit dem Kommunitarismus vertraut. Das ist die politische Philosophie dahinter. Sie besagt, dass die Rechte des Einzelnen eine Bedrohung für die globale Gemeinschaft darstellen. Jeder ist ein Individuum, also sind wir alle eine Bedrohung für die globale Gemeinschaft. Unsere Rechte auf Eigentum, persönliche Mobilität und Lebensentscheidungen, auf Nahrung und Kleidung sind eine Gefahr für die globale Gemeinschaft. Wir müssen daher rationiert werden. Wir müssen kontrolliert werden. Wir müssen überwacht werden. Wir müssen reguliert, eingeschränkt und ausbalanciert werden. Unsere individuellen Rechte müssen gegen diese namenlosen Rechte abgewogen werden, die der Weltgemeinschaft von den Vereinten Nationen gewährt werden und die in der Agenda 21/Nachhaltige Entwicklung kodifiziert wurden.

Der Kommunitarismus beruht auf einem Paradigma: Ein Problem wird geschaffen. Eine Lösung wird vorgeschlagen. Der Kampf zwischen den "zwei Parteien" führt zu einem Ergebnis, das ein "dritter Weg" ist. Dieser sogenannte dritte Weg wäre niemals akzeptiert worden, nur dass er jetzt als Lösung für ein Problem bezeichnet wird. Dieses Problem gab es nicht. Und nun ist die "Lösung" die neue "Norm".

Corporatocracy (Korporatismus). Regierung durch Unternehmen. Öffentlich-private Partnerschaften. Steuergutschriften für Unternehmen. Non-Profit-Organisationen, die auch Unternehmen sind, aber ein grünes Gesicht haben. Egal, welche politische Partei sie vorgeben zu unterstützen, sie finanzieren abwechselnd beide Seiten. Das ist die Agenda 21 der Vereinten Nationen. In Ihrer Stadt verwaltet durch die Richtlinien und Schulungen des Internationalen Rates für lokale Umweltinitiativen (ICLEI) und seiner zahlreichen Partner.

Jeder ist von der Agenda 21 der Vereinten Nationen/nachhaltige Entwicklung betroffen. Es gibt kein blinkendes Licht und kein Etikett, also muss man schlau sein, um die Verbindung herzustellen. Da Ihre Regierung für alle Programme unterschiedliche Namen verwendet (das ist die Buchstabensuppe), erkennen Sie nicht, dass es eine Verbindung gibt, wenn Sie z. B. hören:

Ihr zehnjähriges Kind wird nicht automatisch auf das Gymnasium in Ihrer Nachbarschaft gehen, sondern muss einen Antrag auf Aufnahme stellen. Es wird sich vielleicht am anderen Ende der Stadt wiederfinden, wo Sie nie am Elternabend teilnehmen, sich nie mit anderen Eltern anfreunden und nicht freiwillig in der Klasse sitzen (und dem Unterricht zuhören) können, weil Sie nicht rechtzeitig von der Arbeit nach Hause kommen können.

Ihr Unternehmen wird von Ihrer örtlichen Verwaltung mit einer Gewerbeverbesserungsabgabe belegt, die Sie bezahlen müssen, während Ihre Kunden nun Geld in Parkuhren stecken, riesige Parkstrafen zahlen und ins Einkaufszentrum gehen können, wo das Parken kostenlos ist.

Sie haben ein Stück Land von Ihren Eltern geerbt, stellen aber fest, dass es unmöglich ist, dort etwas zu bauen, da der Landkreis eine Verordnung erlassen hat, die es Ihnen verbietet, auf Ihren 12 Hektar eine Klärgrube zu installieren. Und der Korridor mit biotischen Ressourcen, in dem er sich befindet, lässt ohnehin keine Entwicklung zu. Außerdem befinden Sie sich im "Sichtkegel", der es Radfahrern ermöglicht, auf Ihr Land zu blicken, wenn sie einen nahegelegenen Weg benutzen, und ein Gebäude würde all das verderben.

Sie dachten, es sei zu schön, um wahr zu sein, als Sie und Ihr Mann dieses hübsche Haus mit drei Schlafzimmern in einem Vorort kaufen konnten, aber der Hypothekenmakler war begeistert von dem Darlehen mit nur einem Zins und die

Zahlungen waren erschwinglich. Heute stellen Sie fest, dass Sie nicht wussten, wie das Darlehen strukturiert war, und wie die meisten Ihrer neuen Nachbarn haben Sie alles verloren. Sie hoffen, eine der erschwinglichen Wohnungen in der Nähe des Bahnhofs zu bekommen.

Sie versuchen, mit dem Rauchen aufzuhören, weil Sie sich überall, wo Sie hingehen, wie ein Außenseiter fühlen, aber es ist so schwierig, dass Sie schließlich mit Ihrem Arzt vereinbaren, dass es das Beste ist, Zoloft oder Wellbutrin zu nehmen, um durchhalten zu können. Jetzt scheinen Sie mit einer kuscheligen Decke um Ihr Gehirn durch den Tag zu schweben, und Sie verstehen, warum Ihre Frau Prozac nimmt.

Sie glauben nicht, dass Sie "gezwungen" werden, auf Ihr Privatfahrzeug zu verzichten, aber Sie stellen fest, dass, obwohl Libyen nur 2 % des Weltöls produziert, der Preis für Ihr Benzin um 20 % gestiegen ist, seit Gaddafi zu schreien begonnen hat. Sie haben auch bemerkt, dass im Stadtrat Ihrer Stadt über eine "Steuer auf gefahrene Fahrzeugkilometer" diskutiert wird, die Sie für lange Fahrten zur Kasse bitten würde. Sie sind in diese Stadt gezogen, um ein Haus zu kaufen, aber der Markt ist zusammengebrochen und Sie werden in absehbarer Zeit nirgendwo mehr hinfahren.

Natürlich waren Sie ein glühender Verfechter der Smart-Zug-Idee und haben dafür gestimmt, die Verkaufssteuer um einen Viertelcent auf ewig zu erhöhen, aber jetzt ist der Zug eine ferne Hoffnung, da sie die Kosten unterschätzt haben und das Geld in die Reparatur der Gleise (für den Güterverkehr) und in fette Renten für das Personal geflossen ist. All diese Bewohner von Smart Growth, die in der Nähe der Gleise wohnen, werden nun die Pfiffe der Güterzüge hören, den Rauch aus sechs Fuß Entfernung riechen und riskieren, sich an den Bahnübergängen zu verletzen.

Sie haben es satt, als "Öljunkie" bezeichnet zu werden und verstehen nicht, warum Innovationen bei energieeffizienten Fahrzeugen nie von Ihrer Regierung finanziert wurden. Bis heute, wo Sie 40.000 $ für einen Kleinwagen zahlen können, der 35 Meilen pro Gallone verbraucht.

Sie ziehen Ihre Kinder auf dem Bauernhof groß, auf dem Sie aufgewachsen sind, aber es gibt so viele Vorschriften und Regeln, dass Sie täglich Stunden damit verbringen, Papiere auszufüllen und neue Gesetze einzuhalten, von denen Sie vor dem Verstoß gegen sie nichts wussten. Die Kosten für Futtermittel, Saatgut und Verarbeitung steigen schneller, als Sie damit umgehen können, und ohne die Arbeit Ihrer Frau würden Sie untergehen. Sie haben Ihren Bruder und Ihre Schwester immer noch nicht für die Farm bezahlt - Sie haben sie gemeinsam von Ihrem Vater geerbt - und jetzt, wo die Steuern steigen, sind Sie nicht sicher, ob Sie sie behalten können, es sei denn, Sie verkaufen eine Dienstbarkeit der Erhaltung an den Open Space District. Sie schauen sich jedoch Ihre drei Kinder an und fragen sich, wie sie die Erbschaftssteuer bezahlen können, wenn Sie sterben und es keine Erhaltungsrechte mehr zu verkaufen gibt.

Sie stehen kurz vor Ihrem Highschool-Abschluss und würden gerne an einer staatlichen Universität studieren, aber Sie brauchen eine Note von 4,2 oder besser und außerdem haben Sie nicht genug Freiwilligenarbeit für gemeinnützige Organisationen geleistet, wie Ihre Freunde. Sie sagen sich, dass Sie ein Sabbatjahr einlegen und im Peace Corps oder Community Corps dienen müssen, da Sie sonst nie an einer guten Hochschule aufgenommen werden.

Als Sie von der Arbeit nach Hause kamen, haben Sie bemerkt, dass Ihr Energieversorger ohne Sie zu fragen einen intelligenten Zähler installiert hat, und nun haben Sie gehört, dass er ihn aus der Ferne ausschalten, Ihren Verbrauch überwachen, Ihre Zuteilung kürzen und Sie ganz allgemein jederzeit ärgern kann. Die Kinder Ihres Bruders schlafen in einem Zimmer direkt neben der Zählerbatterie in seiner Eigentumswohnanlage und sie klagen über Kopfschmerzen und Übelkeit.

Sie sind von dem Punkt, an dem Sie sagten, dass Sie sich nie die Mühe machen würden, Informatik zu lernen, zu dem Punkt gelangt, an dem Sie jede halbe Stunde Ihre E-Mails checken und Ihre Kinder nie von ihrem Bildschirm aufblicken, wenn Sie mit ihnen sprechen. Ihre Klassenzimmer sind so voll, dass selbst Sie denken, dass Fernunterricht eine gute Idee sein könnte, und hey, Online-Schulbücher sollten Geld sparen - sie können sie aktualisieren, bearbeiten, die Geschichte mit einem einzigen Mausklick ändern - Toll!

Sie sind gerade aus dem Urlaub in Mexiko zurückgekehrt und haben an jeder Zollstation die Lesegeräte für Netzhaut- und Fingerabdruckerkennung bemerkt, was Sie nervös gemacht hat. Natürlich setzen sie diese noch nicht bei jedem ein, aber wie lange wird das dauern? Sie haben auch gelesen, dass sie Miniatur-Spionagedrohnen, sogenannte Kolibris, haben, die 13 km weit fliegen, durch Fenster ein- und aussteigen und Ton und Video aufnehmen können! Wer? Ihre Regierung. Was haben sie sonst noch? Wissen sie, dass Sie das hier lesen?

Sie gehen aus Sinn für Bürgerpflichten zu einer Versammlung eines Nachbarschaftsvereins und stellen fest, dass dort die Mitglieder des Vereins gewählt werden.

Sie würden gerne Ihren Nachbarn als Kandidaten vorschlagen, können dies aber nicht tun, da die Geschäftsordnung besagt, dass jeder Kandidat erst vom Vorstand genehmigt werden muss. Sie versuchen, einen Kommentar abzugeben, werden aber von Ihren "Nachbarn" in Fahrradhelmen und Spandex ausgebuht. Es ist klar, dass sie einen Kandidaten haben, der gewählt wird und behauptet, im Namen der gesamten Nachbarschaft zu sprechen.

Die schockierende Wahrheit ist, dass es nicht nur um Delphi-Sitzungen geht; Ihre gesamte Regierung und Ihr gesamtes Rechtssystem werden Delphi und gehen zu einer Regierung durch "Konsens" über.

Dies ist keine Frage von links oder rechts. Kein Amerikaner will eine verstärkte Überwachung im Inland, die Übernahme unserer politischen, rechtlichen und staatlichen Systeme durch Unternehmen, Einschränkungen der Meinungsfreiheit und eine enorme Verschwendung unserer Ressourcen durch einen endlosen Krieg.

Nennen Sie es intelligentes Wachstum. Nennen Sie es nachhaltige Entwicklung. Nennen Sie es formbasierte Zoneneinteilung. Nennen Sie es Kapazitätsaufbau. Nennen Sie es Konsensfindung.

Nennen Sie es "grünes Gebäude". Nennen Sie es "Wildlands". Nennen Sie es "Homelands". Nennen Sie es "ergebnisorientierte Bildung". Hey, das ist nicht "Was ist die Agenda 21", das ist ...

"Was ist nicht die Agenda 21?" Das ist nicht republikanisch und nicht demokratisch.

Es ist nicht libertär und es ist nicht unabhängig. Es ist KOMMUNISTISCH.

Das neue Gesetz des Landes.

Von international bis lokal in einem Schritt

Es ist Zeit für einen Überblick. Wir werden uns zuerst die Geschichte ansehen und dann sehen, was sie mit der Geschichte machen. Wir wollen uns in diesem Stadium nicht damit beschäftigen, ob die Geschichte wahr ist oder nicht. Meiner Meinung nach wäre sie in jedem Fall entstanden - sie ist so nützlich!

Dies ist die Geschichte der Grünen Maske:

Wir haben vor kurzem festgestellt, dass sich der Planet schnell erwärmt. Die Eiskappen schmelzen. Der Meeresspiegel steigt an. Die Artenvielfalt ist bedroht.

Es gibt zu viele Menschen. Kohlendioxid ist ein Treibhausgas, das zum Temperaturanstieg beiträgt. Unsere Nutzung von Erdöl und Erdgas in Verbindung mit der Entwicklung der ländlichen Gebiete der Welt verstärkt die Erderwärmung und den Klimawandel. Wir müssen uns ändern, und zwar schnell. Die Zeit drängt. Prominente, Regierungsbeamte und alle Menschen mit gesundem Verstand sind sich einig, dass der Planet in Gefahr ist und dass wir die Ursache dafür sind.

Dies ist der Fall beim Internationalen Rat für lokale Umweltinitiativen (ICLEI). ICLEI wurde 1990 als Nichtregierungsorganisation gegründet, um die Agenda 21 weltweit auf lokaler Ebene umzusetzen, und bringt die Internationalität in Ihre Stadt. Laut seiner internationalen Website iclei.org "kommen die Mitglieder aus 70 verschiedenen Ländern und vertreten über 569.885.000 Menschen".

Erstaunlich, dass Sie noch nie von ihm gehört haben, nicht wahr? Es handelt sich um einen Lobby- und Politikberater, der darauf abzielt, die lokale Regierungspolitik, die mit allen Aspekten des menschlichen Lebens in Verbindung steht, zu beeinflussen und zu verändern. Sie haben bemerkt, dass ICLEI vor dem Erdgipfel von Rio 1992 gegründet wurde, auf dem der Welt die formalen Gebote der Agenda 21 vorgestellt wurden. ICLEI verkauft gegen Bezahlung Schulungen an Regierungen, führt Klimaanpassungsprogramme durch, misst und überwacht die Treibhausgasemissionen von Gemeinden und vieles mehr. Vor kurzem hat ICLEI seinen Namen geändert, damit nicht auffällt, dass es sich um eine internationale Organisation handelt. Sie heißt nun ICLEI--Local Governments for Sustainability.

Auf der eigenen ICLEI-Website ist Folgendes zu lesen: www.icleiusa.org ICLEI: Führungskräfte verbinden

Stellen Sie eine Verbindung her. Innovativ sein. Beschleunigen. Lösen.

Das Tempo der globalen Umweltveränderungen, die weltweite Verschlechterung der Ökosystemdienstleistungen und die Überschreitung des menschlichen Fußabdrucks auf der Erde erfordern eine Beschleunigung der lokalen Bemühungen. Selbst wenn sich die über 1100 lokalen Gebietskörperschaften, die Mitglieder von ICLEI sind, auf die fortschrittlichste Weise verhalten würden und wir diese Bemühungen in die Zukunft extrapolieren müssten, würden diese tapferen Anstrengungen nicht ausreichen, um ein nachhaltiges Niveau des Ressourcenverbrauchs und der Umweltverschmutzung in den Gemeinden zu erreichen - besser bekannt als der ökologische Fußabdruck der Städte.

Die Experten bestätigen, was wir alle fühlen: Wir müssen schneller handeln, mehr zusammenarbeiten und nach radikaleren Lösungen suchen.

Um das Handeln zu beschleunigen, lädt ICLEI Führungspersönlichkeiten aus einem breiten Spektrum von Sektoren an den Tisch, die alle ein Interesse an urbaner Nachhaltigkeit haben: Kommunalverwaltungen, regionale und nationale Regierungen, internationale Agenturen, Finanzinstitutionen, gemeinnützige Organisationen, die akademische Welt und die Geschäftswelt. Es sind Bürgermeister und Unternehmer, Wissenschaftler und Agenturleiter, Minister und CEOs, Strategen und Organisationsleiter. Es sind Innovatoren, Entscheidungsträger, Programmmanager und Change Agents.

Das ist so ziemlich alles. Haben Sie bei dieser Botschaft das Gefühl der Dringlichkeit, der Panik gespürt? Das ist eine Taktik der Agenda 21 der Vereinten Nationen. Damit Sie panisch, nervös, unkonzentriert, ängstlich und zerstreut bleiben. Es ist eine Tatsache, dass Menschen nicht klar denken können, wenn sie sich im Panikmodus befinden. Verwirrung und Informationsüberlastung sind Teil der Delphi-Technik. Radikale Lösungen" und "beschleunigtes Handeln" sind notwendig, um zu überleben. Beachten Sie, dass selbst wenn sich jede lokale ICLEI-Regierung in der Zukunft auf die fortschrittlichste Weise verhalten würde, dies nicht ausreichen würde, um ein nachhaltiges Niveau zu erreichen. Spüren Sie diese Panik? Können Sie das nicht glauben? Nun, lassen Sie uns ein Gesetz verabschieden, um Sie zu überzeugen. Aber lassen Sie uns zunächst einen Blick darauf werfen, was Sie kaufen. Noch einmal auf www.icleiusa.org:

Was ICLEI-Mitglieder erhalten:

Software und **Schulungen** *Clean Air & Climate Protection (CACP) Tools, Leitfäden, Fallstudien und andere Ressourcen, einschließlich einer Bibliothek mit Beispielen für Verordnungen, Richtlinien, Resolutionen und anderen Dokumenten von Kommunalverwaltungen Schulungen durch Webinare und regionale Workshops* **Möglichkeiten zur**

Vernetzung von Peers auf nationaler, regionaler und internationaler Ebene Technische und programmatische Expertise und Unterstützung durch unsere regionalen Mitarbeiter Aktualisierungen der regionalen, staatlichen und bundesstaatlichen Finanzierung sowie Analysen der bundesstaatlichen und internationalen Politik Jährliche Schulungs- und Führungsveranstaltungen Anerkennung und Auszeichnungen Vertretung bei internationalen Treffen.

Sie sind schon schärfer geworden, nicht wahr? Sie haben die Bibliothek mit Vorlagen für Verordnungen, Richtlinien, Entschließungen und "Werkzeuge" der Kommunalverwaltungen entdeckt.

Kommt Ihnen das bekannt vor? Und übrigens kann es sich dabei um Hunderttausende von Dollar handeln. Das Wichtigste hierbei ist die Software und das Training "Saubere Luft und Klimaschutz". Das ist der Schlüssel. Sobald Ihre Stadt oder Ihr Landkreis Mitglied von ICLEI wird (von Ihren Steuern bezahlt) oder eine klimaresiliente Stadt wird und eine Verpflichtung eingeht, schnappt die Falle zu. Sie befinden sich auf dem Laufband zur Kreissäge. Wenn Sie wirklich Pech haben, wird einer Ihrer Regierungsvertreter im Vorstand von ICLEI sitzen und Ihre Stadt oder Ihren Landkreis in einem internationalen Konzern vertreten. In Sonoma County stimmte die Supervisorin Valerie Brown dafür, ICLEI ohne Ausschreibung einen Vertrag über 83.000 US-Dollar zur Messung von Treibhausgasen und zur Vorbereitung eines Protokolls zu erteilen. Dieser Vertrag wurde vergeben, ohne die Tatsache zu erwähnen, dass Valerie Brown auch im Nationalrat von ICLEI sitzt. Ich habe sie bei der California Fair Political Practices Commission wegen eines Interessenkonflikts gemeldet, aber sie weigerte sich, den Fall zu untersuchen. Hier ist, wozu sich Ihr Vorstand oder Ihre Vorgesetzten verpflichtet haben, als sie den Druck von ICLEI akzeptierten:

Erster Schritt: *Durchführung einer Studie zur Klimaresilienz*

Zweiter Schritt: *Ziele für die Vorbereitung festlegen*

Dritter Schritt: *Erstellen eines Klimavorbereitungsplans*

Vierter Schritt: *Den Vorbereitungsplan veröffentlichen und umsetzen*

Fünfter Schritt: *Die Widerstandsfähigkeit überwachen und neu bewerten*

Wie greift das alles ineinander? Sie haben an einem Delphi-Treffen teilgenommen, bei dem Ihnen gesagt wurde, dass entlang der Bus- oder Bahnlinien in Ihrer Stadt mehrstöckige Wohnungen gebaut werden sollten und dass die derzeitige Gestaltung der Gebäude und Straßen in Ihrem Stadtzentrum nicht gut sei. Ihnen wurde gesagt, dass die ländliche oder vorstädtische Lebensweise schlecht für den Planeten sei, dass Sie zu viel fahren, zu viel essen, Ihren Garten zu viel gießen, zu viel Energie verbrauchen und den Planeten durch Ihr egoistisches Verhalten zerstören. Woher wissen sie das? Weil Ihre Stadt eine Studie zur Klimaresilienz durchgeführt hat oder gerade durchführt, in der Ihre Treibhausgasemissionen gemessen werden. Die Chancen stehen gut, dass Sie sich irgendwo in dieser Liste von Schritten befinden und der Druck hoch ist. Der Generalplan Ihrer Stadt oder Ihres Landkreises wurde geändert, um der Agenda 21 der Vereinten Nationen zu entsprechen. Denken Sie jedoch daran, dass sie Ihre "Zustimmung" wollen, um sagen zu können, dass dies Ihr Plan ist. Warum ist das so? Weil es einfacher ist, wenn Sie kooperativ sind, und schließlich ist Revolution schlecht für das Geschäft. Ja, es ist ein Plan der großen Unternehmen. Der größte.

Die Karotte für Sie, das Maultier, ist, dass Sie den Planeten vor einer drohenden Katastrophe retten werden, wenn Sie sich an die neuen Regeln halten. Und wenn du es nicht tun willst? Die Peitsche. Die Gesetzgebung. Auf die Gesetzgebung kommen wir etwas später zurück. Doch zunächst wollen wir uns ICLEI etwas genauer ansehen.

Sie haben den Begriff "NGO" gehört und wissen, dass er "Nichtregierungsorganisation" bedeutet. Daraus schließen Sie natürlich, dass er "nicht gewinnorientiert" bedeutet und für alle nicht gewinnorientierten Organisationen gilt. Das ist aber nur Fachjargon. Eine NGO ist ein gemeinnütziges Unternehmen, das unabhängig von der Kontrolle der Regierung ist, wie es die Vereinten Nationen 1945 definiert haben. Gemeinnützig bedeutet nicht , dass die Gesellschaft kein Geld verdient, sondern dass das überschüssige Geld, nachdem Gehälter und Projekte bezahlt wurden, wieder in die Gesellschaft zurückfließt und dass auf diesen Überschuss keine Steuern gezahlt werden. Kapitel 27 der UN-Agenda 21 konzentriert sich auf die Rolle von NGOs bei der weltweiten Umsetzung der Agenda. NGOs werden eingesetzt, um die Grenze zwischen Regierung und Privatsektor zu verwischen. Da Regierungen immer weniger in der Lage sind, ihr Personal zu halten, lagern sie ihre Dienste an Organisationen aus, an zivilgesellschaftliche Organisationen, die der Bevölkerung keine Rechenschaft schuldig sind. ICLEI ist eine solche Gruppe. Es genießt einen besonderen Beraterstatus bei den Vereinten Nationen, eine Position, die nur eine Handvoll der Millionen gemeinnütziger Gruppen auf der Welt innehat. ICLEI setzt sich aus Beamten, gemeinnützigen Umwelt- und Verkehrsplanungsgruppen und gewinnorientierten Industrien zusammen und entwickelt Gesetze und Richtlinien, die mit dem internationalen Recht übereinstimmen und Sie betreffen. ICLEI ist das Umsetzungsorgan der Agenda 21 der Vereinten Nationen/nachhaltige Entwicklung. ICLEI zersplittert und beeinflusst sogenannte lokale Gruppen, die Druck auf Ihre Regierung ausüben, um mehr Vorschriften zu erhalten.

Stört es Sie, dass eine "Nichtregierungsorganisation" aus lokalen Regierungen besteht? Das sollte es. Es handelt sich um eine private Gruppe, die Treffen abhält, die nicht öffentlich zugänglich sind. ICLEI, eine sogenannte Nichtregierungsorganisation, vertritt Kommunalverwaltungen bei internationalen UN-Klimakonferenzen. Staaten dürfen keine Außenpolitik betreiben - so steht es in unserer Verfassung. Es dürfen keine Verträge, Bündnisse oder Konföderationen zwischen Staaten und lokalen Gebietskörperschaften geschlossen werden. ICLEI erhält Bundesmittel. Die online verfügbaren Prüfungen der Bundessteuerbehörde für die Steuerjahre 2005 und 2006 zeigen, dass ICLEI 2005 über 1,7 Millionen Dollar und 2006 etwas über eine Million Dollar von den vier Bundesbehörden Handel, Umweltschutz, internationale Entwicklung und Landwirtschaft erhalten hat. Die bundesstaatliche Identifikationsnummer von ICLEI lautet 043116623. Das IRS-Formular 990 für das Steuerjahr 2009 zeigt, dass ICLEI 4.553.618 $ (mehr als viereinhalb Millionen $) an Einkünften hatte. Diese Einkünfte stammen allein im Steuerjahr 2009 aus allen in den USA meldepflichtigen Quellen.

Erinnern Sie sich, dass einer der Abschnitte der UN-Agenda 21 die "Stärkung der Rolle von Großkonzernen" war?

Sie können auf der Mitgliederliste unter www.icleiusa.org nachsehen, ob Ihre Gemeinde Mitglied ist. Es ist jedoch wahrscheinlich, dass ICLEI auch in Ihrer Stadt Tentakel hat, selbst wenn Sie sie nicht auf der Liste sehen. Die Online-Liste ist nicht mehr aktuell und zeigt keine Cool Mayors, Sustainable Cities oder Cool Counties an. Überprüfen Sie diese ebenfalls. Das STAR-Programm ist ein neues Programm mit zehn Pilotstädten. ICLEI sagt dazu Folgendes:

> *Bei ICLEI USA haben wir festgestellt, dass Bildungsprogramme und politische Maßnahmen nicht ausreichen. Netzwerke und bewährte Verfahren reichen nicht aus.*
>
> *Software-Tools und Beratung allein reichen nicht aus. Die Transformation erfordert ein sorgfältig koordiniertes und*

vernetztes System aus politischer Bildung, Berufsausbildung und Vernetzung, technischer Unterstützung und politischer Bildung sowie eine ständige Leistungsbewertung und Feedback mit jedem Mitglied der Kommunalverwaltung über einen längeren Zeitraum. ICLEI hat sich stets auf den Aufbau dieses "Systems" konzentriert.

STAR ist so konzipiert, dass jedes Element des Systems genutzt wird, und durch unser Netzwerk von Regionalbüros stärken wir unsere Fähigkeit, Veränderungen im öffentlichen Interesse bereitzustellen und gemeinsam mit unseren Mitgliedern durchzusetzen.

ICLEI USA entwickelt STAR mit einer Reihe von Schlüsselpartnern, darunter der U.S. Green Building Council, das Center for American Progress und die National League of Cities. Darüber hinaus hat ICLEI USA 160 Freiwillige angeworben, die 130 Organisationen repräsentieren, darunter 60 Städte und 10 Landkreise, staatliche und bundesstaatliche Behörden, gemeinnützige Organisationen, nationale Verbände, Universitäten, öffentliche Dienste und Privatunternehmen.

Die Treibhausgasemissionen werden von ICLEI überwacht, gemessen und aufgezeichnet. Der Handel mit Kohlenstoffemissionsrechten, Treibhausgasemissionsziele und Rechtsstatus werden von ICLEI entworfen und verteidigt.

Hier ein Auszug aus einem Artikel der *New York Times* vom 23. Mai 2011:

In ganz Amerika und im Kongress wird die Existenz des Klimawandels weiterhin bestritten --- insbesondere von den Konservativen.

Die Skeptiker werden von Wählern unterstützt, die der Wissenschaft misstrauen und sich um die wirtschaftlichen Folgen einer stärkeren Regulierung sorgen. Doch noch während die Debatte tobt, beginnen Stadtplaner in Städten und Bundesstaaten mit den Vorbereitungen.

> *Melissa Stults, Klimadirektorin von ICLEI USA, einem Verband von Kommunalverwaltungen, sagte, viele Verwaltungen, mit denen sie zusammenarbeite, verfolgten die Strategie, "die Katastrophenvorsorge unauffällig in die traditionellen Planungsbemühungen zu integrieren".*

Hier gibt es viel zu widerlegen, aber halten wir fest, dass ICLEI als eine Vereinigung "lokaler" Regierungen bezeichnet wird, dass die Fragesteller hauptsächlich "Konservative" sind, die der Wissenschaft misstrauen, und dass die traditionelle Planung verstohlen verändert wird.

Ihre Stadt/Ihr Landkreis hat sich verpflichtet, die Kohlendioxid-/Treibhausgasemissionen zu senken. Wahrscheinlich hat sich Ihre Kommunalverwaltung als Reaktion auf die von Ihrem Bundesstaat verabschiedeten Gesetze verpflichtet. Sie sind nun verpflichtet, Ihre "Treibhausgasemissionen" zu reduzieren.

In unserem Landkreis, dem Sonoma County in Nordkalifornien, hat sich die Regierung verpflichtet, unsere Kohlendioxidproduktion bis 2015 um 25% gegenüber dem Stand von 1990 zu senken. Innerhalb von vier Jahren. Das geschieht im ganzen Land.

Hier ist die offensichtliche Frage: Wann lagen die Kohlendioxidemissionen von Sonoma County 25% unter den Werten von 1990? In welchem Jahr war das? Diese Information können Sie nicht finden. Nirgendwo. Wie viele Einwohner hatte das County zu dieser Zeit? Wir wissen es nicht, da wir das Jahr nicht kennen, aber die Bevölkerung des Countys ist seit 1990 gestiegen. Wenn wir also von Reduktionen pro Kopf sprechen und nicht wissen, wie die Bevölkerungszahl zu der Zeit war, als wir 25% unter 1990 liegen sollten, wird uns dieses Ziel auf einen höheren Prozentsatz bringen als eine 25%ige Reduktion auf Pro-Kopf-Basis.

Es ist eine Frage der Kontrolle. Der Bezirk weiß nicht einmal, auf welches Jahr er zurückzurechnen versucht. Der Landkreis hat die "Treibhausgase" in den 80er Jahren nicht gemessen. Oder in den 70er Jahren. Aber ihre Ziele werden unsere Landwirtschaft, unsere Industrie, unseren Energieverbrauch, unsere Unternehmen, unsere Produktion und unsere Lebensgrundlagen auf ein bestimmtes Niveau der Vergangenheit zurückwerfen. Für manche ist das nur eine Zahl, aber wir wissen nicht, welche Folgen das haben wird.

Welche Auswirkungen wird dies auf unsere Nahrungsmittelproduktion haben? Auf unsere Fähigkeit, zu arbeiten und weiterhin finanziell unabhängig zu sein? Werden wir so stark eingeschränkt und reguliert werden, dass wir in Bezug auf unsere Ernährung, unsere Unterkunft und unser Einkommen völlig von der Regierung abhängig werden? Wie geht es weiter? Werden wir in intelligent gewachsenen Slums leben? Werden wir in Bussen reisen, die nur dorthin fahren, wo wir hin dürfen? Beschränkt auf die Arbeit in unseren Transitdörfern?

Dies ist das Ergebnis von politischen Entscheidungsträgern, die versuchen, sich gegenseitig zu übertreffen, und von Agenturen, die auf regionaler Ebene agieren und versuchen, die von ICLEI orchestrierten staatlichen und föderalen Mandate einzuhalten. Sie sind verpflichtet, sich einzuhalten. Was passiert, wenn wir ihre Ziele nicht erreichen? Betrachten wir eine beispielhafte Bestandsaufnahme:

DAS DEPARTEMENTSWEITE TREIBHAUSGASEMISSIONSINVENTAR 2009

Treibhausgasemissionen von Sonoma County im Jahr 1990: 3,6 Millionen Tonnen Kohlendioxid (CO2) 25%-Reduktionsziel gegenüber 1990: 2,7 Millionen Tonnen Kohlendioxid (CO2) Treibhausgasemissionen von Sonoma

County im Jahr 2009: 4,28 Millionen Tonnen Kohlendioxid (CO2)

Quelle: Sonoma County Water Agency.
http://www.sctainfo.org/data.html

Wäre diese Maßnahme im Jahr 2009 umgesetzt worden, hätten die Emissionen um 36,92 % gesenkt werden müssen. Was ist also der nächste Schritt? Wenn Sie ihre Ziele nicht erreichen können? WERDEN BUSSGELDER VERHÄNGT? Was, wenn Sie die Bußgelder nicht bezahlen können? Steuerprivilegien? Was ist, wenn Sie Ihre Steuerprivilegien nicht bezahlen können? Beschlagnahmung von Eigentum? Oder werden sie es tun, indem sie Ihre Energiekosten erhöhen, während sie Sie rationieren und Stufen einführen, in denen Sie mehr zahlen, wenn Sie mehr verbrauchen, bis Sie in der Kälte sitzen?

Wussten Sie schon? Das Vereinigte Königreich und große Teile der USA haben sich verpflichtet, die Treibhausgasemissionen bis 2050 um 80 % gegenüber dem Stand von 1990 zu senken. Dies war eines der Wahlkampfversprechen von Präsident Obama. Was bedeutet das für Sie? Sie fragen sich, ob Ihr Bürgermeister das Klimaschutzabkommen der US-Bürgermeisterkonferenz unterzeichnet hat? Geben Sie es einfach in Ihre Suchmaschine ein. In jedem Bundesstaat der USA hat mindestens eine Stadt dieses Abkommen unterzeichnet, das sind über 1.050 Städte. Es handelt sich dabei um Verpflichtungen, den Energieverbrauch erheblich zu senken, bis 2015 um bis zu 25 %. Wenn Sie wissen möchten, welche Ziele Ihre Stadt oder Ihr Landkreis zur Reduzierung der Treibhausgase verfolgt, verwenden Sie Ihre Suchmaschine und geben Sie **ICLEI USA 2009 Annual Report** ein.

Ich habe tagelang gesucht, aber es ist mir nicht gelungen, eine Tabelle mit den historischen Treibhausgasemissionen der USA zu finden. Ich habe diese Grafik gefunden, die den historischen Verlauf der weltweiten Kohlendioxidemissionen von 1850 bis

2004 zeigt. Sie zeigt, dass die Emissionen um 1945 herum anfingen zu steigen und von 5.000 Millionen metrischen Tonnen auf etwa 29.000 Millionen metrische Tonnen im Jahr 2004 anstiegen. Im Jahr 1990 lagen sie bei etwa 20.000 Millionen metrischen Tonnen. Wenn man diese Emissionen um 80% reduzieren würde, käme man auf 4 000 Millionen Tonnen Kohlendioxid. Laut dieser Grafik war das letzte Mal, dass die Welt diesen Wert erreicht hat, ... 1934.

Auf dem Erdgipfel in Rio 1992, auf dem die Agenda für das 21ème Jahrhundert vorgestellt wurde, sagte Präsident Maurice Strong:

> *Die derzeitigen Lebens- und Konsumgewohnheiten der wohlhabenden Mittelschicht - die einen hohen Fleischkonsum, die Verwendung fossiler Brennstoffe, Haushaltsgeräte, Klimaanlagen zu Hause und am Arbeitsplatz sowie Wohnungen in Vorstädten beinhalten - sind nicht nachhaltig. Es bedarf eines Wandels, der eine umfassende Stärkung des multilateralen Systems, insbesondere der Vereinten Nationen, erfordern wird.*

Worüber genau reden wir also?

Wie werden diese Regeln tatsächlich verkündet und wo kann man sie finden? Hier ist eine Frage, die wir häufig auf unserer Website gestellt bekommen: *Unser Landkreis (Stadt, Dorf, Kanton, Provinz) erstellt derzeit einen Gesamtplan. Was ist das für ein Plan? Steht er im Zusammenhang mit der Agenda 21?*

Ja. Ein Gesamtplan wird auch als Generalplan bezeichnet und wird in der Regel durch das Gesetz des Bundesstaates beauftragt/erfordert. Es handelt sich um einen langfristigen Plan für die physische Entwicklung des Zuständigkeitsbereichs, der alle 20 Jahre erstellt wird und neben gelegentlichen Änderungen in der Regel alle fünf Jahre aktualisiert wird. Er kann Your Town 2020 oder 2035 oder etwas Ähnliches heißen. Sie erhalten es von Ihrer Abteilung für Gemeindeentwicklung/Planung. Oft ist es auch online zu finden und Sie sollten es sorgfältig prüfen. Vielleicht finden Sie dort im Abschnitt über die Ziele direkte Zitate aus der Agenda 21 der Vereinten Nationen. Erinnern Sie sich noch an die Delphi-Technik?

Sie werden sich erinnern, dass es zuerst auf die Amerikaner angewandt wurde, um sie dazu zu bringen, die Idee zu akzeptieren, ihre Gemeinden zu kartografieren und vorzuschreiben, wo und wie Entwicklung stattfinden könnte - die Generalpläne. Das Gesetz schreibt vor, dass der Generalplan bestimmte Elemente enthalten muss (Verkehr, biologische Ressourcen, Gemeindeentwicklung, Energie und unser bevorzugtes sozioökonomisches Element).

Das sozioökonomische Element wird in der Regel Folgendes umfassen: Beteiligung der Gemeinde (Delphi-Treffen), öffentliche Sicherheit (gemeindeorientierte Polizei), Umweltgerechtigkeit (Industrie bremsen oder beseitigen), Kinderbetreuung (Gefährdung von Kindern/Familienrecht), Bildung (Indoktrination), Wirtschaft (Gewinner und Verlierer auswählen), Parks und Freizeit (Fahrradwege).

Die Generalpläne von 2020 und 2035 werden die Rechte der Gemeinde als *"Gleichgewicht zwischen Umweltschutz und den Bedürfnissen der derzeitigen und zukünftigen Bewohner in Bezug auf Wohnen, Beschäftigung und Freizeit sowie dem Bedarf an Verkehrsoptionen zur Verringerung der Abhängigkeit von der Nutzung des Autos"* identifizieren (zitiert aus Marin Countywide Plan - General Plan,

Marin County, Kalifornien). Beachten Sie das Wort "Balancing". Es ist ein Schlüsselwort im Jargon der Kommunitaristen. Sie werden sich daran erinnern, dass es bedeutet, dass Ihre individuellen Rechte nicht so wichtig sind und dass sie zugunsten der "Rechte der Gemeinschaft" ignoriert werden.

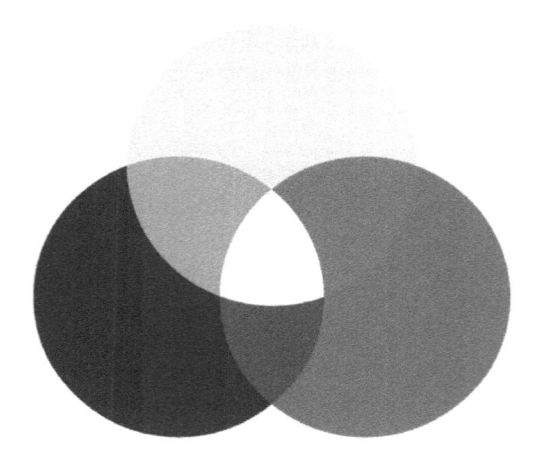

Dies ist das Symbol der Agenda 21 der Vereinten Nationen: die ineinander greifenden Kreise von Ökologie, Ökonomie und sozialer Gerechtigkeit. Ihr Treffpunkt ist die "nachhaltige Entwicklung". Dieses besondere Bild stammt aus dem Generalplan von Marin County, Kalifornien. Verwendet Ihr Generalplan das Logo der Vereinten Nationen?

Der Generalplan ist die Methode, das Dokument, die Gesamtkonzeption des Lebens, die uns auferlegt wird. Er bildet den Rahmen für eine Vielzahl von restriktiven Gesetzen und Verordnungen, die die Möglichkeiten für alle außer einigen wenigen Auserwählten ersticken. Es ist ein Raumordnungsplan, aber er reicht weit über die Grenzen des Eigentums hinaus in die Lebensentscheidungen, die wir treffen. Vergessen Sie nicht: Es handelt sich auch um einen Energie- und Verkehrsplan.

Der Generalplan/Übersichtsplan wird von Ihrer Gemeinde nach zahlreichen Delphi-Treffen verabschiedet, zu denen die

Öffentlichkeit eingeladen wird und bei denen diejenigen, die "Teamplayer" und "Schleimer" sind, als "Gemeindeführer" identifiziert und geehrt werden, damit sie in Ihrem Namen sprechen können.

Auch die Personen, die Einwände erheben, werden identifiziert. Der Generalplan wird verwendet, um den Eigentümern das Recht zu verweigern, ihr Land so zu nutzen, wie es zuvor eingeteilt war.

Hier erfahren Sie, wie sie dabei vorgehen. Vielleicht wissen Sie bereits, dass die Stadt oder der Landkreis Sie vorab informieren müssen, wenn sie Ihre Zoneneinteilung ändern wollen. Das zugrunde liegende Dokument, das Vorrang vor der Zoneneinteilung hat, ist jedoch der Generalplan. Sie müssen nicht benachrichtigt werden, wenn der Generalplan geändert wird, da er "allgemein" ist und Ihr Eigentum nicht das einzige ist, dessen Nutzung sich ändert. Der Generalplan ist das visionäre Dokument, das zeigt, wie die Stadt oder der Landkreis die Landnutzung in Zukunft haben möchte, auch wenn sie sich von der heutigen unterscheidet.

Wenn Sie zur Abteilung für Gemeindeentwicklung/Planung gehen, um z. B. Ihr Geschäftsgebäude zu erweitern, einige Verbesserungen an Ihrem Wohngebäude vorzunehmen oder sogar ein neues Gebäude auf Ihrem freien Grundstück zu errichten, werden Sie einen Schock erleben. Denn der Generalplan verlangt, dass alle Zoneneinteilungen mit ihm in Einklang gebracht werden, wenn die neue Vision für Ihr Gebiet sich von Ihrer aktuellen Zoneneinteilung unterscheidet.

Man wird Ihnen sagen, dass Ihr Eigentum nun "rechtlich nicht mehr in Ordnung" ist. Das ist Jargon und bedeutet, dass Sie diese Verbesserungen nicht vornehmen oder das bauen können, was Sie glaubten, tun zu können. Wenn Ihr Gebäude abbrennt oder mehr als 50 % seiner Gesamtfläche reparaturbedürftig ist, können Sie in den meisten Gemeinden die notwendigen

Arbeiten nicht durchführen, um es wieder in den ursprünglichen Zustand zu versetzen. Wenn Ihre vertragswidrige Nutzung länger als sechs Monate unterbrochen wird, verlieren Sie in der Regel das Recht, die Nutzung wiederherzustellen. So, das war's. Erledigt. Sie genießen ein wohlerworbenes Recht, wie man so schön sagt, aber nur so lange, wie Ihre bestehende Nutzung fortgesetzt wird. Das ist keine leichte Aufgabe.

Warum ist das so? Weil, wenn Sie sich in der Mitte Ihrer Stadt befinden, die Wahrscheinlichkeit groß ist, dass Ihr Land für eine "gemischte Nutzung" oder ein "Durchgangsdorf" umgewidmet wurde. Das ist intelligentes Wachstum - "gemischte Nutzung mit hoher Dichte". Wie bereits erwähnt, ist diese Art von Bauvorhaben teuer zu realisieren, schwer zu finanzieren und kann Sie in den Bankrott treiben, bevor Sie fertig sind, insbesondere wenn Sie keine guten politischen Beziehungen haben. Und selbst wenn Sie einer der befreundeten Bauträger sind, ist dies ein Haifischbecken, und Sie könnten sich dabei ertappen, die größten Haie zu füttern, wenn sie einen Blick auf Ihr Grundstück haben. Eines der Dinge, die man sich über diese hochverdichteten Entwicklungen merken sollte, ist, dass es sich um große Eigentumswohnungs- oder Apartmentprojekte handelt. Große. Manchmal werden sie aufgefordert, 80 Einheiten pro Morgen zu bauen, was wie ein vierstöckiges Gebäude mit einem Parkplatz im Erdgeschoss und einer Gewerbefläche auf einem Block aussieht. Das ist mit dem Begriff "hohe Dichte" gemeint. Das kann enorm sein. Wenn Sie nur ein kleines Unternehmen sind, können Sie die erforderliche Finanzierung nicht auf die gleiche Weise erhalten, wie wenn Sie auf demselben Grundstück zwanzig Häuser statt achtzig Eigentumswohnungen bauen würden.

Eigentumswohnungen werden in der Regel von oben nach unten verkauft. Mit anderen Worten: Das oberste Stockwerk mit der besten Aussicht wird schneller und teurer verkauft.

Allerdings muss das gesamte Gebäude zur gleichen Zeit gebaut werden; man kann nicht die oberste Etage zuerst bauen!

Anstatt also zuerst fünf Häuser zu bauen und nach deren Verkauf die nächsten, verschulden Sie sich hoch, bevor Sie das Dach erreicht haben. Wenn Sie sich in einem Neuentwicklungsgebiet befinden, sind Sie reif für eine Enteignung, und wenn derzeit keine Projekte laufen, können Sie sich als Holdinggesellschaft eines begünstigten Bauunternehmers betrachten, der später auftauchen und die Stadt dazu bringen wird, Ihr Eigentum zum Schleuderpreis zu übernehmen, weil es "rechtlich nicht konform" und "baufällig" ist.

Ermäßigt? Ja. Ihre Immobilie wird weniger oder gar nichts wert sein, da das Risiko für einen Kreditgeber oder Käufer höher ist. Beim Investieren geht es um Risiko und Rendite. Die beste Kombination für einen Investor ist ein niedriges Risiko und eine hohe Rendite. Wenn Ihre Immobilie rechtlich nicht konform ist, steigt das Risiko, dass sie bei einem Brand nicht wieder aufgebaut werden kann, dass die Stadt die weitere Nutzung nicht erlaubt, wenn ein Mieter auszieht, oder dass sie abgerissen werden muss, wenn größere Reparaturen anstehen. Wie ich bereits erwähnt habe, gilt in den meisten Städten die Regel, dass Sie keine neue Nutzungsgenehmigung erhalten können, wenn eine Nutzung nicht vertragsgemäß ist und länger als sechs Monate unterbrochen wird. Wenn Sie also z. B. ein nicht konformes Gebäude für die spezialisierte Fertigung haben und Ihren Mieter für mehr als sechs Monate verlieren, müssen Sie Ihr Gebäude möglicherweise abreißen. Banken werden für Immobilien mit hohem Risiko einen höheren Zinssatz und eine höhere Anzahlung verlangen. Der Wert Ihrer Immobilie sinkt. Warum sollte jemand für Ihre Immobilie denselben Betrag zahlen wie für eine Immobilie, die diese Probleme nicht hat? Er wird es nicht tun. Die Ungewissheit darüber, wie es genutzt werden kann, wirft einen Schatten auf Ihre Immobilie und wirkt sich auf Ihre Versicherung, Ihren Mix aus potenziellen Mietern,

Ihre Finanzierung, Ihre Partnerschaftsoptionen und Ihre Verkaufschancen aus.

Das kann bei allen Arten von Immobilien der Fall sein, egal ob sie verbessert wurden oder leer stehen. Und vielleicht haben Sie das nicht einmal gewusst, bevor Sie versucht haben, einen Kredit zu bekommen.

Finden Sie das langweilig? Das sollten Sie nicht. Die meisten Kleinunternehmen werden mit Geld gestartet, das sie von Hypotheken- oder Geschäftskreditlinien erhalten. Wenn Sie keinen Kredit bekommen, können Sie Ihr Geschäft nicht starten oder fortführen. Wenn Sie Ihr Geschäft nicht starten können, werden Sie möglicherweise arbeitslos oder unterbeschäftigt, indem Sie für jemand anderen arbeiten. Sie haben weniger Möglichkeiten, weniger Freiheit und weniger Flexibilität bei der Wahl Ihrer Arbeitsstelle.

Pssst! Wollen Sie ein Geheimnis hören? Wenn ein Gebiet als "heruntergekommen" deklariert und zu einem Neuentwicklungsgebiet erklärt wird, ist eines der Kriterien, die die Berater für diese ursprüngliche Bezeichnung heranziehen, dass es dort zu viele lokale Unternehmen gibt. Der Begriff "heruntergekommen" ist ein Jargonbegriff, der im Gesundheits- und Sicherheitsgesetz Ihres Staates definiert ist und sich auf zwei Kategorien bezieht: wirtschaftlich und physisch. Ein Teil des wirtschaftlichen Elements besagt, dass in dem Gebiet nicht genügend Steuereinnahmen durch Verkäufe generiert werden. Im Allgemeinen generieren kleine Unternehmen weniger Steuereinnahmen als große nationale Ketten.

Der Berater, den Ihre Stadt hauptsächlich dafür bezahlt, dass er Belästigungen findet, ob sie nun vorhanden sind oder nicht, wird sagen, dass zu viele lokale Unternehmen die ganze Stadt mit in den Abgrund reißen. Sie sind in alten Gebäuden untergebracht, die ihnen gehören, und zahlen kaum Grundsteuern. Ihre Stadt sagt also: Raus mit dem Alten, rein mit dem Neuen! Schaffen Sie in der Bauabteilung eine Einheit zur Durchsetzung des Kodex, die die Hausbesitzer schikaniert! Verweigern Sie die Genehmigung für Fassadenverbesserungen! Lassen Sie die Nachbarschaft verkommen! Gestalten Sie es für eine gemischte Nutzung um! Fordern Sie die "Anführer" der örtlichen Gemeinschaft auf, die Umsetzung einer neuen Vision zu verlangen! Erklären Sie das Viertel für heruntergekommen! Nehmen Sie die Immobilien durch Enteignung weg!

Verschenken Sie sie an befreundete Bauunternehmer oder an die Erbauer von staatlich subventionierten Sozialwohnungen! Reißen Sie die alten Familien- und Volksunternehmen ab! Bauen Sie nach dem neuen Modell mit einem Quiznos, Jamba Juice, Starbucks, Panda Express, Kinko's und Payless Shoes mit zwei oder drei Etagen mit Wohnungen darüber wieder auf! Die Mieten werden steigen! Die Grundsteuern werden steigen! Das ist die Vision. Das funktioniert nur in Boomzeiten, wie Sie jetzt am Zusammenbruch der Wirtschaft sehen können.

Sie fragen sich, warum alle Städte so aussehen wie alle anderen? Es sind die National Cities League und die National County Association, die darauf drängen, mit Workshops, Schulungen und Verkaufsargumenten von Neuentwicklungsverbänden. Das sind die Gründe dafür. Und die Grundsteuer wird 30 bis 45 Jahre lang aus Ihren lokalen, County- und Staatskassen in die Taschen der Anleihenmakler umgeleitet. Die Agenda 21 der Vereinten Nationen nutzt den großen Unternehmen. Die Städte müssen sicher sein, dass diese Anleihen zurückgezahlt werden, und wollen daher kein Risiko mit einem lokalen Unternehmen eingehen. Diese Wohnungen und Eigentumswohnungen werden oft von riesigen nationalen Unternehmen wie LISC und Enterprise Community Development gebaut, die jeweils 280.000 Einheiten mit Investitionen und einer Hebelwirkung von über elf Milliarden US-Dollar errichtet haben.

Hier ein kleiner Exkurs zu Enterprise Community Development. Mit einer gemeinnützigen und einer gewinnorientierten Abteilung sowie umfangreichem Fachwissen beim Bau einkommensschwacher Einheiten im ganzen Land profitiert Enterprise enorm von den Zuschüssen für die Neugestaltung. Wer ist Partner von Enterprise? Die Koalitionen der Radfahrer. Die Thunderhead Alliance (jetzt People Powered Movement) ist eine Lobbygruppe, die Hunderte von Radfahrerkoalitionen, Fahrradgeschäften und Beratern in ihren Reihen hat. Tim May von Enterprise Community Development sitzt ebenfalls in ihrem Vorstand. Wenn diese Gruppen zum Stadtplanungsamt gehen, um intelligentes Wachstum zu fordern, gibt es einen finanziellen Anreiz.

Wie viele der Helm- und Spandex-Meute wissen, dass sie von ihrem Vorstand und den Entwicklungsfirmen, die mit unseren Steuergeldern Milliarden verdienen, manipuliert werden?

Wohnraum für niedrige Einkommen = soziale Gerechtigkeit = viel Geld für große Bauträger. Hey, wer würde keine Subventionen von 300.000 $ pro Einheit für Wohnungen mit niedrigem Einkommen wollen, während die Häuser für 150.000 $ verkauft werden? Oder leer stehen.

In der neuen grünen Welt ist die Zersiedelung der Städte ein Übel. Die Gesetzgebung gegen die Vorstädte nimmt zu. Die Sackgasse ist die Ausgeburt des Teufels! In Kalifornien ist die Senatsvorlage 375 das Gesetz gegen die Zersiedelung, das zusammen mit der Parlamentsvorlage 32 (Treibhausgase) die Agenda 21 der Vereinten Nationen gesetzlich festschreibt. Bundes- und Staatsgelder für den Verkehr fließen in die Entwicklung und Infrastruktur für intelligentes Wachstum. Hier die Begründung, die grüne Maske, laut newurbanism.org:

> *Unsere Lebensqualität verschlechtert sich ständig, weil wir ständig im Stau stecken bleiben. Unsere hässliche, vom Auto*

dominierte Umwelt ist sehr stressig, extrem ungesund (wegen der giftigen Abgase, die wir täglich einatmen) und sehr tödlich (wegen der ständigen Autounfälle).

Diese stressige Umwelt wirkt sich auf vielfältige Weise auf uns aus: mehr Stress und Wut, mehr Alkohol- und Drogenmissbrauch, höhere Scheidungsraten, höhere Krebsraten und andere umweltbedingte Krankheiten sowie allgemeine Unzufriedenheit mit unserem Leben.

Darüber hinaus weisen führende Gesundheitsorganisationen auf die Tatsache hin, dass ein hoher Prozentsatz der Amerikaner aufgrund ihres Übergewichts ernsthafte Gesundheitsprobleme hat. Dies ist hauptsächlich auf den trägen Lebensstil zurückzuführen, den die Zersiedelung der Städte erzwingt, mit wenig oder gar keinen Spaziergängen oder Übungen als Teil unserer täglichen Gewohnheiten.

DIE ZERSIEDELUNG DER STÄDTE IST NICHT UNVERMEIDLICH. *Sie ist kein unvermeidliches Symptom des modernen Wachstums. Zersiedelung ist das direkte Ergebnis spezifischer Entscheidungen und Verkehrspolitiken der Regierung in Kombination mit archaischen Zoneneinteilungsgesetzen.*

Smart Growth in Berkeley, CA.

Wow, was werfen sie den Vorstädten nicht alles vor? Und haben Sie diesen Zingler erwischt: "archaische Zoneneinteilungsgesetze"? Das bedeutet, dass sie dafür sind, die Generalpläne so zu ändern, dass Sie nur noch intelligentes Wachstum bauen können, und zwar nur dort, wo sie es Ihnen erlauben.

Der Neuling ist der Infrastrukturfinanzierungsdistrikt (IFD), der mit der Anti-Spreading-Gesetzgebung einhergeht und eine Art Super-Entwicklungsdistrikt ist, der keine Feststellung der Verschlechterung benötigt.

Obwohl es keine Befugnis zur Enteignung für private Zwecke gibt, wie etwa bei einer Neugestaltung, ist es möglich, ein Infrastrukturprojekt, wie etwa die Neugestaltung einer Straße, zu nutzen, um sich im Rahmen einer Enteignung Eigentum für "öffentliche Zwecke" anzueignen. Die wirkliche Neuigkeit ist, dass sie verwendet werden können, um eine Wohnbebauung mit hoher Dichte zu bezahlen: Intelligentes Wachstum. Es ist keine Stimme des Steuerzahlers erforderlich, um die Anleihen zu erhalten, und die Rückzahlungsfrist beträgt 40 Jahre. Was halten Sie davon, "die Bürger der Zukunft nicht durch heute ergriffene Maßnahmen zu gefährden"? Ist das nachhaltig?

Die Rückkehr zur Erde?

Hoffen Sie, dem Alltag zu entfliehen, indem Sie aufs Land fahren? Vergessen Sie es.

Angenommen, Sie befinden sich in einem ländlichen Gebiet auf einem 360 Morgen großen Grundstück, das mindestens 60 Morgen groß sein muss. Jetzt ist es an der Zeit, nervös zu werden. Sie denken vielleicht, dass Sie auf diesen 360 Morgen sechs Häuser unterbringen können, aber irren Sie sich.

Neben Panoramen, Lebensräumen, Höhenlinien, Flussschwellen und anderen Bebauungsbeschränkungen ist es wahrscheinlich, dass der Generalplan Ihres Landkreises beschlossen hat, dass auf jeder rechtmäßigen Parzelle nur ein Wohnhaus erlaubt ist. Kleinere Parzellen können zu einer größeren zusammengelegt werden, wenn der Landkreis entscheidet, dass sie vor hundert Jahren nicht ursprünglich mit Zustimmung des Landkreises aufgeteilt wurden. Grundstücke von tausend Morgen können auf ein einziges Haus beschränkt werden. Sie können zehn Jahre lang versuchen, eine Genehmigung für die Unterteilung dieser tausend Morgen zu erhalten. Der Bezirk will eine offene Fläche. Greifen Sie in die Tasche! Bezahlen Sie fürs Spielen!

Sie könnten sagen: "Na und? Ich besitze keine Ranch. Warum sollte ich mich darum kümmern, dass ein Landwirt oder Viehzüchter seine Ranch nicht aufteilen kann?". Nun, wenn Sie Mitglied der Bewegung für lokale Lebensmittel sind, sollten Sie sich Sorgen machen. Wollen Sie Ihre Lebensmittel nicht aus 5.000 km Entfernung kaufen? Wir werden später noch auf Lebensmittelhangars und die Kontrolle der Bevölkerung durch Ernährungsbeschränkungen eingehen, aber lassen Sie uns zunächst den Stress betrachten, unter dem Ihr lokaler Landwirt oder Viehzüchter leidet. In einem Artikel vom 31. Januar 2009 über die Krise der Milchindustrie in der nördlichen San Francisco Bay Area berichtete der Santa Rosa Press Democrat Folgendes:

> *Domenic Carinalli, dessen 350-Kühe-Molkerei außerhalb von Sebastopol nach Westen auf verstreute ländliche Häuser und gruppierte Bäume auf den Hügelkuppen blickt, sagte, er könne sich nicht an eine so deprimierende Zeit in seiner Gegend erinnern. "Sie können wirklich nicht verkaufen, selbst wenn Sie es wollten, denn niemand wird Ihre Kühe kaufen", sagte der 67-jährige Carinalli. Er ist Sekretär und ehemaliger Vorsitzender der in Modesto ansässigen Western United Dairymen, die 1.100 der 1.700 Milchviehbetriebe des Bundesstaates vertritt. Für die Milchbauern, so sagte er, "geht*

es einfach darum, wie viel Kapital sie verbrennen wollen, um im Geschäft zu bleiben".

Warum sollte ein Viehzüchter auf seinem Land Häuser bauen wollen? Wir reden hier nicht von Hunderten von Häusern; wir reden von einem Haus für je sechzig Morgen. Angesichts steigender Kosten und zunehmender Vorschriften denkt ein Landwirt oder Viehzüchter vielleicht über Möglichkeiten nach, sich zu rekapitalisieren. Sie macht sich vielleicht Sorgen, dass ihre erwachsenen Kinder nicht auf dem Hof leben können, wenn sie nicht jeder ein eigenes Haus haben, aber die Zoneneinteilungscodes erlauben nicht mehr als ein Haus und einige landwirtschaftliche Gebäude auf einem Grundstück. Sie könnte befürchten, dass sie nach ihrem Tod nicht genug Geld haben, um den Hof zu bewirtschaften und ihn verkaufen müssen, um die Erbschaftssteuer zu zahlen oder das Erbe aufzuteilen. Viele Generalpläne erlauben auf dem dafür eingeteilten Land keine andere Nutzung als die Landwirtschaft, und ihre Vorstellungen davon, was Landwirtschaft ist, ändern sich ständig. Einige Landkreise legen fest, dass Sie zu einem höheren Wohnsteuersatz besteuert werden, wenn Ihr Land nicht eine Ernte im Wert von mindestens 800 Dollar pro Acre hervorbringt. Für einen Heubauern ist das der Kuss des Todes.

Der örtliche landwirtschaftliche Landtrust kam mit dem Angebot, eine Erhaltungsdienstbarkeit zu kaufen. Als der Vertreter des Land Trusts auftauchte und einen hohen Preis dafür bot, das Land mit einer Erhaltungsservitut zu bedecken, sprangen viele Bauern und Viehzüchter auf die Gelegenheit an.

Ob Sie es glauben oder nicht: Das Landwirtschaftsministerium des US-Bundesstaates Wyoming schickt Animateure zu älteren Viehzüchtern, um ihnen "bei der Planung ihrer Nachfolge zu helfen". Wie üblich sind diese Dinge zu verrückt, um erfunden zu werden. Der Staat ist besorgt darüber, dass zu wenige Familienbetriebe von Familienmitgliedern weitergeführt werden. Der vom Staat bezahlte Moderator übt Druck auf alle

Familienmitglieder aus, sich mit ihm zu treffen und zu besprechen, was mit der Ranch geschehen soll, wenn der Besitzer verstorben ist, und trifft sich dann mit jedem Familienmitglied unter vier Augen, um die gesamte intime Dynamik der Familie kennenzulernen. Ich habe den Leitfaden des Moderators nicht ganz gelesen, aber es scheint, dass das Ziel darin besteht, eine Dienstbarkeit der Erhaltung für den Staat zu erhalten. Wenn Sie es selbst lesen möchten, geben Sie den Titel in Ihre Suchmaschine ein: *Passing It On: An Estate Planning Resource Guide for Wyoming's Farmers and Ranchers*. Sie haben es wirklich *Passing It On* genannt, nach dem Motto: "Oh, der alte Bill? Er ist verstorben, der Arme. Sie haben einen Sinn für Humor ...

Die "grüne Maske" einer Erhaltungsdienstbarkeit ist, dass sie es dem Landwirt oder Viehzüchter ermöglicht, die landwirtschaftliche Nutzung für immer fortzusetzen und dieses Land in der Produktion zu halten. Die Wahrheit sieht jedoch ganz anders aus. Im Wesentlichen ist der Verkauf einer Erhaltungsservitut der Verkauf der Entwicklungsrechte an dem Land für immer. Die Dienstbarkeit ist an das Land gebunden, nicht an den Eigentümer, wenn Sie also das Land verkaufen, bleibt die Dienstbarkeit mit dem Land bestehen. Eine Erhaltungsservitut gibt dem Landtrust das Recht, das Land zu betreten, zu inspizieren und die Nutzung des Landes zu überwachen und den Eigentümer finanziell zu bestrafen, wenn er gegen die Servitutsvereinbarung verstößt. Sie verlieren Ihr Recht auf Privatsphäre, zu entscheiden, was Sie auf Ihrem Land tun und wo Sie es tun wollen. Wenn Sie beispielsweise als Viehzüchter Ihren Hoflaster in einem Gebiet parken, um das Vieh zu verladen, und dieses Gebiet laut Ihrer Dienstbarkeit "verboten" ist, werden Sie zu einer Geldstrafe verurteilt. Wenn Sie diese Geldstrafe vor Gericht anfechten wollen, müssen Sie alle Anwalts- und Gerichtskosten bezahlen, unabhängig davon, ob Sie gewinnen oder verlieren. Ein einziger Rechtsstreit kann Sie Tausende von Dollar kosten. Das Geld, das Sie für Ihre Entwicklungsrechte erhalten haben, wird nicht länger als eine

Generation reichen. Ihre Kinder werden nicht viel zu verkaufen haben, wenn sie Steuern zahlen oder sich gegenseitig auslösen müssen, und das Land wird wahrscheinlich an den Inhaber der Erhaltungsdienstbarkeit verkauft. Dies kann derselbe Landtrust sein, der es von Ihnen gekauft hat, oder ein anderer. Sie wird Sie nicht benachrichtigen, wenn sie Ihre Grunddienstbarkeit an jemand anderen verkauft. Was ist der eigentliche Zweck eines Land Trusts? Land aus dem Privatbesitz zu nehmen und es der Natur zurückzugeben. Das meiste Land in Land Trusts ist für Menschen komplett gesperrt. Wenn Sie denken, dass dies eine gute Sache ist, täuschen Sie sich. Woher soll Ihre Nahrung kommen?

Ich hoffe, du magst Gemüse. Hier ist, was das Informationszentrum der Vereinten Nationen über Nutztiere zu sagen hat:

> *"Vieh ist einer der Hauptverantwortlichen für die größten Umweltprobleme der heutigen Zeit", sagte Henning Steinfeld, ein hoher Beamter der Ernährungs- und Landwirtschaftsorganisation der Vereinten Nationen (FAO).*
>
> *"Dringende Maßnahmen sind erforderlich, um die Situation zu verbessern" www.un.org*

Laut den Vereinten Nationen erzeugt die Rinderzucht mehr Treibhausgase, die für die globale Erwärmung verantwortlich sind, gemessen in CO_2-Äquivalenten, als der Verkehr. Ihre Lösungen umfassen die (sehr teure) Abscheidung von Methan und Beschränkungen.

Haben Sie schon von Lebensmittelhangars gehört? Transitdörfer (früher Städte genannt) dürfen nur die Bevölkerung aufnehmen, die sich mit Lebensmitteln ernähren kann, die in einem Umkreis von 160 km (dem sogenannten "Food Hangar") angebaut werden. Die Lebensmittelhangars werden bestimmen, wo Sie leben können und wann Sie Ihren Wohnort wechseln können. Berechnungen, wie sie kürzlich an der Cornell University durchgeführt wurden, werden die Menge an Nahrungsmitteln bestimmen, die in diesem Gebiet angebaut werden können, und dann wird die Bevölkerung des Transitdorfes auf die Anzahl der Menschen begrenzt, die von diesem Land ernährt werden können (besuchen Sie die Cornell-Website, indem Sie "Cornell University" und "Food Sheds" in Ihre Suchmaschine eingeben).

Es ist vernünftig, eine Rationierung auf der Grundlage dieses Modus zu erwarten. Wenn Sie in dieses Dorf umziehen wollen, müssen Sie einen Antrag stellen und auf eine Öffnung warten, meinen Sie nicht? Ist das nicht sinnvoll? Denn wenn sie nur genügend Kalorien für die vorhandene Bevölkerung produzieren, müssen Sie warten. Und jeder, der dort lebt, wird einen Personalausweis haben müssen. Und jeder, der in der Region heiraten oder ein Kind haben möchte, muss eine Genehmigung einholen. Ich denke nur über die Möglichkeiten nach. Ich vermute, dass sie die Anzahl der Kalorien, die Sie benötigen, reduzieren könnten. Das könnte das Problem lösen. Das macht das Etikett "locavore" sinnvoller, nicht wahr? Legen Sie los!

Wildlands: Unsere glorreiche Zukunft

Verschwörungstheorien sind etwas für Kinder. Jetzt kommt der große Moment. Man braucht keine Theorien, wenn die Umsetzung einer Politik einem in die Augen schaut. Das Wildlands-Projekt ist eines dieser Science-Fiction-Dinge, bei denen die Leute Sie komisch anschauen, wenn Sie darüber sprechen. Leider sind Sie nicht verrückt. Sie haben bereits die Karte gesehen, die Michael Coffman für die Einwände der Senatorin Kay Bailey Hutchison gegen den Vertrag des Übereinkommens über die biologische Vielfalt im Senat vorbereitet hat. Der Vertrag wurde nie vom Senat ratifiziert, aber er wird verwaltungstechnisch umgesetzt. Wenn Sie sie noch nicht gesehen haben, geben Sie "Wildlands Map" in Ihre Suchmaschine ein. Wenn Sie sie sehen, sieht es so aus, als ob die gesamten Vereinigten Staaten eine Masse aus roten und gelben Linien wären. Diese Linien stellen bestehende oder vorgeschlagene Wildtierkorridore dar, die die menschliche Aktivität einschränken. Die Idee dahinter ist, Arten wieder in die Wildnis zu bringen und Korridore bereitzustellen, die den Kontinent durchqueren, damit sie sicher wandern können.

Das klingt doch toll, oder? Ted Turner, der milliardenschwere Medienmogul, besitzt Tausende Hektar Land in Montana und es scheint, als würde er Wölfe und Bären auf seinem Land aussetzen, um es neu zu bevölkern. Die Viehzüchter und Landwirte in der Region sind besorgt, dass einige dieser Wölfe einer kanadischen Rasse angehören, die mehr Junge pro Wurf zur Welt bringen als die einheimischen Wölfe, und dass sie wilde Jäger sind. Zwei Wölfe können ein Pferd oder einen Elch erlegen. Im ganzen Land, in Städten, die in der Nähe von offenen Flächen liegen, kommen immer mehr Pumas, Bären, Kojoten, Pumas und Rotluchse in bewohnte Gebiete. Wenn Sie die Website WildlandsNetwork. org besuchen, finden Sie dieses Zitat:

> *Unsere wissenschaftlich fundierte Lösung ist die Schaffung von vier Continental Wildways, ausgedehnten Korridoren aus geschütztem Land, die sich von Ozean zu Ozean und von Nord nach Süd in Kanada, den USA und Mexiko erstrecken und genügend Room to Roam© bieten, um Wildtiere und Menschen langfristig zu schützen. Wir konzentrieren uns derzeit auf die Wildnisrouten im Westen und Osten.*

Es ist irgendwie süß, dass sie ein Urheberrecht auf "Room to Roam" angemeldet haben. Ihre Vision von Wildtierkorridoren können Sie auf einer Karte sehen, die sie auf der Website WildlandsNetwork.org/Wildways erstellt haben. Natürlich gehört ihnen nicht all dieses Land, daher besteht der Plan darin, es durch Rechte zu erwerben (öffentliche Parks oder Land, das für menschliche Aktivitäten gesperrt ist), durch Naturschutzservitute oder durch Einschränkungen oder

Vorschriften (Überlagerung biotischer Ressourcen, Überlagerung empfindlicher Arten usw. in den Gesamtplänen).

Wasserrechte sind, wie Sie wissen, das neue Schlachtfeld. Ob es um den Delta-Ringkanal geht, um Einschränkungen der kommerziellen Fischerei, um den Artenschutz, der die Entfernung von Bächen verlangt, um die Verringerung der Umleitung von Flussströmen oder die Zerstörung von Dämmen - alles dient dem "Gemeinwohl".

Laut der Agenda 21 der Vereinten Nationen sind Staudämme "nicht nachhaltig". Auf den Seiten 728 bis 763 des *Global Biodiversity Assessment der Vereinten Nationen finden Sie* viele weitere nicht nachhaltige Bauwerke und gezielte Aktivitäten (einschließlich Golfplätzen und Skipisten). Ich werde nur zwei der vielen, vielen bizarren Beispiele der neuen Weltordnung nennen.

Das erste Beispiel ist der für 2012 vorgeschlagene Abriss der Staudämme des Elwha-Flusses im Westen des Bundesstaates Washington in der Nähe von Port Angeles. Das als eines der größten Umweltsanierungsprojekte in der Geschichte der USA angepriesene Projekt wird zwei stromerzeugende Staudämme abreißen und den Elwha-Fluss zum ersten Mal seit 100 Jahren wieder frei bis zur San Juan De Fuca-Straße fließen lassen. Die Lachse können wieder laichen und ihre verarmten Reihen neu bevölkern. Dieser Kampf um den Abriss der Staudämme dauert nun schon seit 20 Jahren an. Fischtreppen wurden nie an den Dämmen angebracht und die Lachse verkümmerten. Als Vorschläge zum Bau von Fischtreppen gemacht wurden, wurden sie von Umweltgruppen abgelehnt, da, wie sie sagten, das Wasser zu warm sei und die Fische einen wiederhergestellten Lebensraum bräuchten. Die Kritiker erklärten, es gehe nicht um den Lachs, sondern um Wildlands. Offenbar produzieren die alten Staudämme nicht viel Strom. Aber es ist saubere, lokal erzeugte Energie, und die Kosten für den Abriss und die Wiederherstellung des Lebensraums belaufen sich auf 325 Millionen Dollar. Das Erstaunliche an diesem Abrissprojekt ist, dass niemand weiß, was passieren wird.

Von den Abrissmethoden über potenzielle Überschwemmungen und Sedimente bis hin zu potenziell unbrauchbaren septischen Systemen flussabwärts - das Projekt ist ein großes Fragezeichen. Eines ist sicher: Die Dämme werden verschwinden und sie werden nicht die letzten sein, die im Rahmen der großen Kampagne zur Wiederherstellung von Wildnis zerstört werden.

Die zweite Geschichte ist ein wenig unheimlich. Drake's Bay liegt im Norden Kaliforniens auf der Halbinsel Point Reyes. Diese wunderschöne Halbinsel, die dem Ozean zugewandt ist, gehört zum Point Reyes National Seashore. Die Drake's Bay Oyster Company erntet seit über 70 Jahren Austern in der Bucht. Da ihr Pachtvertrag mit dem National Park Service 2012 auslief, beantragten sie eine Verlängerung. Zu ihrem Pech will der National Park Service das Gebiet in eine "Wildniszone" umwandeln. Laut dem National Forest Service des US-Landwirtschaftsministeriums wird ein "Wildnisgebiet" wie folgt definiert:

> *Wildnis ist "ein Gebiet, in dem das Land und seine Lebensgemeinschaft nicht durch den Menschen behindert werden, in dem der Mensch selbst ein **Besucher** ist, der **nicht bleibt**".*
>
> *Ein Wildnisgebiet wird im Wilderness Act außerdem definiert als "ein Gebiet unentwickelten Bundeslandes, das seinen ursprünglichen Charakter und Einfluss bewahrt, ohne dauerhafte Verbesserungen oder menschliche Behausungen, das geschützt und verwaltet wird, um seine natürlichen Bedingungen zu erhalten, und das (1) im Allgemeinen hauptsächlich durch die Kräfte der Natur beeinflusst worden zu sein scheint, wobei die Spuren menschlicher Arbeit praktisch nicht wahrnehmbar sind ; (2) außergewöhnliche Möglichkeiten für Abgeschiedenheit oder eine Art primitiver,*

> *nicht eingegrenzter Freizeitgestaltung bietet; (3) mindestens fünftausend Morgen Land besitzt oder groß genug ist, um seine Erhaltung und Nutzung in einem intakten Zustand zu ermöglichen; und (4) auch ökologische, geologische oder andere Merkmale von wissenschaftlichem, erzieherischem, malerischem oder historischem Wert enthalten kann."*

Es gibt ein Problem, wie Sie sehen können. Die Drake's Bay Oyster Company ist seit sieben Jahrzehnten an dieser Stelle ansässig, also etwa drei Jahrzehnte länger als die Existenz des National Seashore.

Da das Gebiet nun als "potenzielles Wildnisgebiet" eingestuft wurde, wollte die Parkverwaltung eine Bestandsaufnahme machen und prüfen, ob die Nutzung weiter auf "Besucher, die nicht bleiben" beschränkt werden könnte. Wenn sie alle dauerhaften Verbesserungen im National Seashore entfernen könnten, wären sie in der Lage, den Status des Gebiets in "ausgewiesenes Wildnisgebiet" zu ändern. Zu diesem Zweck installierten sie eine Überwachungskamera in der Bucht und zeichneten die Bewegungen der Mitarbeiter des Austernparks auf, in der Hoffnung, Verstöße zu finden. Obwohl sie über 250.000 Bilder aufzeichneten, zeigte keines davon Schäden an den gemeinen Robben oder der Umwelt. Was tat der Parkservice also? Er hielt diese Informationen zurück, um sagen zu können, dass der Austernpark eine Bedrohung für die Umwelt darstellte und seinen Pachtvertrag verlieren sollte. Die Zeitung *San Francisco Chronicle* berichtete am 24. März 2011, dass:

> *Senatorin Dianne Feinstein beschuldigte am Mittwoch das US-Innenministerium, die Beweise für ein Fehlverhalten von Wissenschaftlern der Nationalparkbehörde herunterzuspielen, die offenbar die Vertreibung einer beliebten Muschelfarm aus Drakes Bay erreichen wollten.*
>
> *Das Anwaltsbüro des Innenministeriums veröffentlichte am Dienstag einen Bericht, in dem es beschrieb, was es als voreingenommene, unangemessene und von Fehlern*

durchsetzte Arbeit von Wissenschaftlern bezeichnete. Er kam jedoch zu dem Schluss, dass das Verhalten nicht das Niveau eines absichtlichen "wissenschaftlichen Fehlverhaltens" erreichte - und dass nichts Kriminelles passiert sei.

In der Schlagzeile hieß es, es sei ein "Fehler" gewesen, aber das war es nicht, oder? Es war absichtlich und wurde mit dem Ziel gemacht, ein Gebiet zur "Wildnis" zu erklären.

Ohne Grenzen. Primitiv. Primitiv. Wildes Land.

In ländlichen Gebieten, in denen die Menschen leben und arbeiten, werden andere Methoden angewandt, um sie von der Erde fernzuhalten. Die Überwachung von Wasserbrunnen und die Weigerung, Klärgruben zu bauen, sind Teil der Feststellung, dass Ihnen das Zentrum der Erde und der Himmel darüber nicht gehören, wie Sie dachten. Umweltschutz ist wichtig, um sauberes Wasser und gesunde Tierpopulationen zu gewährleisten, aber oft handelt es sich dabei nur um den Lack der grünen Maske, hinter der sich der Fanatismus und die Kontrolle der Agenda 21 der Vereinten Nationen verbergen. Die Inventarisierung und totale Kontrolle aller natürlichen Ressourcen ist derzeit in vollem Gange. Ein Beispiel für einen weiteren Weg, die menschliche Landbevölkerung auszulöschen, ist die Entscheidung der Aufseher des Sonoma County im Dezember 2010, nur 150 Meilen der über 1380 Meilen Landstraßen des County zu pflastern. In einem Artikel, der am 31. Dezember 2010 in der Zeitung Santa Rosa Press Democrat erschien, heißt es, dass die Bundesfinanzierung städtischere und bevölkerungsreichere Gebiete begünstigt und nicht genug Geld für die Pflasterung ländlicher Gebiete vorhanden ist. Der Plan sieht vor, viele Straßen zu pulverisieren und wieder mit Kies zu befestigen (ich hoffe, sie haben für den ganzen Staub einen Umweltverträglichkeitsbericht erhalten!) Glauben Sie, dass sich dies auf den Wert ländlicher Immobilien auswirken wird? Auf die Landwirtschaft?

Über den Zugang zu Märkten? Dies schafft mehr Kandidaten für Erhaltungsservituten oder den reinen Verkauf an Land Trusts. Weniger privates Eigentum. Weniger Menschen auf dem Land. Weniger Land in der Produktion. Weniger Unabhängigkeit. Weniger Freiheit. Und auch weniger Grundsteuern, die für die Bezirkshaushalte generiert werden, was zur Defizitspirale beiträgt.

Der Preis für faule Tomaten

Besuchen Sie den Rat für ländliche Angelegenheiten des Weißen Hauses. Anscheinend nach dem Vorbild des Presidential Council on Sustainable Development eingerichtet, wird dieser aus über fünfundzwanzig Regierungsstellen bestehende außerstaatliche Rat das ländliche Amerika wieder an die Arbeit bringen, Ihren Traktor legal machen, Ihre Kühe mikroprotegieren und ... nun, ich lasse es Ihnen von der Website des White House Rural Council verraten:

> *Um die Herausforderungen des ländlichen Amerikas zu bewältigen, auf der ländlichen Wirtschaftsstrategie der Regierung aufzubauen und die Umsetzung dieser Strategie zu verbessern, unterzeichnete der Präsident einen Erlass zur Einrichtung des Weißen Hauses Rural Council (Rural Council des Weißen Hauses).*
>
> *Der Rat wird die Bemühungen der Verwaltung im ländlichen Amerika koordinieren, indem er drei wesentliche Funktionen erfüllt. Er muss:*
>
> *1. Rationalisierung und Verbesserung der Wirksamkeit von Bundesprogrammen für das ländliche Amerika.*
>
> *2. Einbindung von Interessengruppen zu Problemen und Lösungen in ländlichen Gemeinden*
>
> *3. Förderung und Koordinierung von Partnerschaften mit dem Privatsektor*

Da sind sie wieder, diese öffentlich-privaten Partnerschaften. Bedeutet "fördern und koordinieren" die Auswahl von Gewinnern und Verlierern? Die "Stakeholder" einzubeziehen klingt nach Delphi. Die Wirksamkeit von Bundesprogrammen rationalisieren" bedeutet, eine neue Ebene von Bürokratie, Vorschriften, Einschränkungen, Geldbußen, Strafen und Überwachung zu schaffen.

Vielleicht meinen sie das, wenn sie sagen, dass sie Amerika wieder in Arbeit bringen wollen. Lokale Arbeitsplätze zur Umsetzung der Agenda 21 der Vereinten Nationen.

Wie passt die Regionalisierung in diesen Kontext?

Die Regionalisierung. Wenn Sie noch nicht wissen, was das ist, werden Sie es bald erfahren. Das ist der Zwischenschritt auf dem Weg zur Globalisierung. Die Schaffung einer weiteren Regierungsebene, die nicht gewählt wird und Ihnen gegenüber nicht rechenschaftspflichtig ist. Ein Konglomerat von Kommunen, die neue Gesetze und Ziele beschließen, die ihre lokalen Gesetze verdrängen - und sich dann an die lokale Gemeinschaft wenden und sagen, dass sie verpflichtet sind, ihre lokalen Gesetze in Einklang zu bringen. Eine Manipulation, die darauf abzielt, den lokalen Gemeinschaften die Souveränität zu nehmen, die sich um Subventionen reißen, anstatt zu bemerken, dass sie sich ins Aus stürzen. Nun sollten bestimmte Planungen regional sein. Das Verkehrswesen wäre beispielsweise sinnlos, wenn die Straßen am Ausgang Ihrer Stadt oder Ihres Landkreises nicht miteinander verbunden wären. Die Regionalisierung verknüpft jedoch zum ersten Mal Wohnungsbau und Verkehrsfinanzierung in einer "Mitspielen oder Verhungern"-Anstrengung. Die regionalen Agenturen arbeiten mit der Bundesregierung und gemeinnützigen Organisationen wie ICLEI zusammen, um den Bewohnern eine Falle zu stellen. Warum ist das so? Weil das Ziel eine einzige Weltregierung ist. Wirklich. Regionen können Gruppen von Landkreisen, Gruppen von Staaten und schließlich Gruppen von Nationen, wie die Europäische Union, bezeichnen. Schließlich wird man zu einer einzigen Regierung übergehen. Es handelt sich um eine schrittweise Übertragung von Rechten, die auf lokaler Ebene beginnt.

Die folgende Geschichte spielt in der San Francisco Bay Area, aber es kann sein, dass sie bereits in Ihrer Region spielt. Falls nicht, wird sie es bald sein.

Delphi-Treffen finden derzeit in allen neun Bezirken der San Francisco Bay Area statt. Die Öffentlichkeit nimmt daran teil, um eine Propagandasitzung abzuhalten und die Illusion zu erwecken, dass die Öffentlichkeit zugestimmt hat. Sie wissen, dass "Delphi" zu sein bedeutet, dass Sie einer Visionssitzung unterzogen wurden, bei der das Ergebnis schon feststand, bevor Sie den Raum betreten haben. Sie nennen es "SIE WÄHLEN", aber in Wirklichkeit ist das Einzige, was es zu Ihrer Wahl macht, dass Ihre Steuern dafür zahlen und es Ihnen auferlegt wird. In diesem Fall handelte es sich um OneBayArea, aber in Ihrer Region wird es anders heißen, etwas Regionales. In erster Linie geht es um einen Verkehrsplan, aber das ist nur ein Vorwand, um einen riesigen, auf Neuentwicklung basierenden Masterplan zu erstellen, der auch Einschränkungen der Landnutzung beinhaltet. In Wirklichkeit handelt es sich um ein "stack-em and pack-em" Wohnmodell [1] für einen riesigen Agenda 21/ICLEI-Plan der Vereinten Nationen. Es geht darum, dass Sie Ihr Haus auf dem Land oder in der Vorstadt verlassen und in eine eng geschnittene, leicht kontrollierbare Wohnung oder Eigentumswohnung ziehen, in der es keinen Platz für Ihr Auto gibt und die mit schlechten öffentlichen Verkehrsmitteln ausgestattet ist. Man wird Ihnen sagen, dass die Menschen nur dann öffentliche Verkehrsmittel benutzen werden, wenn sie in die Innenstädte gepfercht werden, und dass der Verzicht auf

---

[1] "Häufen und verpacken" Ndt.

Autos das wichtigste Mittel zur Reduzierung der Treibhausgase ist.

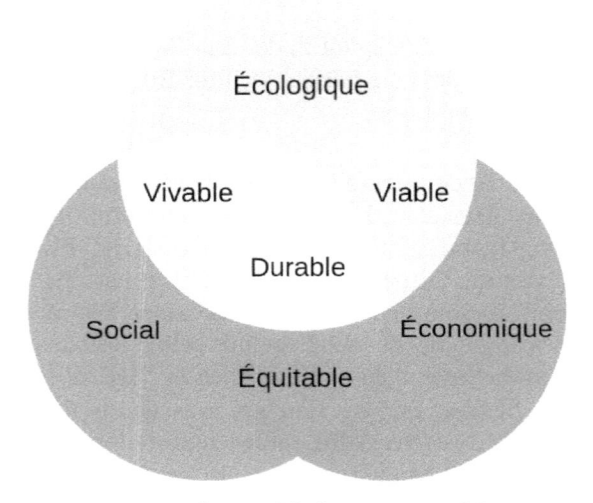

```
                    Écologique

            Vivable          Viable

                    Durable

        Social                Économique
                    Équitable
```

Das Logo für nachhaltige Entwicklung

Was ist mit Elektroautos? Man sagt uns, dass Autofahren asozial ist und wir außerdem Bewegung brauchen! Die Animateure sind übrigens perfekte Heuchler und leben in Einfamilienhäusern ... man muss sie nur fragen.

Außerdem fuhren sie mit dem Auto zum Treffen.

Die grüne Maske

Die grüne Maske ist das Versprechen, dass Sie sauberere Luft, weniger Umweltverschmutzung, mehr Zeit für Ihre Familien, grüne Arbeitsplätze, niedrigere Kosten und ein besseres, lebendiges Leben einatmen werden, in dem man sich zu Fuß und mit dem Fahrrad fortbewegen kann. Das Ziel ist es, die Bay Area und das Land mit "intelligentem Wachstum" zu homogenisieren, d. h. mit Wohn- und Geschäftsentwicklungen, die durch Ihre Grund- und Verkehrssteuern subventioniert werden. Die Idee dahinter ist, dass, wenn alle entlang von Bahngleisen oder einer Buslinie wohnen, es rentabler wird, öffentliche Verkehrsmittel zu betreiben. Es wird weniger Orte geben, die man besuchen muss, und mehr Menschen, die sie benutzen. Es wird weniger Umweltverschmutzung geben, weil niemand ein Auto haben wird. Die Mieten werden günstig sein, weil die Wohnungen klein sind. Kleine Einheiten bedeuten einen niedrigen Energieverbrauch. Sie werden keinen Garten haben, daher werden Sie kein Wasser für die Pflanzen verschwenden. Es wird nie regnen oder schneien, egal wo Sie wohnen, also wird jeder mit dem Fahrrad überall hinfahren können. Jeder wird glücklich sein, die Kinder werden sicher sein, es wird viel Zeit geben, um im Café unten einen Kaffee zu trinken, und es wird keine Verbrechen geben, weil jeder jeden überwacht. Die ganze Zeit.

OK, gehen wir zum Treffen. Wenn Sie noch nie an einem Delphi-Treffen teilgenommen haben, werden Sie einen Schock bekommen. Zwar sagen die Moderatoren, dass es darum geht, Ihre Meinung zu hören, aber in Wirklichkeit werden Sie, wenn Sie es wagen, etwas zu sagen oder eine Frage zu stellen, die nicht mit der Propagandamaschine übereinstimmt, angepöbelt. Ja, angeblich anständige Amerikaner aus Ihrer eigenen Stadt werden Sie wie ein wilder Mob anschreien und Ihnen sagen, dass SIE NICHT WISSEN WOLLEN, woher die Finanzierung des Projekts kommt. SIE WOLLEN NICHT WISSEN, wie viel das Projekt sie kostet. SIE WOLLEN NICHT WISSEN, warum der gesamte Plan/das gesamte Projekt im Voraus entworfen wurde, obwohl er/es von der Öffentlichkeit gestaltet werden soll. Wie viel kostet das Ganze? 200.000.000.000 $. Das sind 200 Milliarden Dollar in den nächsten 25 Jahren, allein in der Bucht von San Francisco.

Wenn Sie Ihre Stadt so behalten wollen, wie sie heute ist, wird dies als "Business As Usual" bezeichnet und Sie werden beschämt. Die Wahl, die Sie treffen sollen, ist die "geplante Zukunft", mit immer mehr Stadtentwicklung und mehr Kontrolle durch die Regierung. Die Moderatoren gehen auf Sie los, wenn Sie sich nicht an das Programm halten wollen. Rechnen Sie mit Verachtung, Scham, Isolation und abfälligen Bemerkungen. Der Saal ist voll mit gewählten Vertretern, Regierungsangestellten, gemeinnützigen Gruppen, Vorstandsmitgliedern und Ausschüssen, die dafür sorgen, dass das Ergebnis das "Richtige" ist.

Woher weiß ich, dass es passiert? Weil es mir passiert ist. Erst letzte Woche wieder. Ich wurde von Leuten, die ich kenne, Leuten aus der Regierung und von gemeinnützigen Organisationen, angeschnauzt, die sauer waren, weil ich Fragen stellte, auf die jeder eine Antwort erwarten sollte. Habe ich eine Szene gemacht? Habe ich geschrien? Nein, ich war ruhig, trug einen Business-Anzug und sagte die Wahrheit. Das ist eine Bedrohung bei solchen Treffen. Das Letzte, was sie wollen, ist ein informiertes Publikum. Das passiert jedes Mal, wenn ich zu einem Treffen gehe. Eigentlich gewöhne ich mich daran und es ist vage amüsant, wenn Ihre Bürgermeisterin Ihnen zuruft, dass sie nicht wissen will, wie sich das auf die Stadt auswirken wird. Das Treffen wurde gefilmt - es gab mehrere Kamerateams. Ich ging zurück und fragte sie, ob sie vorhätten, meine Bemerkungen und die der anderen, die Einwände erhoben hatten, herauszuschneiden. Sie schauten mich nicht an und antworteten mir nicht. Ich erkannte den Leiter des örtlichen öffentlichen Medienzentrums und fragte ihn, ob dies im öffentlich zugänglichen Fernsehen ausgestrahlt werden würde, doch er antwortete, dass er das nicht wisse.

Er sah beschämt aus.

Vielleicht fragen Sie sich, ob die Verantwortlichen in Ihrer Regierung etwas über die Agenda 21 der Vereinten Nationen/nachhaltige Entwicklung wissen. Ja, sie wissen es. In Kürze werde ich Ihnen erklären, wie man eine Sitzung antidelphifiziert. Doch lassen Sie uns nun einen Blick auf die Regionalisierung werfen.

Die Regionalisierung ist der Zwischenschritt der Globalisierung und die Methode, mit der Gesetze, Regeln und Vorschriften so standardisiert werden können, dass man sich ihnen nicht entziehen kann. Der regionale Trend besteht darin, die künftige Entwicklung auf Neuordnungsgebiete und vorrangige Entwicklungsgebiete zu beschränken. NUR. haben Sie das verstanden? Wenn Sie ein Grundstück außerhalb dieser Gebiete besitzen, können Sie dort möglicherweise nicht bauen. Ich habe nicht gesagt: "Grundstück außerhalb der Stadtgrenzen", nein. Ein Grundstück außerhalb eines Neubaugebiets, außerhalb eines kleinen Abschnitts eines schmalen, 1/4 Meile breiten Verkehrskorridors kann möglicherweise nicht bebaubar sein. Das ist verblüffend. Wenn Ihre Stadt einen Anteil an den umfangreichen Finanzmitteln für Verkehr und Planung erhalten will, muss sie akzeptieren, dass in den nächsten 25 Jahren die Wohnentwicklung nur in den vorrangigen Entwicklungsgebieten stattfinden wird. Warum machen die hauptsächlich in den Neuentwicklungsgebieten? Weil sie dort die Enteignungsbefugnis haben und Ihnen Ihr Land gegen Ihren Willen wegnehmen können. Alle Neubauten, die dem Bevölkerungswachstum in den nächsten 25 Jahren gerecht werden sollen, werden in einem kleinen Gebiet errichtet. Deshalb werden sie als vorrangige Entwicklungsgebiete bezeichnet. Die Stadt und der Landkreis können in diesem Gebiet für die nächsten 30 bis 45 Jahre Grundsteuern erheben und diese zur Rückzahlung der Anleihenschulden und zur Bezahlung ihrer Kumpels für die Entwicklung des intelligenten Wachstums verwenden. Hören Sie diesen Donner? Es sind die Verkäufer, die losrennen, um ihre Immobilien außerhalb der Neuentwicklungs- oder vorrangigen Entwicklungsgebiete zu verkaufen, und die Käufer, die losrennen, um in diesen Gebieten zu kaufen. Aber leise und verstohlen, denn Sie sind noch nicht aufgewacht.

In der San Francisco Bay Area werden diese öffentlich-privaten Treffen von zwei regionalen Gruppen organisiert: der Metropolitan Transportation Commission (MTC) und der Association of Bay Area Governments (ABAG). In Ihrer Region werden sie einen ähnlichen Namen tragen, wie Metropolitan Planning Organization (MPO) und Council of Governments (COG). Diese beiden regionalen Planungsgruppen setzen sich aus ausgewählten Gemeinderatsmitgliedern und County Supervisors aus der gesamten "Region" zusammen, die für die Umsetzung der Strategien für nachhaltige Gemeinschaften der Agenda 21 der Vereinten Nationen zuständig sind. Sie schließen sich gemeinnützigen Gruppen wie der Greenbelt Alliance an, die sich wiederum aus Mitgliedsorganisationen wie Pacific Gas and Electric, dem Sierra Club, der US-Umweltschutzbehörde usw. zusammensetzen. Durch den Zusammenschluss mit einer privaten Gruppe wie der Greenbelt Alliance kann Ihre Regierung Zuschüsse an private Organisationen vergeben, die als Berater ohne Ihre Aufsicht oder Ihr Wissen Schulungen entwerfen.

Die Mitglieder dieser Gruppen pendeln zwischen der Regierung und gemeinnützigen Gruppen hin und her und können dann öffentliche Maßnahmen festlegen, von denen sie persönlich profitieren, wenn sie wieder in den Privatsektor zurückkehren. Die Grenzen zwischen öffentlichem und privatem Sektor sind fließend. Es gibt sehr strenge Gesetze, die den Zugang der Öffentlichkeit zu Informationen regeln, und strenge Gesetze, die das Wohlverhalten von gewählten Vertretern regeln. Die Gesetze besagen, dass alles, was die Öffentlichkeit betrifft, öffentlich geführt werden muss.

Aufgrund der Konfiguration dieser Gruppen ist es für Sie jedoch praktisch unmöglich, ihnen zu folgen, und Ihre Zeitung wird Sie nicht über ihre Arbeitsgruppen, Studiengruppen, Vorstandssitzungen, Retreats und Strategiesitzungen informieren.

Diese Agenturen arbeiten mit einem Modell, das sie von ICLEI erhalten haben, das jedes Zielgebiet urbanisiert und die ländlichen und vorstädtischen Gemeinden nach und nach in die Stadt entleert. Der Prozess wird immer schneller, je näher sie ihrem Ziel kommen. Die Planungsdokumente der einzelnen Städte und Landkreise werden standardisiert und auf diese Idee ausgerichtet. Die Mischnutzung funktioniert nur in stark urbanisierten Gebieten, in denen es genügend Einwohner gibt, um den Einzelhandel zu unterstützen. San Francisco ist ein Beispiel für einen Ort, an dem dies funktionieren kann, aber selbst dort sind die geplanten Dichten viel höher als das, was derzeit vorhanden ist. Kleinere Städte können dieses Modell in der Regel nicht unterstützen.

Als ich kürzlich ein Einkaufszentrum in einer sehr kleinen Stadt bewertete, stieß ich in der Lokalzeitung *The Valley Mirror* auf einen interessanten Artikel. Der Artikel von Doug Ross vom 28. November 2008 ist eine ungewöhnliche Abschrift einer gemeinsamen Sitzung von Ratsmitgliedern und Aufsichtspersonen aus drei Kleinstädten und einem Landkreis in Zentralkalifornien. Diese ländliche Region plant die Abschaffung der örtlichen Polizei und die Einrichtung einer Ordnungsbehörde, eines öffentlichen Bauamts und eines landkreisweiten Bibliothekssystems. Ein County Supervisor sagte: "Wir könnten uns dazu veranlasst sehen, die Städte zu entkorken und eine einzige Stadt-Land-Regierung zu bilden. Wir sind auf uns selbst gestellt. Wir sind - ich will es nicht sagen - finanziell 'am Arsch'. Ich hasse Regionalismus, aber wenn wir es nicht schaffen, einen Kuchen aus der Luft zu holen, wird Glenn County von größeren Regionen finanziell niedergewalzt werden". Diese kleinen Gemeinden werden verschwinden. Bezeichnenderweise bekamen diese erbärmlichen Volksvertreter eine kleine, bedrohliche Aufmunterungsrede von einer Frau aus einer gemeinnützigen Gruppe, die Zuschüsse für Energieprogramme organisiert. Sie sagte Folgendes: "San Bernardino und Stockton wurden vom Generalstaatsanwalt verklagt, als sie ihre Generalpläne ohne einen Plan zur Emissionsminderung einsetzten. Stockton traf sich mit dem Generalstaatsanwalt und stimmte zu, die Treibhausgasemissionen nach Kategorien zu inventarisieren. Heute ist es eine der grünsten Städte des Staates". Ja, Stockton war gerade dem ICLEI beigetreten.

In dem Maße, in dem immer mehr Regionen geschaffen, identifiziert und den lokalen und staatlichen Regierungen übergestülpt werden, wird es mehr regionale Gesetzgebung und weniger lokale Kontrolle geben. Die Lokalregierung wird nur noch existieren, um die regionalen Regelungen verwaltungstechnisch umzusetzen.

Die getrennte Souveränität wird verschwinden. Wenn sich Gruppen von gewählten Vertretern aus verschiedenen Regionen in Regionalräten zusammenfinden, haben Sie keine Möglichkeit, sie kollektiv zu beseitigen, sondern müssen in ein Regionalzentrum gehen, um an Sitzungen teilzunehmen oder Einwände gegen neue Gesetze zu erheben.

Ihre Rechte als Wähler werden im Konsens des Kommunitarismus aufgelöst.

Wir wissen, wann du geschlafen hast

Es handelt sich um Sozialtechnik. Sie verlassen Ihr Haus auf dem Land oder in der Vorstadt, wo Sie alle Ihre Nachbarn kennen und eine echte Gemeinschaft haben, für eine künstliche, vorübergehende und illusorische "Gemeinschaft". Die Realität ist, dass eine große Anzahl von Menschen, die auf kleinem Raum zusammengepfercht sind, Druck auf die Versorgungsbetriebe ausübt, riesige und teure neue Wasser- und Abwasserleitungen erfordert und zu hohen Leerstandsraten, Kriminalität und schlechter Instandhaltung führen kann. Diese Entwicklungen sind so konzipiert, dass sie ein Minimum an Privatsphäre bieten und dass die Energie- und Wasseraufsichtsbehörden Ihren Verbrauch ohne Ihre Zustimmung einschränken können.

Unter dem Deckmantel des Umweltschutzes wird der Stress des Lebens durch mehr Vorschriften und Einschränkungen zunehmen. Alle Städte werden gleich aussehen. Wo werden Sie leben? In einer Wohnung oder einer Eigentumswohnung mit einem Vorstand einer Eigentümervereinigung oder einem Bewohnerrat, der Ihr Verhalten überwachen wird. Wenn Sie Saxophon spielen, mit Ihrem Partner streiten, Räucherstäbchen verbrennen, Ihre Wäsche aufhängen oder andere verbotene Aktivitäten ausüben, können Sie Ihre Wohnung verlieren oder eine Geldstrafe erhalten. Sie werden nur wenige Orte haben, an die Sie gehen können, die völlig privat sind. Unsere heutige Kultur konditioniert uns darauf, uns an den Verlust der Privatsphäre zu gewöhnen. Ist Facebook nicht genau das?

Und was ist mit dem ständigen Versenden von SMS? Was ist mit Reality-TV? Sie werden gedemütigt, wenn Sie Privatsphäre wollen. Selbst die 12-Stufen-Programme stellen Ihre intimsten Probleme jedem zur Schau, der sich dort zeigt. Stört Sie das?

Was verbergen Sie? Verstecken Sie die eingebaute Kamera Ihres Laptops?

Junge Menschen auf der ganzen Welt wachsen mit einer völlig anderen Sicht auf das Leben auf als ihre Eltern. Und man muss das Offensichtliche sagen: Es ist eine Bewegung, die von jungen Menschen angeführt wird. Wenn Sie unter 35 Jahre alt sind, sind Ihre Erwartungen ganz anders als die Ihrer Eltern. Sie werden vielleicht nie einen anständigen Job bekommen. Ihr Universitätsabschluss liegt in nachhaltiger und grüner Arbeitslosigkeit. Sie werden vielleicht nie ein eigenes Haus haben. Sie werden vielleicht nie länger als fünf Jahre für dasselbe Unternehmen arbeiten.

Ihr Konzept der Loyalität könnte beeinträchtigt werden. Ihr Gefühl der Abhängigkeit von Regierungsprogrammen wird hoch sein. Sie werden vielleicht nie von Ihren Schulden befreit werden. Junge Menschen werden durch ergebnisorientierte Bildung indoktriniert, um eine geringere Lebensqualität, ein Leben im Kollektiv, zu akzeptieren. Ihnen wird beigebracht, gehorsam zu sein, auf Testfragen die "richtigen Antworten" zu geben, in einer "Kohorte" zu arbeiten und sich selbst als Bedrohung für den Planeten zu betrachten. Sofern Sie nicht reich genug sind, um eine Privatschule der Ivy League zu besuchen, werden Sie nur das lernen, was im Test steht. Sie werden nicht lernen, selbstständig zu lernen oder zu denken. Dies ist ein grundlegendes Element der Agenda 21, die darauf abzielt, die Kluft zwischen Arm und Reich zu vergrößern. Ja, das ist auch die grüne Maske. Es ist ein Gemeinschaftsmodell, bei dem es darum geht, einen Verlust an individuellen Rechten als Teil des Gemeinwohls, eines einzigen Planeten, zu akzeptieren.

Mir ist aufgefallen, dass ICLEI-USA, wenn man eine Recherche über sie als Arbeitgeber durchführt, zeigt, dass sie etwa 220 Personen mit einem Durchschnittsalter von 29 Jahren und einem Frauenanteil von 55 % beschäftigt.

Bekommen diese jungen Frauen einen angemessenen Lohn oder können sie sich nur eine Wohnung in einem der hochverdichteten städtischen Mietshäuser neben einer Bahnlinie leisten?

Die Rekrutierung für Splittergruppen scheint sich auf Unangepasste, Extremisten, Fanatiker und generell auf diejenigen zu konzentrieren, die von den "Gruppenführern" rigide reglementiert und kontrollierbar sind. Umweltgruppen haben sich von denen, die gerne wandern und die freie Natur genießen, zu denen entwickelt, die ein Programm für Sozialtechnik haben. Es gibt ein Programm, das von der Sonoma County Conservation Action, einer politischen Umweltgruppe, die Kandidaten unterstützt, ins Leben gerufen wurde und "Know Your Neighbor" heißt. Dieses Programm wird auch bei den Neighborhood Summits, den von der Stadt und NGOs gesponserten Workshops, bei denen die Nachbarschaftsleiter ausgewählt werden, hervorgehoben. Eine sehr sympathische junge Frau war dafür zuständig. Sie stand vor meiner Tür und erzählte mir davon. Das Ziel war es, in jedem Viertel jemanden zu haben, der alle kennt und auch ihre politischen Ansichten kennt, damit sie sich engagieren können, wenn über Fragen abgestimmt wird. OHNE BLAGAGE.

Es gibt noch etwas, das über Social Engineering gesagt werden muss. Die meisten von uns haben sich etwa eine Minute, nachdem sie zum ersten Mal vom Holocaust gehört hatten, gefragt, ob wir die Art von Menschen sind, die zu solchen Verbrechen fähig wären. Wenn wir ehrlich zu uns selbst waren, würden wir nein sagen, aber dann hatten wir eine Art vages Gefühl des Unbehagens. Konnten wir uns dessen sicher sein?

In den 1970er Jahren führte Professor Philip Zimbardo an der Stanford University das Stanford Prison Experiment durch. Der Psychologe wollte herausfinden, ob sich Studenten gegenseitig foltern würden, wenn man ihnen die Erlaubnis dazu geben würde. Er richtete im Keller der Universität ein "Gefängnis" ein, bestimmte nach dem Zufallsprinzip einige Studenten als Gefangene und andere als Kerkermeister und beobachtete. Das

Experiment musste aufgrund der Brutalität der Kerkermeister, bei denen es sich um ganz normale Studenten handelte, abgebrochen werden. Wie lange dauerte das Experiment? Sechs Tage.

Nun, rate mal! Du wirst Gelegenheit haben, zu sehen, wozu du fähig bist, wenn du es nicht schon getan hast.

Vielleicht gehören Sie zu den Schwachen, die bereits auf den Zug aufgesprungen sind, um ihren Nachbarn zu "ihrem eigenen Wohl" auszuspionieren (Community Oriented Policing, Asset Based Community Development, Neighborhood Watch, Ausschluss von Personen aus Nachbarschaftsgruppen, Denunziation eines Nachbarn, der in seiner Wohnung raucht ...). Schmeichelei ist ein großer Manipulator.

SAG MAL ROD, MACHT ES DIR WAS AUS, WENN ICH MIR EINE TASSE CO2-CREDITS VON DIR LEIHE? ICH HABE MEIN MONATLICHES KONTINGENT ÜBERSCHRITTEN.

Vielleicht werden Sie gebeten, einen Nachbarn zur Vernunft zu bringen - man wird Ihnen sagen, dass Sie ein so wichtiger Insider sind, hey, der Bürgermeister wird Ihnen danken!

Vielleicht braucht es ein bisschen mehr, um Sie an Ihre Grenzen zu bringen. Wenn Ihr Kind nach Hause kommt und sagt: "Billys Mutter sagt, dass du verrückt bist, wenn du den Fahrradboulevard nicht unterstützt, und sie ist wütend, dass du nicht in die Richtung der Nachbarschaft fährst", werden Sie das tun?

Vielleicht verstecken Sie sich in der Anonymität, weil es Sie Ihren Job kosten könnte, aufzustehen.

Sind Ihre Kinder zu 100 % von der Agenda 21 der Vereinten Nationen - der nachhaltigen Entwicklung - indoktriniert? Was wird das für die Gespräche am Tisch bedeuten? Werden sie schweigen?

Es braucht nicht viel, um ein soziales Gefüge zu zerstören. Nur den Willen, in diese Richtung zu gehen. Und die Angst, verletzt zu werden oder sich unbeliebt zu machen, wenn man es nicht tut. Studien zeigen, dass Menschen lieber körperliche Verletzungen erleiden, als von ihren Nachbarn abgelehnt zu werden. Der Widerstand gegen diese Bewegung wächst. Sie lesen dies. Sie denken darüber nach. Dies ist keine Fernsehsendung, kein Drama und kein Spiel. Es ist Ihr Leben. Jeder kann ein guter Deutscher sein. Die Nazis haben es langsam gemacht. Sie brauchten Jahre, um sich anzupassen. Sie wurden anfangs nicht ernst genommen, aber sie manipulierten das System auf strategische Weise. Sie haben die Schrauben angezogen, die Auswahlmöglichkeiten eingeschränkt, Spitzel belohnt und Mutige beseitigt. Werden Sie zum Widerstand gehören?

Unsere Reise zur Wahrheit beginnt

Ich werde Ihnen die Geschichte erzählen, wie ich die Agenda 21 der Vereinten Nationen entdeckt habe. Ich finde es wichtig zu sehen, wie zwei ahnungslose Menschen in die Schlangengrube gefallen sind und überlebt haben.

Ich bin ein Demokrat, und zwar seit meiner ersten Eintragung in die Wählerliste im Jahr 1974. Die Relevanz meiner Parteizugehörigkeit liegt darin begründet, dass ich schon immer ein Liberaler war. Ich habe nur ein einziges Mal für einen Republikaner gestimmt, und das war letztes Jahr, nachdem ich den demokratischen Kandidaten für das Repräsentantenhaus, Michael Allen, wegen eines schweren Interessenkonflikts bei der Kommission für faire politische Praktiken angezeigt hatte. Er wurde für schuldig befunden und zu einer Geldstrafe verurteilt - nachdem er gewählt worden war.

Ich bin für die Wahl, gegen den Krieg, feministisch und schwul. Kay und ich haben an unserem 16. Geburtstag im Jahr 2008 in Kalifornien rechtmäßig geheiratet. Über dreißig Jahre lang habe ich Redebeiträge organisiert, an Demonstrationen teilgenommen und Petitionen verteilt. Ich war der Meinung, dass Bush die Wahlen gestohlen hatte. 2 Mal. Ich wusste von 9/11, sobald ich die Türme einstürzen sah, und ich habe nie an die offizielle Geschichte geglaubt. Ich habe mich immer mit nationalen Themen beschäftigt, aber nachdem ich Michael Moores *Dude, Where's My Country* gelesen hatte, beschloss ich, seinen Rat zu befolgen und mich auf lokaler Ebene zu engagieren.

In den Jahren 2004 und 2005 kauften Kay und ich Investitionsgüter in Santa Rosa, Kalifornien, das etwa eine Stunde von unserem Haus entfernt lag. Es schien eine gute Investition zu sein und wir mochten die Attraktivität der Kleinstadt Santa Rosa, einer Stadt mit etwa 170.000 Einwohnern. Nachdem wir unser Anwesen durch Anstrich und Einrichtung umgestaltet hatten, brachten wir unsere Nachbarn in der kleinen Einkaufsstraße im Stadtzentrum dazu, dasselbe zu tun. Die Gegend begann, als exzentrisches Kunstviertel mit lokalen Galerien und Studios bekannt zu werden. 2005 kamen einige benachbarte Hausbesitzer zu mir und fragten, ob ich für die Wahl eines Bürgeraufsichtsrats für das neu entstehende Sanierungsgebiet Gateways im Stadtzentrum kandidieren wolle. Anscheinend war dieses Projekt schon seit einiger Zeit in Planung, aber da es nicht um die Offenlegung von Immobilien ging, wussten wir nichts davon. Die Nachbarn dachten, da ich ein kommerzieller Gutachter mit jahrzehntelanger Erfahrung in eminenten Bereichen und in der Raumplanung bin, wäre ich ein hervorragender Vertreter für sie in dem Ausschuss. Es war für mich eine Gelegenheit, der Gemeinschaft einen Dienst zu erweisen, und ich stimmte zu, für einen Sitz zu kandidieren.

Obwohl ich Hunderte von Immobilien bewertet hatte, darunter Einkaufszentren, Weinberge, Autohäuser, Golfplätze, ein Sägewerk, eine Sand- und Kiesgrube, eine Ölraffinerie und Bürogebäude in den neun Landkreisen der San Francisco Bay Area sowie im Landkreis Los Angeles, wusste ich nicht viel über Redevelopment. Natürlich war ich verblüfft gewesen, als der Oberste Gerichtshof der Vereinigten Staaten einige Monate zuvor im *Fall Kelo vs. City of New London, Connecticut*, entschieden hatte, dass es nicht notwendig sei, festzustellen, dass eine Immobilie oder ein Gebiet "baufällig" sei, um ein Gebiet für ein Neuentwicklungsprojekt zu schaffen. Der Oberste Gerichtshof stellte sich in einer schockierenden Entscheidung, die die Nation empörte, auf die Seite der Stadt und entschied, dass, wenn eine Gemeinde glaubte, ihre Steuereinnahmen erhöhen zu können, indem sie Ihr Grundstück durch Enteignung wegnahm und es jemandem gab oder verkaufte, der es rentabler und steuergenerierend nutzte, sie dies tun durfte. Ja, die Entscheidung war, dass wenn Sie ein kleines Unternehmen auf Ihrem Grundstück hatten und ein größeres Unternehmen auftauchte und sagte: "Hey, Herr Stadtdirektor, wir haben eine "Vision". Wir lieben diesen Standort wirklich und wir können Ihnen viel mehr Verkaufs-

und Grundsteuern zahlen als der kleine Kerl, der diese Immobilie jetzt besitzt", dann konnte die Stadt Sie nehmen, auch wenn Sie die am besten gepflegte rentable Immobilie in der Nachbarschaft hatten. Es geht um das "größere Wohl" - eine echte Gemeinschaftsentscheidung.

Wie Sie sich vielleicht erinnern, gibt der fünfte Zusatzartikel der amerikanischen Verfassung der Regierung das "Recht," ein Grundstück durch Eminenz für die öffentliche Nutzung zu nehmen, sofern der Eigentümer eine angemessene Entschädigung erhält. Ich stimme diesem Grundsatz zu und habe während des größten Teils meiner beruflichen Laufbahn für das kalifornische Verkehrsministerium gearbeitet, wo ich die für den Straßenbau benötigten Güter bewertet habe. Es ist notwendig, dass die Regierung bei Projekten, die eindeutig im öffentlichen Interesse liegen, wie Straßenbauprojekte oder Projekte im Bereich der öffentlichen Dienstleistungen, auf Enteignungen zurückgreift. Aber die neue Entscheidung des Obersten Gerichtshofs hat die Definition von "öffentlicher Nutzung" geändert, so dass alles, was einer Stadt mehr Geld einbringt, als öffentliche Nutzung gilt. Ich erinnere mich, dass ich damals dachte, dass diese Richter des Obersten Gerichtshofs vielleicht anders denken würden, wenn ein Bauunternehmer anbieten würde, ihre Häuser abzureißen, um dort eine Fabrik zu bauen, wie es im Fall *Kelo der Fall* war. Übrigens, da wir gerade davon sprechen: Suzette Kelo verlor ihr Haus und alle Bewohner ihres Viertels, aber später änderte der Pharmariese Pfizer, der dort eine Fabrik bauen wollte, seine Pläne, schloss seine Einrichtung in New London und das ganze Viertel ist nur noch ein großes Stück Brachland. Wie viel Grundsteuer nimmt die Stadt jetzt ein? Keine.

Kehren wir zu meiner Geschichte zurück. Als ich mich am 5. August 2005 zur Wahl für das Komitee des Gateways Redevelopment Zone Project stellte, hatte ich bereits einige Nachforschungen angestellt. Ich wusste, dass das kalifornische Gesetz strenger war als das von Connecticut und dass *Kelo* hier nicht galt. In Kalifornien musste der Verfall eines Gebiets festgestellt werden, bevor es neu gestaltet werden durfte. Das Projektgebiet war riesig. Mit einer Fläche von über 1300 Morgen erstreckte es sich vom südlichen Ende der Stadt bis zum nördlichen Ende, auf beiden Seiten des Highways, der die Stadt in zwei Hälften teilte. Mehr als 10.000 Menschen lebten und arbeiteten in diesem Gebiet. Ich war überrascht, dass die Stadt sagen konnte, dass ein so großer Teil ihres Kerngebiets verfallen war. Es gab bereits vier andere Neuentwicklungsgebiete innerhalb der Stadtgrenzen, die "verfallen" waren. Mit der Hinzufügung dieses neuen Gebiets würde dies die Gesamtzahl der verfallenen Gebiete auf fünfeinhalb Quadratmeilen erhöhen. Verfall ist ein sehr komplexer Jargonbegriff, der sich auf den physischen und wirtschaftlichen Zustand eines Gebiets bezieht.

Diese Definition finden Sie bei Interesse in Abschnitt 33030-33039 des California Health and Safety Code, aber im Wesentlichen besagt sie, dass ein Gebiet, um "heruntergekommen" zu sein, durch einen Zustand gekennzeichnet sein muss, der so schwerwiegend und weit verbreitet ist, dass er eine Belastung für die Gemeinschaft darstellt, und dass niemand in dieses Gebiet investieren oder etwas tun wird, um es zu verbessern, es sei denn, die Regierung greift ein und bietet Anreize. Das klingt ziemlich ernst, nicht wahr? Ich hätte nicht gedacht, dass ich so etwas schon einmal gesehen habe, aber ich dachte mir, dass sie wissen, was sie tun.

Ich dachte auch, dass die Stadt sich freuen würde, wenn ich im Ausschuss mitarbeiten würde, da ich ein Profi bin und ihnen helfen könnte, den anderen Gruppenmitgliedern die Dinge zu erklären. Ich habe mich geirrt.

Als ich im überfüllten Auditorium darauf wartete, meine "Wahlkampfrede" zu halten, war ich erstaunt, dass so viele Leute in diesem Ausschuss sitzen wollten. Bauunternehmer, Besitzer von Ingenieurgesellschaften, Anwälte, Versender von

Genehmigungen, ehemalige Kandidaten für den Stadtrat und ein Talkshow-Moderator stritten sich um jeden Posten. Als ich an die Reihe kam, erzählte ich der Menge von meinen Erfahrungen und sagte dann: "Es geht alles um Abbau. Wenn es keine Verschlechterung gibt, gibt es auch keine Rechtfertigung für das Projekt". Kay erzählte mir später, dass der für das Projekt zuständige Mitarbeiter der Stadt in diesem Moment aufgesprungen sei und unruhig auf und ab gegangen sei. Ich erzählte der Menge, dass ich seit vielen Jahren als Experte für Landnutzung und Grundstücksbewertung tätig bin und als sachkundiger Zeuge in Rechtsstreitigkeiten zu diesen Themen aussagt. Ich versprach, den Bürgern zuzuhören und dafür zu sorgen, dass in Bezug auf dieses extrem große Gebiet alles in Ordnung war. Wir hatten das Recht zu erfahren, was für dieses Gebiet geplant war, und bis jetzt hatte uns niemand von der Stadt auch nur die geringsten Informationen gegeben. Ich erhielt starken Applaus und wurde mit der höchsten Stimmenzahl gewählt. Wir sollten uns jeden Monat in einem kleinen Raum im hinteren Teil eines Hilfsgebäudes der Stadt treffen, nachdem es für den Tag geschlossen war.

Der Wecker

Obwohl ich noch nie etwas von der Delphi-Technik gehört hatte, wusste ich, dass bei den monatlichen Treffen des Komitees etwas nicht stimmte.

Intuitiv beschlossen Kay und ich, dass sie zwar mit mir an jeder Sitzung teilnehmen würde, wir aber getrennt fahren, nie gemeinsam ankommen und uns nie erkennen würden. Sie war anfangs das einzige bürgerliche Mitglied der Anhörung. Die Sitzungen wurden von zwei Anwälten geleitet, die die Stadt für das Projekt engagiert hatte, und von einem Gerichtsstenografen transkribiert. Uns wurde gesagt, dass es keine tatsächlichen Pläne für das Gebiet gäbe, die Stadt aber später mitteilen würde, was sie tun würde. Die Anwälte verschwendeten jede Sitzung mit banalen und langweiligen Details und sagten, dass wir in ein oder zwei Monaten über den Entwurf abstimmen würden. Das sei nur eine Formalität, sagten sie, und wir könnten Dinge vorschlagen, die wir gerne in dem Projektgebiet sehen würden, wie Parkbänke und Fahrradständer. Unser Votum und unsere Empfehlungen würden an den Stadtrat weitergeleitet, der dann die Verordnung erlassen würde. Sie schienen es eilig zu haben, dass wir ein paar oberflächliche Empfehlungen abgaben und für das Projekt stimmten.

Bei der zweiten Sitzung fragte ich nach den Projektbüchern. Ich bin es gewohnt, Umweltverträglichkeitsberichte und Projektpläne zu lesen, und es kam mir seltsam vor, dass die Stadt uns nichts zur Verfügung stellte. Der Anwalt sagte, das sei nicht nötig. Ich sagte: "Ich habe mir das Gesetz angesehen und es besagt, dass es an uns liegt, für oder gegen das Projekt zu stimmen, je nachdem, was es verdient. Wir brauchen diese Projektbücher. Der Anwalt wurde wütend. Wir haben keine Kopien für Sie", sagte sie. Wenn Sie sie haben wollen, müssen Sie sie bezahlen.

Kay und ich kauften eine Reihe davon und sie waren in den nächsten vier Jahren unsere Nachttischbücher. Vollgepackt mit Karten, Kopien von Gesetzbucheintragungen, Finanzanalysen, Diagrammen über den Wert von Immobilien und Daten über Vermietungen enthielten diese Bücher die Antworten auf meine Fragen. Als ich noch ein Kind war, schenkte mir meine Mutter ein Buch mit dem Titel *"Wie man mit Statistiken lügt"*, damit ich nicht auf die Manipulation von Daten hereinfiel. Es wurde schnell klar, dass die Beratungsfirma, die die Stadt beauftragt hatte, um Verschlechterungen zu finden, mit diesen Techniken vertraut war.

Wir begannen damit, zu untersuchen, was sie über unsere eigenen Immobilien sagten.

Wir besitzen ein kleines Mehrfamilienhaus als Anlageobjekt im größten Park der Stadt. Die Daten waren falsch. Sie zeigten, dass es auf dem Grundstück ausstehende Verstöße gegen den Kodex gab. Wir wussten, weil wir uns vor dem Kauf bei der Baubehörde der Stadt erkundigt hatten, dass es keine ausstehenden Kodexverstöße gab. Jahre zuvor hatte es zwar welche gegeben, aber das war schon vor langer Zeit geregelt worden. Kay und ich sahen uns an und erkannten, dass, wenn die ersten Immobilien, die wir zufällig überprüften, gefälschte Informationen enthielten, die Wahrscheinlichkeit groß war, dass es ein Problem mit dem Verfall und ein Problem mit dem gesamten Projekt gab. Als wir unsere Analyse fortsetzten, stellten wir fest, dass es buchstäblich Hunderte von "Fehlern" gab und dass fast alle zugunsten des Projekts sprachen.

Hier ist ein Beispiel dafür. Sie erinnern sich, dass Verfall eine Situation ist, die eine solche Bedrohung für die Gesundheit und Sicherheit darstellt, eine physisch und wirtschaftlich deprimierende Situation, die so weit verbreitet und so wichtig ist, dass niemand Geld in das Gebiet investieren würde, wenn es nicht von der Stadt subventioniert wird. Eine Möglichkeit, dies zu beweisen, besteht darin, zu zeigen, dass es in dem Gebiet viele leerstehende Grundstücke gibt. Die Idee dahinter ist, dass, wenn es Investoren in dem Gebiet gäbe, sie diese Grundstücke kaufen und darauf bauen würden. Wir nahmen uns also ein paar Tage Zeit und gingen mit den Karten aus den Projektheften zu jedem "leeren Grundstück".

Der erste war der Schulhof eines Gymnasiums. Danach sahen wir Grundstücke, auf denen fünf Jahre alte Gebäude standen, Parkplätze von Einkaufszentren, ein Stadtpark, weitere Schulhöfe - Sie sehen die Art. Auf den meisten "Brachflächen" befanden sich Gebäude oder sie wurden genutzt. Mein Favorit war das dreistöckige Bürogebäude direkt gegenüber dem Rathaus. Es stand seit sieben Jahren dort und erfüllte zwei Zwecke: Es stand nicht nur auf der Liste der unbebauten Grundstücke, sondern auch auf der Liste der Verstöße gegen die Bauvorschriften.

Wenn wir über Verstöße gegen die Bauvorschriften als Rechtfertigung für den Verfall sprechen, haben wir Freunde und Kollegen, die uns erzählen, dass sie Opfer überhöhter und strafender Bußgelder für die Durchsetzung der Vorschriften (mit Privilegien) geworden sind. In der Welt der Projekte zur Stabilisierung und Wiederbelebung von Stadtvierteln, in der man sich selbst als "schuldig bis zum Beweis des Gegenteils" bezeichnet, werden Immobilien gezielt ausgewählt, um bei der Rechtfertigung des Verfalls zu helfen. In der Zeit vor der Erklärung eines heruntergekommenen Viertels verschärft die Stadt häufig die Durchsetzung des Kodex. Es ist nicht ungewöhnlich, dass eine Immobilie rot markiert wird, weil sie angeblich keine Genehmigung für eine Garage hat, zum Beispiel, und dass der Eigentümer mit Bußgeldern und Strafen schikaniert wird.

Wenn der Eigentümer die Genehmigung vorlegt, kann die für die Durchsetzung des Codes zuständige Behörde behaupten, sie habe sie "verloren", was ihre Inkompetenz oder ihren absichtlichen Missbrauch erklärt. Eine weitere häufige Situation ist die rote Kennzeichnung von rechtlich nicht konformen Gebäuden, die aus der Zeit vor dem Flächennutzungscode stammen. Es ist dann Sache des Eigentümers, das Alter des Gebäudes zu beweisen oder Gebühren und Strafen zu zahlen oder sogar zum Abriss der Struktur gezwungen zu werden.

In den Sitzungen lief es unterdessen nicht besonders gut. Ich hatte die Anwälte und den Ausschuss darauf aufmerksam gemacht, dass es schwerwiegende Fehler gab, die die Schlussfolgerungen zum Verfall gefährdeten. Der Vorsitzende, ein Genehmigungsspediteur, der mit der Stadt zusammenarbeitete, antwortete mir, dass "es nicht unsere Aufgabe sei, festzustellen, ob ein Verfall vorliegt oder nicht". Als ich darauf hinwies, dass die genauen Aufgaben des Ausschusses eigentlich darin bestanden, die Einrichtung des Projektgebiets zu genehmigen oder abzulehnen, wurden die

Dinge etwas schwieriger. Ehrlich gesagt war ich an diese Art von Manipulation nicht gewöhnt. Mein Arbeitgeber, eine Regierungsbehörde, vertraute mir, dass ich unvoreingenommen den Wert von Eigentum und potenziellen Abfindungen ermittelte. Wenn ich aussagte, stand ich unter Eid. Ich hatte das Gefühl, für die Menschen im Bundesstaat Kalifornien zu arbeiten, und meine Integrität als sachverständiger Zeuge war lebenswichtig. Heute wurde ich betrogen und meine Integrität wurde untergraben.

Ich hatte Material über die Neugestaltung zu den Treffen mitgebracht und verteilte es, aber nur wenige Mitglieder des Komitees schienen daran interessiert zu sein. Auch Kay schrieb, ohne anzuerkennen, dass wir uns kannten, Kommentare und verteilte sie an die Gruppe. Ich konnte feststellen, dass es im Komitee eine Reihe von "Shills" gab. Sie schienen nur dazu da zu sein, um für das Projekt zu stimmen. Es gab nie eine Diskussion über die tatsächlichen Pläne des Projekts - es war ein Rätsel, wie das Gateways Redevelopment-Projekt, das sich über 1300 Acres erstreckte, aussehen sollte. Was würden sie mit all diesen Grundsteuern machen? Die Anwälte erklärten plötzlich, dass wir sehr bald abstimmen müssten, obwohl die öffentliche Anhörung des Stadtrats erst in vier Monaten angesetzt war. Sie änderten unsere monatlichen Treffen in wöchentliche Treffen. Und sie engagierten einen professionellen Versammlungsleiter, der sich sofort auf mich konzentrierte.

Während wir all diese Recherchen durchführten, verbrachte ich jede Nacht bis in die frühen Morgenstunden damit, an der Neuentwicklung zu forschen.

Was ich fand, bestätigte meine Befürchtungen. Redevelopment war eine Erpressung. Die beste und aufschlussreichste Quelle war *"Redevelopment-The Unknown Government"* von Chris Norby, damals Supervisor von Orange County und heute Abgeordneter des Staates Kalifornien. Die Broschüre ist online verfügbar; geben Sie den Titel in Ihre Suchmaschine ein oder gehen Sie auf die Seite mit den Quellenangaben auf unserer Website. Dieses kleine, etwa 40-seitige Buch legt die schreckliche Wahrheit mithilfe von Grafiken, Zeichnungen und konkreten Daten dar, die zeigen, dass Redevelopment ein Vampir ist, der niemals stirbt. Unterstützt von mächtigen Lobbyistengruppen, die Anleihenmakler, Anwälte und Schuldenberater einsetzen, wird der Trend zur Ausweisung von immer mehr Redevelopment-Gebieten auch von Mitarbeitern von Regierungsbehörden und Privatunternehmen unterstützt, die vom Redevelopment profitieren. Die Umleitung von Grundsteuern zugunsten dieser Blutsauger ist eine wichtige Angelegenheit: 2006 hatten die staatlichen Redevelopment-Agenturen Anleihenschulden in Höhe von 81 Milliarden US-Dollar angehäuft, eine Zahl, die sich alle zehn Jahre verdoppelt. Und denken Sie nicht, dass dies nur für Kalifornien gilt - es ist in fast jeder Stadt und jedem Bezirk in den USA der Fall. Da die Agenturen Anleihen ohne Zustimmung der Wähler verkaufen können (im Gegensatz zu den Schulräten) und der allgemeine Fonds der Stadt für jede Schuldenüberschreitung verantwortlich ist, sind sie Melkkühe für Anleihenmaklerfirmen.

In einem Zeitungsartikel hieß es, dass der Landkreis dagegen sei, dass die Stadt ein so großes Sanierungsprojekt ins Leben ruft, weil es über den Zeitraum von 45 Jahren eine halbe Milliarde Dollar aus dem Landkreis abziehen würde. Als ich den Artikel las, kam mir eine Idee. Ich wollte den County Supervisor zu unserer Versammlung einladen und ihn bitten, den Fall des County vorzutragen. Ich sagte dem Vorsitzenden, dass ich den Supervisor eingeladen hatte, und er antwortete, dass er als Gegenmaßnahme den Leiter der Stadtentwicklungsbehörde zu unserem Treffen einladen würde.

Kay und ich waren uns einig, dass es an der Zeit war, die Öffentlichkeit auf die Geschehnisse aufmerksam zu machen, und verfassten einen Flyer, den wir zu Fuß an Hunderte von

Unternehmen und Wohnhäusern im Projektgebiet verteilten. Er begann wie folgt:

> AVIS
>
> DIESE IMMOBILIE WURDE VON DER STADT SANTA ROSA FÜR BAUFÄLLIG ERKLÄRT.

Das Faltblatt definierte dann den Verfall im Sinne des Gesundheits- und Sicherheitsgesetzes, zeigte die Grenzen des vorgeschlagenen Sanierungsgebiets auf und teilte den Eigentümern und Bewohnern mit, dass sie, wenn sie weitere Informationen wünschten, die Sitzung des Ausschusses für das Gateways-Sanierungsprojekt besuchen sollten. Ich hatte das Dokument absichtlich so gestaltet, dass es offiziell aussah.

Nun, Sie können sich die Reaktion vorstellen. Menschen, die eigentlich von ihrer Stadt hätten informiert werden müssen, hörten durch diesen Flyer zum ersten Mal davon. Wir waren zufällig auf den besten Weg gestoßen, um mit einem Aufruf zum Handeln eine große Anzahl von Menschen zu erreichen. Faltblatt.

Die Stadt war absolut überrumpelt von der großen Anzahl an Menschen, die sich in den kleinen Versammlungsraum drängten, der unserem Komitee zugewiesen worden war. Ich habe nie zugegeben, dass ich derjenige war, der den Flyer geschrieben und verteilt hatte, aber natürlich wussten sie es. Die Geschäfts- und Immobilienbesitzer waren wütend, dass Leute eine "Vision" davon hatten, was mit ihrem Eigentum geschehen würde. Wie konnte die Stadt es wagen, "Chancenstandorte" zu identifizieren, an denen sie ihren Lebensunterhalt verdienten? Der Aufschrei der Hausbesitzer und Unternehmer war so groß, dass die Stadt beschloss, eine öffentliche Versammlung im Ratssaal abzuhalten, die mit der nächsten Sitzung der Redevelopment Agency zusammenfiel. Da die Versammlung um zwei Uhr nachmittags stattfand, dachte die Stadt vielleicht, dass niemand kommen würde.

Kay und ich machten uns an die Arbeit. Wir machten Hunderte von Flugblättern, verfassten eine Petition für zwei Nachbarschaften, die darum baten, aus dem Projektgebiet herausgenommen zu werden, und organisierten eine Informationsveranstaltung in einem örtlichen Restaurant. Wir verteilten die Petitionen an jedes Anwesen in dem Viertel, das uns gehörte, und ein Aktivist aus dem angrenzenden Gebiet tat das Gleiche . Wir erhielten die Unterschriften von fast 100 % unserer Nachbarschaften. Ich reichte die Petitionen im Büro des Stadtdirektors ein, wobei ich darauf achtete, dass sie offiziell datiert waren, und holte mir Kopien vom Gerichtsschreiber. Wir gingen kein Risiko ein.

Die fünf ernannten Mitglieder des Vorstands der Redevelopment Agency waren absolut nicht auf die riesige Menge wütender Menschen vorbereitet, die an ihrer normalerweise leeren Versammlung teilnahmen. Es gab keinen Moderator und ich nutzte die Gelegenheit, um das Mikrofon zu ergreifen und der Menge zu sagen, was los war. Sie verloren ohne ihr Wissen ihre Eigentumsrechte. Kleinen Unternehmen drohte der Ausschluss der Zonierung oder die Umsiedlung, und diese arroganten und übereifrigen Bürokraten besaßen die Frechheit zu behaupten, dass dies "unser Plan" sei. Der Vorstand belog die Menge, aber es funktionierte einfach nicht und es war eine echte Niederlage. Kay und ich stellten jedoch fest, dass es sich nicht um eine "offizielle" Sitzung handelte und keine Entscheidungen getroffen wurden. Es war ein gewagter Schritt der Stadt, alle Dampf ablassen zu lassen und sich zurückzuziehen. Sie hätte einfach so tun können, als sei nichts geschehen, und ihren Plan wie bisher weiterverfolgen können.

Bei meinen Recherchen zu dem Projekt war ich auf einen offiziellen Brief gestoßen, den der Eigentümer der beiden großen Einkaufszentren im Zentrum der Stadt an den Stadtdirektor gerichtet hatte.

Die Simon Property Group ist mit einem Vermögen von 42 Milliarden US-Dollar der weltweit größte Eigentümer von Einkaufszentren. Vor kurzem erwarb sie die Hälfte der Anteile an der Coddingtown Mall, einem älteren Zentrum, das in den 1990er Jahren umfassend renoviert wurde. In ihrem Brief forderte die Simon-Gruppe, dass Coddingtown in das Neuentwicklungsprojekt von Gateways einbezogen wird, und behauptete, dass es ein neues Parkhaus benötigen würde. Da die Parkplätze der Einkaufszentren keine Einnahmen generieren, wollte Simon, dass die Stadt ihm dabei hilft. Ich hatte kürzlich die Kosten für den Bau eines Parkhauses berechnet und wusste, dass das, was sie verlangten, im zweistelligen Millionenbereich liegen konnte. Das war eine große Neuigkeit. Wir schalteten entsprechende Anzeigen und ich wurde zu einer Sendung des örtlichen Radiosenders eingeladen. In der Sendung erzählte ich den Leuten, dass die Simon Group eine Tochtergesellschaft hatte, die darauf spezialisiert war, Großgrundbesitzern, darunter auch ihnen selbst, die Grundsteuer zu senken. Es bestand also die reale Möglichkeit, dass unsere Grundsteuern zur Finanzierung eines privaten Parkplatzes verwendet werden, während der Hausbesitzer es schafft, seine Grundsteuer zu senken . Wir haben den Brief dann auf unsere Santa Rosa-Website gestellt und Sie können ihn lesen, wenn Sie auf Santa Rosa Neighborhood Coalition dot com gehen, dann auf *More und* dann auf *Rosa Koire/Kay Tokerud - der* Brief befindet sich unter einem Link mit dem Titel *Simon Says Build Me A Parking Garage.*

Nach der Radiosendung wurde die Stadt mit Anrufen von empörten Bürgern überschwemmt. Die Zeitung schrieb einen Artikel, der eindeutig auf Schadensbegrenzung abzielte, und wieder einmal wurden wir in unserer Überzeugung bestätigt, dass die Zeitung ein Sprachrohr der Stadt war. Ich schikanierte den Chefredakteur, bis er meinen Brief an den Chefredakteur veröffentlichte, in dem ich sagte, dass die Bürger nicht wollten, dass große Unternehmen von unseren Grundsteuergeldern profitieren, während kleine lokale Unternehmen aus der Stadt vertrieben wurden und zwölf Jahre lang der Drohung der Enteignung ausgesetzt waren.

Die ganze Zeit über hatte die Stadt offenbar nach Wegen gesucht, mich aus dem Ausschuss zu entfernen. Die Moderatorin hatte alle Hände voll zu tun, mich zum Schweigen zu bringen (ich war immer ruhig, vernünftig und professionell - das hassten sie), aber ich bestand höflich darauf, Antworten auf meine Fragen zu bekommen. Die Anwälte waren wütend, dass ein vermeintlich einfacher Fall immer komplizierter wurde, und der Vorsitzende, von dem ich vermutete, dass er versuchte, mich durch einen Verstoß gegen das Brown-Gesetz in eine Falle zu locken, war frustriert. Als ich einen Anruf von der Staatsanwaltschaft der Stadt erhielt, in dem mir mitgeteilt wurde, dass sie einen Bericht über einen Verstoß gegen das Brown-Gesetz gegen mich untersuchten, war ich nicht überrascht. Das Brown-Gesetz regelt den Zugang zu Versammlungen für alle öffentlichen Einrichtungen und legt fest, dass diese unter den Augen der Öffentlichkeit stattfinden müssen. Wenn sich mehr als fünfzig Prozent der Mitglieder einer Gruppe unter Ausschluss der Öffentlichkeit treffen, stellt dies einen Verstoß dar. Ich wurde beschuldigt, E-Mails an mehr als 50 % der Mitglieder geschickt zu haben. Mehrmals versuchten einige Mitglieder, mir eine Falle zu stellen, aber ich fiel nicht darauf herein. Ich wurde freigesprochen.

Der Zeitpunkt der Abstimmung über das Projekt rückte näher und ich hatte alles getan, um Druck auf die Ausschussmitglieder auszuüben, die keine vorgefasste Meinung hatten. Es war wichtig, gegen das Projekt zu stimmen, auch wenn der Stadtrat es ohnehin verabschieden würde. Viele Ausschussmitglieder dachten, dass ihre Empfehlungen ignoriert würden, wenn sie das Projekt ablehnten. Die Anwältin führte sie in die Irre, obwohl ich versucht hatte, sie zum Schweigen zu bringen.

Sie sagte, dass dies "eine widersprüchliche Botschaft" an den Stadtrat senden würde, und stiftete Verwirrung im Komitee. Wir waren immer noch dabei, Flugblätter zu verteilen und hatten Kontakt zu Geschäftsinhabern in der Nachbarschaft aufgenommen, die aktiver werden wollten. Eine von ihnen, Sonia Torre, besaß eine Smog-Reparaturwerkstatt, die das Ziel der Durchsetzung des Stadtgesetzes war. Ein anderer war Jim Bennett, Besitzer eines wunderschönen BMW-Gebrauchtwagenhandels, den er von einer heruntergekommenen Werkstatt in einen prächtigen Ausstellungsraum umgewandelt hatte, nachdem er monatelang von der Stadtplanung blockiert worden war.

Einige Tage vor der Schlussabstimmung kontaktierte mich das Büro des Stadtschreibers und teilte mir mit, dass unsere Petitionen angenommen worden waren und 235 Acres aus dem Projektgebiet entfernt worden waren.

Ein kommerzieller Abschnitt meines Viertels entlang der Hauptstraße war immer noch im Projektplan enthalten, da nur die Wohngebiete gemäß der Karte, die wir gezeichnet und mit unserer Petition eingereicht hatten, abgetrennt worden waren. Ich war erleichtert, aber auch misstrauisch. Waren sie vertrauenswürdig? Ich bekam die Dokumente und alles schien legitim zu sein. Aber es gab einen Haken.

Ich würde aus dem Ausschuss entfernt werden und könnte nicht abstimmen. Ich war ein Vertreter der Geschäftsinhaber und ein anderer Geschäftsinhaber, der sich noch im Projektgebiet befand, konnte meinen Platz einnehmen. Es würde eine Wahl stattfinden, aber die einzigen "Wähler" wären die Mitglieder des Ausschusses. Ich warb Sonia Torre an und sagte ihr, sie solle zu dem Treffen kommen, sich für den Sitz bewerben und nicht zugeben, dass sie mich kannte.

Meine letzte Amtshandlung als Mitglied des Komitees bestand darin, für meinen Stellvertreter zu stimmen.

Obwohl sich wieder einmal lokale Anwälte, Bauträger und Makler um den Sitz bewarben, setzte ich mich bei meinen Kollegen im Ausschuss durch und Sonia gewann.

Ich beschloss, dass ich, da sie den Prozess, mein Gebiet aus dem Projekt zu entfernen, nicht abgeschlossen hatten, meinen Sitz behalten und trotzdem abstimmen würde, auch wenn es nur symbolisch war. Jetzt wusste ich, dass sie mir eine Falle stellen würden, wenn sie es könnten. Sonia nahm neben mir Platz und die Abstimmung begann.

Die Stadt machte am letzten Tag einen großen Fehler. Die Angestellten hatten die Vorschläge des Komitees umgeschrieben und einige davon waren völlig gegensätzlich zu dem, was wir vereinbart hatten. Außerdem hatten sie anstelle des großen Chefs, der an allen Sitzungen teilgenommen hatte, ein Paar junge Anwälte geschickt, um Propaganda zu machen. Vielleicht dachten sie, dass sie alles unter Kontrolle hätten. Einer der "Zögerer" fragte den neuen Anwalt, ob es wahr sei, dass alle unsere Empfehlungen ignoriert und beiseite geschoben würden, wenn wir das Projekt ablehnten. Nein, antwortete er, warum sollten sie das tun? Diese Wahrheit verbreitete sich im Ausschuss wie eine kalte Brise. Jeder bekommt drei Blätter Papier: ein rotes (Nein), ein grünes (Ja) und ein weißes (Enthaltung). Im Saal ist es totenstill, als die zehn Mitglieder nacheinander ihre Stimmen hochhalten. Kay aus dem Publikum ist der Erste, der ausgezählt wird, und springt auf und schreit. Das Ergebnis lautet: fünf Nein, vier Ja und eine Enthaltung. Während der Enthalter buchstäblich aus dem Saal flüchtete und der Vorsitzende eine neue Abstimmung (mit Kays Einspruch) anordnete, machten Sonia und ich ein High Five - wir hatten gewonnen!

Als ich über die letzten Monate nachdachte, stellte ich fest, dass der größte Schock für mich darin bestand, dass ich am Ende ein Feind der Stadtregierung war. Anfangs hatte ich erwartet, ein Verbindungsmann zwischen der Stadt und dem Komitee zu sein, ein nützlicher Insider, der dabei helfen würde, die Projektpläne, die Umweltverträglichkeitsberichte, die Landnutzungsanalyse und den eminenten Bereich zu erklären. Nun hatte ich mein Erwachen. Die Stadt hatte sich unehrlich verhalten und legte der Bevölkerung wissentlich ein Projekt vor, das auf der Grundlage von betrügerischen Daten entwickelt worden war, möglicherweise unter ihrer Leitung. Mitarbeiter der Stadt hatten mich in Sitzungen verleumdet, sich verschworen, um mich aus dem Komitee zu entfernen, und Desinformationsminister geschickt, um zu versuchen, mich zu diskreditieren. Die Tatsache, dass ein Projektgebietsausschuss ein Neugestaltungsprojekt ablehnte, war unglaublich. Ich war der Meinung, dass dies Gegenstand einer landesweiten Berichterstattung sein sollte, da es so selten vorkam. Aber der große Kampf wartete auf uns und wir begannen, uns vorzubereiten.

DIE ÜBERNAHME DER STADT

Ich wusste, dass der Stadtrat die feste Absicht hatte, die Verordnung bei der öffentlichen Anhörung Anfang Juni 2006 zu verabschieden. Kay und ich hatten uns bereit erklärt, in der Schlacht zu bleiben, weil wir uns dafür schämten, dass wir die Karte für unsere Petition ausgeschnitten und die Haupteinkaufsstraße in dem Entwurf belassen hatten. Wir waren zu Recht davon ausgegangen, dass die Stadt diese Straße als "Eingangstor" zum Projekt niemals fallen lassen würde. Nun hatten wir aber viele Freunde in dieser Straße, und sie wollten, dass wir ihnen helfen. Wir beschlossen, dass es keine Rolle spielte, dass unser eigenes Eigentum nicht mehr Teil des Projekts war; wir mussten das Richtige tun. Ich recherchierte über den Kampf gegen Redevelopment, der sich seit dem *Kelo-Urteil* verschärft hatte.

Im ganzen Land verabschiedeten die Bundesstaaten Gesetze, die die Enteignungsbefugnisse einschränkten, und es gab immer mehr Initiativen. Obwohl wir an einem Vorschlag für die kalifornische Abstimmung arbeiteten, würde uns das nicht helfen, da Gateways vorher verabschiedet werden würde. Es schien, dass unsere beste Option darin bestand, zu versuchen, genügend Unterschriften zu sammeln, um ein Referendum auf den lokalen Stimmzettel zu setzen, nachdem die Stadt die Verordnung verabschiedet hatte. Das Gesetz sah vor, dass wir nur drei Wochen Zeit hätten, um zehn Prozent der Wähler, also etwa 8.000 Menschen, dazu zu bringen, unsere Petition zu unterzeichnen, damit die Initiative auf den Stimmzettel gesetzt wird. Ich rief eine Anwaltskanzlei in San Francisco an und beauftragte sie, die Petitionen, die perfekt sein mussten, vorzubereiten und zu drucken. Wenn der Staatssekretär einen Fehler in der Formulierung der Verordnung finden würde, wenn wir nicht jedes Wort genau so schreiben würden, wie die Stadt es veröffentlicht hatte, wären unsere Petitionen ungültig. Jim und Barbara Bennett, Sonia und Wolf Torre, Kay und ich brachten die dreitausend Dollar für die Anwaltskanzlei auf, erklärten uns bereit, die Petitionshefte aufzuteilen und zusammen mit einem Dutzend anderer Unterstützer diese 8000 Unterschriften in drei Wochen zu erreichen. Ja, wir hatten nur 21 Tage Zeit. Wir mussten warten, bis die Verordnung verabschiedet war, bevor wir beginnen konnten, aber wir hatten vor, an der öffentlichen Anhörung teilzunehmen und zu versuchen, den Stadtrat davon zu überzeugen, nicht weiterzumachen. Das war unsere schwache Hoffnung. Wir verteilten in der Region Hunderte von Informationsblättern, in denen wir erklärten, warum jeder zu der Anhörung gehen und seine Meinung äußern sollte.

Der Abend des 6. Juni 2006 war lang im voll besetzten Ratssaal. Der Rat hörte eine lange Erklärung des städtischen Personals über die Notwendigkeit des Projekts und wie wichtig es sei, über dieses "Werkzeug" der Enteignung zu verfügen, auch wenn sie es nie anwenden würden. Ich suchte den Raum ab, während die Mitarbeiter weiter sprachen, und versuchte, die Menge zu identifizieren. Kay und ich hatten gerade ein Haus gekauft und waren nach Santa Rosa gezogen, und wir kannten noch nicht viele der Akteure. Ich sah Mitglieder der Handelskammer, Nachbarschaftsverbände, führende Immobilienentwickler, Vertreter des Zonenausschusses des Projekts und Stadtinsider, die anwesend waren, um im Namen der Opposition zu sprechen. Auf unserer Seite sah ich viele Besitzer von Kleinunternehmen und besorgte Bürger, die angesichts der Missetaten der Neuentwicklung aufwachten. Der Saal war angespannt.

Wir hatten lange, detaillierte Briefe mit Einwänden gegen das Projekt eingereicht und sichergestellt, dass wir datierte Kopien erhielten. Wir wussten, dass alle unsere Einwände vor der Abstimmung in die Akte aufgenommen werden mussten, da wir sie sonst später nicht in die Verwaltungsakte aufnehmen konnten - sie wären nicht Teil des Prozesses gewesen. Ich hatte eine Anwaltskanzlei in San Jose gefunden, die einen Prozess angestrengt hatte, um ein Sanierungsprojekt in dieser Stadt zu stoppen, und die gewonnen hatte. Ich las alles auf ihrer Website und kontaktierte sie, um sie um Rat zu fragen. Ich hatte nie wirklich daran gedacht, dass wir eine Klage einreichen würden, aber ich war der Meinung, dass wir jeden Fehler vermeiden sollten, der unsere Chancen im Falle eines Falles zunichte machen könnte. Als der Stadtschreiber also die Namen derjenigen verkündete, die Briefe eingereicht hatten, und wir unsere Namen nicht hörten, stand Kay auf und sagte, sie habe einen zwanzigseitigen Einspruch eingereicht: Wo war sie? Der Gerichtsschreiber verließ den Raum und kam wenig später mit unseren Briefen zurück. Später erfuhren wir, dass sie jede zweite Seite "verloren" hatten, um zu verhindern, dass sie in die Verwaltungsakte aufgenommen wurden. Stunden vergingen, während jeder von uns seine drei Minuten für öffentliche Kommentare in Anspruch nahm und sich zu dem Projekt äußerte.

Die Opposition, unterstützt durch die Kommentare des Rates, sagte immer wieder, dass wir "Angst" hätten und den Fortschritt bremsen würden. Es war keine Überraschung, als der Rat die Verordnung am Ende des Abends einstimmig annahm.

Am nächsten Tag ging ich zur Gemeindeschreiberin, um die Verfügung zu erhalten. Sie sagte mir, dass sie noch nicht fertig sei und wir sie erst aus der Zeitung bekommen müssten, wenn sie veröffentlicht würde. Ich war nervös, weil wir so wenig Zeit hatten, um so viele Unterschriften zu sammeln - 380 pro Tag für 21 Tage. Ich bat die Anwaltskanzlei, es zu besorgen , und ich tat gut daran, denn die Stadt hatte eine falsche Verfügung in der Zeitung veröffentlicht. Ich werde es noch einmal wiederholen. Die Stadt Santa Rosa veröffentlichte eine falsche Anordnung in der Zeitung, um unsere Unterschriftenpetitionen für das Referendum für ungültig zu erklären. Der Stadtdirektor, der Stadtstaatsanwalt und der Stadtschreiber wussten, was sie taten, als sie versuchten, uns zu stoppen. Die Anwaltskanzlei von SF war erfahren und hatte so etwas schon einmal erlebt (können Sie das glauben?), also konnten sie die Stadt dazu zwingen, ihnen die echte Verfügung auszuhändigen. Wir bekamen unsere Petitionen und gingen auf die Straße.

Wir standen unter sengender Sonne in der ganzen Stadt und konnten nicht mehr als ein paar hundert Unterschriften sammeln. Es war erbärmlich und frustrierend zu sehen, wie unwissend die Menschen über die Neugestaltung und das Gateways-Projekt waren. Nach einem Tag war klar, dass wir ohne bezahlte Unterschriftensammler niemals 8.000 Unterschriften zusammenbekommen würden. Ich versuchte es mit professionellen Unterschriftensammlern, aber sie verlangten einen Dollar pro Unterschrift und wir konnten nur eine Person finden, die die Aufgabe übernehmen konnte. Ich rief die Sonoma County Conservation Action an, eine liberale politische Umweltgruppe, die oft Petitionen verteilte, aber sie reagierten nicht auf unsere Anrufe. Später werde ich daran zurückdenken und darüber lachen, denn wie bei vielen meiner ersten Versuche, Verbündete zu finden, hatte ich keine Ahnung, dass ich meine Feinde um Hilfe bitten würde. Ich wurde in der Zeitung interviewt und sagte, dass wir zuversichtlich seien, die Unterschriften zu bekommen, aber das war ein Bluff. Der Rat plante, die Befugnis zur Enteignung von selbstgenutztem Wohneigentum in der Region abzuschaffen, um unsere Unterstützung zu spalten. Ich hoffte, dass sie das tun würden, und sie taten es auch, später. Aber was dann? Nur die selbstnutzenden Hausbesitzer?

Ein schlechter Kompromiss, der alle Mieter, nicht vom Eigentümer bewohnte Häuser und Wohnungen sowie Gewerbeimmobilien vom Enteignungsschutz ausschloss.

Wir hatten Informationsveranstaltungen für Grundstückseigentümer und Geschäftsleute im Projektgebiet organisiert und die Vereinigung der Geschäftsleute in der Avenida Santa Rosa gegründet. Als wir in der Haupteinkaufsstraße von Tür zu Tür gingen, wurden wir von Mitarbeitern der Stadt verfolgt, die den Geschäfts- und Immobilienbesitzern sagten, dass sie sich keine Sorgen machen müssten.

Unser erstes Treffen wurde von dem Leiter der Stadtentwicklungsbehörde und dem Vorsitzenden des Projektgebietsausschusses überfallen. Sie beschlagnahmten dreist unser Treffen, das bei Jims BMW-Händler stattfand, und versuchten, mich zu diskreditieren, indem sie logen, dass sich die Besitzer von Kleinunternehmen keine Sorgen machen müssten. Außerdem hatten sie in unser Treffen einige Mitstreiter gesät, die mich schikanierten. Ich konnte sie nicht hinauswerfen, weil ich nicht den Eindruck hatte, dass die Öffentlichkeit mich gut genug kannte, um zu wissen, dass sie von unseren Türstehern getäuscht wurde.

Wir beendeten das Treffen und Kay sagte ihnen, dass sie rausgehen und nicht wiederkommen sollten.

Jetzt, da die Frist näher rückt und noch Tausende von Unterschriften fehlen, habe ich die Anwaltskanzlei Brooks and Hess in San Jose erneut angerufen. Was müsste man tun, um eine Klage einzureichen? Virginia Hess sagte mir, dass wir einen Fall hätten, der auf betrügerischen Plague-Feststellungen basiere, und dass wir eine Klage einreichen könnten, wenn wir innerhalb einer Woche 50.000 $ aufbringen könnten. Ihr letzter Sanierungsfall hatte 400.000 $ an Rechtskosten gekostet, aber sie hatten gewonnen. Wir einigten uns darauf, die Dienste von Brooks und Hess in Anspruch zu nehmen, um für uns eine gemeinnützige Organisation nach 501 (c) (4) zu gründen, damit die Spenden für unsere Spender als Werbungskosten steuerlich absetzbar sind. Obwohl die Lage aussichtslos schien und ich erschöpft war, bereiteten wir uns auf die große Offensive vor. Ich musste in einer einzigen Nacht 50.000 USD aufbringen.

Als wir den Prozess des Referendums einleiteten, schickte ich Pressemitteilungen an über 100 Medien: Radio, Fernsehen und Printmedien. Ich hatte versucht, Anwaltskanzleien von öffentlichem Interesse für unseren potenziellen Fall zu interessieren, aber ich hatte keine Antwort erhalten. Abgesehen von ein paar Artikeln in der Lokalzeitung und einigen Radiointerviews hatten wir nicht viel Presse bekommen. Nun, da wir die Klage einreichen mussten, mussten wir die Leute in den Raum locken. Wir packten den Stier bei den Hörnern und kauften für tausend Dollar eine halbseitige Anzeige in der North Bay Bohemian, der wöchentlichen Zeitung für Kunst, Unterhaltung und Alternativen. Unsere Anzeige enthielt eine wunderschöne Grafik aus *Redevelopment-The Unknown Government* von Chris Norby und kündigte unser Treffen an. Am Ende der Anzeige hatte ich geschrieben: *Wir behalten uns das Recht vor, den Eintritt zu verweigern*. Das weckte das Interesse eines beliebten Radio-Morgenmoderators, der mich zu einer Diskussion über den Kampf einlud.

Enteignung war auch nach *Kelo* noch ein heißes Thema, und ein bundesweiter Vorschlag war in Vorbereitung. Ich war froh, dass ich die Möglichkeit hatte, im Radio für unser Treffen zu werben, und hoffte, dass es helfen würde.

Einige Nächte später drückten Kay, Sonia, Jim, Barb und ich die Daumen, als sich die Stühle in Jims makellosem Ausstellungsraum zu füllen begannen. Ich bemerkte einige "Spione", darunter einen Anwalt, der versucht hatte, in das Komitee aufgenommen zu werden, aber nicht genügend Stimmen erhalten hatte. Als die Leute sich niederließen und ich die Versammlung begann, zeigte ich mit dem Finger auf die Menge und erhielt eine Portion Vertrauen, als jemand rief "Sollen wir sie rauswerfen, Rosa?". Ich antwortete, dass sie bleiben könnten, aber wenn sie versuchten, das Treffen zu stören, sollten sie gehen. Nach einem kurzen Überblick über die Grenzen des Projekts, den eminenten Bereich, die Neugestaltung und die Geschichte der Probleme rief ich zu Geld auf. An diesem Punkt sagte ich, dass wir keine andere Wahl hätten, als vor Gericht zu gehen. Wir hatten alles andere versucht. Wenn wir verhindern wollten, dass die Stadt die Macht hat, zu entscheiden, wer für die nächsten zwölf Jahre bleibt und wer geht, musste sie jetzt Schecks ausstellen. Ich stellte klar, dass wir ehrenamtlich arbeiteten, dass wir kein Geld für uns selbst nahmen und dass wir tatsächlich bereits Tausende Dollar ausgegeben hatten. Die Geschäftsinhaber befürchteten, dass die Stadt Vergeltungsmaßnahmen gegen sie ergreifen würde, weil sie den Prozess finanziert hatten, und ich versicherte ihnen, dass ihre Beiträge und ihre Beteiligung vertraulich behandelt würden. Wir würden die Namen unserer Beitragszahler niemals mit irgendjemandem teilen. Wir gingen eine Weile durch eine Frage-und-Antwort-Phase, dann stand einer der älteren Männer auf und sagte: "Ich bin dabei! Hier ist ein Scheck über 2.000 Dollar!" Eine Minute später war es wie in einem Auktionshaus! "Hier gibt es tausend Stück! Ich bin für fünfhundert dabei! Ich kann bis zu dreitausend gehen! Ich wusste nicht, ob ich lachen oder weinen sollte - wir hatten unser Ziel erreicht und mussten weiter machen.

ÜBER DIE PFLICHT ZUM ZIVILEN UNGEHORSAM

Ich möchte hier eine Pause einlegen und für eine Minute einen Leitartikel schreiben. Obwohl ich nicht vom Rübenlaster gefallen bin, wie man so schön sagt, hat mich das Verhalten der Stadt entmutigt. Es war ein Kampf, das stimmt, aber mussten sie so schlecht spielen? Mir war klar, dass sie, wenn sie nicht schmutzig spielen würden, kein Projekt hätten, und sie waren offenbar der Meinung, dass der Zweck die Mittel heiligt. Dies war eine Philosophie, der ich im Rahmen meiner Studien über die Agenda 21 der Vereinten Nationen und nachhaltige Entwicklung immer wieder begegnen sollte.

Wenn das Ende in einem schönen Szenario, einer "Vision" beschrieben werden kann, dann ist alles, was nötig ist, um dorthin zu gelangen, akzeptabel. "Für das größere Wohl" ist der Schlachtruf des Kommunitarismus. Dieses "höchste Gut" kann auf jede beliebige Weise definiert werden, die den Machthabern passt, und die Definition kann sich jederzeit ändern.

Einer meiner Helden war immer Henry David Thoreau. Thoreau ist vor allem für seine Meditation über Autonomie mit dem Titel *"On Walden Pond"* bekannt, aber mein Lieblingswerk ist "On *the Duty of Civil Disobedience"* (*Über die Pflicht zum zivilen* Ungehorsam).

Dieser kurze Essay wird oft zusammen mit Walden in einem Sammelband veröffentlicht und meist als *"Ziviler Ungehorsam"* bezeichnet. Ich weiß nicht, warum der Titel von den Herausgebern so verkürzt wird, aber ich wünschte, er wäre es nicht, denn seine Botschaft ist, dass es eine Bürgerpflicht gibt, ungehorsam zu sein, wenn man weiß, dass etwas falsch ist. EINE PFLICHT. Ehrlich gesagt ist es erstaunlich, dass dieses Stück immer noch in Schulen studiert wird, zumindest hoffe ich das.

Die Schönheit und Klarheit von *On the Duty of Civil Disobedience* liegt in Thoreaus Beharren darauf, sein - und unser - Recht auf Unabhängigkeit zu erklären. Nicht nur in seinem Körper, sondern auch in seinem Denken. In der Tat. In der Überzeugung. Die individuelle Erklärung der Unabhängigkeit. Die Anerkennung der persönlichen Verantwortung, die Bürgerpflicht in die Tat umzusetzen. Die Bürgerpflicht, ungehorsam zu sein, wenn die Handlungen der eigenen Regierung als falsch erkannt werden. Die Anerkennung, dass es eine klare moralische Norm gibt und dass es wichtig ist, dass wir uns an diese halten. Dies ist mein Leitfaden.

Manche Leute lesen das vielleicht und denken, dass ich selbst "unmoralisch" bin, weil ich schwul bin. Wir haben eine große Tradition des Denkens in Amerika. Eine Tradition, die nicht durch jahrhundertelange Anhänglichkeit an Könige oder Kirchen, Päpste oder Dogmen belastet wird. Warum haben die Themen Rechte für Homosexuelle und gleichgeschlechtliche Ehe Verwirrung gestiftet und das Land getrennt? Es ist besser, uns als ein moralisches Volk auf der Grundlage unserer individuellen Handlungen zu betrachten. Wir müssen unser Verlangen, Teil einer Gruppe zu sein, überprüfen. Ich meine das Bedürfnis, Teil der Herde zu sein, die Stimme nicht zu erheben, weil unser Nachbar mithören könnte, nicht mit Steinen zu werfen, weil die Menge uns umgibt. Zu vermeiden, schwierige Fragen zu stellen, wie z. B.: Warum habe ich die Einschränkung der persönlichen Freiheiten aufgrund einer wahrgenommenen äußeren Bedrohung toleriert? Warum habe ich akzeptiert, dass individuelle Rechte für das allgemeine "Wohl" der Nation eingeschränkt werden? Warum habe ich so viel Angst davor, nicht gemocht zu werden, dass ich mich zurückhalte, wenn jemand angegriffen wird, weil er die Wahrheit sagt? Warum sollte ich versuchen, anderen meine religiösen Überzeugungen aufzuzwingen? Warum bin ich bereit, die Korruption der Regierung zu akzeptieren, wenn ich sie in meiner eigenen politischen Partei sehe? Oder in meiner religiösen Stätte? Oder in meiner sozialen Bewegung? Thoreaus berühmtestes Zitat, wonach "ein Mensch dem Rhythmus seiner eigenen Trommel folgen muss, wie gemessen oder weit entfernt er auch sein mag", ist Teil einer zutiefst amerikanischen Tradition. Eine Tradition, auf die wir aus gutem Grund stolz sind. Es erfordert Mut, und wir ehren ihn.

Kommunitarismus kann sehr subtil und schwer zu erkennen sein, selbst in Ihrem eigenen Verhalten. Er funktioniert im Tandem mit sozialem Druck. Wir sind es uns als Nation schuldig, wachsam zu sein.

DIE DÄMMERUNGSZONE

Mit der eingereichten Klage und unserem verstärkten Engagement, den Anwälten zu helfen, hatten wir das Gefühl, dass wir alle Hände voll zu tun hatten. Die Zeitung hatte mehrere Artikel über die Klage geschrieben, in denen ich meist falsch zitiert wurde, und in einem davon behauptete der Stadtdirektor, ich hätte eine "fundamentale Opposition gegen die Regierung". Ich fand das sehr lustig, da ich mein 23. Jahr als Regierungsangestellter feierte.

Ein Wahlvorschlag, Prop 90, mit dem ein Pflock ins Herz der Neuordnung und der regulatorischen Abgaben geschlagen werden sollte, wurde als Reaktion auf die *Kelo-Entscheidung des* Obersten Gerichtshofs im Jahr 2005 eingereicht. Ich war Mitglied des Beratungsgremiums für die Ausarbeitung des Vorschlags und berichtete im lokalen Fernsehsender in der Wahlnacht im November 2006 über die Frage der Neuordnung. Leider wurde der Vorschlag mit einer Marge von weniger als fünf Prozent knapp abgelehnt.

Wir genossen unser Haus aus den 1880er Jahren in einem reizenden historischen Viertel außerhalb des Sanierungsgebiets und freuten uns darauf, neue Freunde zu finden und schöne Erfahrungen zu machen. Kay las den Newsletter der Nachbarschaft und sah, dass im Februar 2007 das Jahrestreffen der Junior College Neighborhood Association stattfinden sollte. Die JCNA ist der größte Nachbarschaftsverband der Stadt. Am Tag des Treffens arbeitete ich und Kay ging mit einigen Nachbarn hin. Einige Stunden später kam sie nach Hause und teilte mir mit, dass sie zur Nachbarschaftsvorsitzenden gewählt worden war.

Die frühere Vorsitzende Jenny Bard machte nicht weiter, und niemand wollte den Posten haben. Kay hielt eine kurze Rede über ihren Wunsch, den historischen Status für das Viertel zu erhalten, und ihre Bereitschaft, die harte Arbeit zu leisten, um es zu vertreten. Sie sprach nicht über unseren Kampf für die Neuentwicklung, da das Viertel nicht zum Gateways-Gebiet gehört und sie nur wenige Minuten Zeit hatte, um sich vorzustellen. Wir fühlten uns glücklich, dass wir nun in eine friedlichere Verbindung mit unserer Stadt eingebunden sind. Falsch!

Ein paar Tage später kam unser Nachbar von gegenüber, der Kay als Präsidentschaftskandidatin vorgeschlagen hatte, und erzählte uns, dass Jenny Bard und einige "Anführer" aus anderen Stadtteilen - Leute aus dem Gebiet des Sanierungsprojekts - an ihn herangetreten seien und dass man ihn unter Druck gesetzt habe, Kays Kandidatur für die Präsidentschaft zurückzuziehen. Er sagte, er würde dies tun, wenn sie beweisen könnten, dass die Wahl ungültig sei. Die sogenannten Anführer wurden von einem Jurastudenten begleitet, der erklärte, dass Kay nach Roberts Regeln nicht rechtmäßig gewählt worden sei. Ich werde kurz auf all das eingehen, hauptsächlich, weil ich glaube, dass Sie, wie ich, schockiert sein werden, wie bösartig, vorsätzlich und unaufhörlich die Angriffe auf uns geworden sind. Was wir nicht wussten, war, dass die ehemalige Vorsitzende Jenny Bard stellvertretende Direktorin für Kommunikation und Anwaltschaft für die California Lung Association (eine offizielle Nichtregierungsorganisation der Vereinten Nationen) war. Sie war eine bezahlte Lobbyistin für Smart Growth - und niemand wusste davon. Bevor wir nach Santa Rosa zogen, hatte sie Dan Burden, einen bekannten Verfechter von Smart Growth, engagiert, damit er in die Nachbarschaft kam und ein Seminar über die Neugestaltung der Mendocino Avenue, der Hauptstraße in unserer Nachbarschaft, hielt. Sie ist die Hauptalternative zur Autobahn und vierspurig. Jenny und Dan dachten jedoch, dass sie mit nur zwei Spuren und einem großen Blumenkasten in der Mitte viel besser wäre: Verkehrsberuhigung! Vier Räder sind schlecht, zwei Räder sind gut.

Nun, Jenny geriet offenbar in Panik, als Kay gewählt wurde, und innerhalb weniger Wochen hatte sie schnell zwölf (12) Leute zusammen, um im Nachbarschaftsrat mitzuarbeiten - sie hielten diese "Wahl" ab, als wir wegen der Abschlussfeier meiner Nichte außerhalb der Stadt waren. Ein Freund nahm das Treffen für uns auf und es war erschreckend. Die Teilnehmer waren hauptsächlich Mitglieder der Fahrradkoalition, es gab keine Möglichkeit zu erkennen, ob es sich tatsächlich um Anwohner handelte, die im Publikum anwesend waren, um ihre Stimme abzugeben, und das Geschrei und Gebrüll war atemberaubend. Jeder Nachbar, der sich der "Wahl" von zwölf Beamten in 18 Minuten widersetzte, wurde angepöbelt. Wir kannten keines der zwölf neuen Vorstandsmitglieder (mit Ausnahme von Jenny, und die kannten wir nicht wirklich).

Ihre erste Amtshandlung bestand darin, Kays Präsidentschaft auf der Grundlage von Roberts Ordnungsregeln für ungültig zu erklären. Ich weiß nicht, wie es Ihnen geht, aber wir hatten Roberts Regeln nie gelesen. Wir kauften uns ein Exemplar und begannen zu lesen.

Ich hatte gehört, dass einer der jungen Demokraten in der Nachbarschaft ein Juniorparlamentarier war und sich Parlamentarier des Demokratischen Zentralkomitees von Sonoma County nannte - er war auch Mitglied der Stadtplanungskommission der Stadt. Ich rief ihn an und fragte ihn nach seiner Meinung. Ich bekam einen weiteren Schock, als mir nach einem dreiminütigen Gespräch klar wurde, dass er mir sagte, dass Kay nicht rechtmäßig gewählt worden war, weil wir nicht nachweisen konnten, dass wir unseren Mitgliedsbeitrag von 10 Dollar bezahlt hatten (ich hatte ihn in bar bezahlt). Daraufhin kontaktierte ich den Parlamentarier des Bundesstaates (ich wusste nicht, dass es einen gab, bis ich ihn im Internet fand) und schickte ihm einen völlig sachlichen Brief mit den Einzelheiten der Wahl. Wir waren erleichtert, als er ein offizielles Schreiben zurückschickte, in dem stand, dass Kay rechtmäßig gewählt worden war.

Wir befanden uns in einem anderen Kampf und hatten nicht damit gerechnet. Ich weiß nicht, ob ich Ihnen das tiefe Gefühl der Enttäuschung vermitteln kann, das wir empfanden, sowie die Überzeugung, dass wir irgendwie in die *Twilight* Zone gefallen waren.

All das schien mit unserem Kampf gegen die Umvolkung zusammenzuhängen.

Die zwölf Mitglieder des Verwaltungsrats wollten Blut sehen und waren wütend, weil sie nicht einfach dafür stimmen konnten, dass sie die Insel verlassen sollte. Sie trafen sich heimlich, hinderten Kay daran, auf der Website der Nachbarschaft zu posten (und löschten dann die Website), schickten uns bösartige E-Mails und forderten einen Prozess. Sie sagten, sie sei eine "unangenehme Person". Man muss Kay kennen, wie es viele tun, um zu verstehen, wie lächerlich es ist, sie als "unangenehme Figur" zu bezeichnen. Sie ist ruhig, ernst, sanft und gerecht. Sie ist keine starrköpfige Person und kann sich alle Standpunkte anhören. Sie ist eher angenehm, außer wenn sie gegen die Gerechtigkeit verstößt, dann spricht sie entschieden und weicht nicht zurück. Was hatte sie also getan, um dieses Etikett zu verdienen? Sie hatte sich darum beworben, die Nachbarschaft in der Neighborhood Alliance zu vertreten.

Die Neighborhood Alliance ist etwas, das du auch in deiner Stadt sehen kannst, wenn du dich umsiehst, auch wenn sie vielleicht einen anderen Namen hat. Es handelt sich dabei um einen Zusammenschluss aller Nachbarschaftsverbände der Stadt. Dieser Block von "Stadtteilführern" ist höchstwahrscheinlich pro Entwicklung, pro intelligentes Wachstum und pro Agenda 21, auch wenn er es nicht so nennt. Da er "alle Stadtteilführer vertritt", vertritt er im weiteren Sinne alle Einwohner - und er spricht für Sie.

In unserer Stadt wurde er von Jim Wilkinson gegründet, einem ehemaligen Karrierediplomaten, der von Gerald Ford zu den Vereinten Nationen abgestellt worden war. Wilkinson ließ sich in unserer Stadt nieder, nachdem er in den "Ruhestand" gegangen war. Er war jedoch Vorsitzender des Sonoma County Chapter der United Nations Association of the United States, einer Art Musikclub für UN-Fans. Es gibt Chapter in den gesamten Vereinigten Staaten. Der Verein sponsert außerdem Schüler von Mittelschulen, High Schools und Universitäten bei simulierten UN-Gipfeln, bei denen die Schüler die Agenda 21 der Vereinten Nationen kennenlernen. Daraufhin schrieb er Briefe an die Herausgeber mehrerer Zeitungen, um uns anzugreifen, und gab dem Santa Rosa Press Democrat ein Interview in einem Artikel mit der Überschrift: *Koire The Face of Shadowy SR Coalition.* Die andere Gründerin der Neighborhood Alliance war Jenny Bard, die Smart Growth Advocate der Pulmonary Association.

Kay machte daher den unangenehmen Schritt, die ehemalige Vorsitzende Jenny Bard zu fragen, wo die Treffen stattfanden, und sagte, sie wolle unsere Nachbarschaft vertreten, da sie eindeutig eine "Nachbarschaftsführerin" sei und diese Gruppe aus solchen Personen bestehen sollte. Jenny Bard weigerte sich, ihr das zu sagen, und sagte, sie wolle weiterhin die Nachbarschaft vertreten. John Sutter war zu dieser Zeit der Vorsitzende der NA. Ich rief ihn an und fragte ihn, wo die Treffen stattfanden, und er weigerte sich zunächst, es mir zu sagen und behauptete, dass die Treffen privat seien. Nachdem ich eine Weile mit ihm gesprochen hatte, erklärte er stolz, dass die AN "der Schattenstadtrat" sei, und gab uns schließlich die Adresse. Sie trafen sich in einem Hinterzimmer des Büros von Keller-Williams Realty in der Stony Point Road.

Kay und ich gingen zusammen mit Sonia Torre (von unserem Berufsverband) zu dem Treffen und wurden kalt in einen Raum mit etwa zehn Leuten gebracht, darunter Bard und Wilkinson, die dort ihre Nachbarschaft "repräsentieren" wollten. Einer der "Anführer" war Fred Krueger. Ich recherchierte über ihn und fand heraus, dass er der Leiter eines religiösen Baumkults ist, der Religious Campaign for Forest Conservation (RCFC), die sich für ein Ende des kommerziellen Holzeinschlags einsetzt. Es handelt sich um eine NGO, die die Vereinten Nationen berät.

Die "Anführer" entschieden, dass wir bei den ersten beiden Tagesordnungspunkten anwesend sein konnten, aber dann gehen mussten. Ich bemerkte, dass es etwas über die Kandidaten für den Stadtrat auf der Tagesordnung gab, und es wurde mir entrissen. Dann wurde mein Partner von jeder Person systematisch angegriffen, und zwar während der gesamten Zeit, in der diese Person sprechen wollte. Kay protestierte und sagte, dass dies wie eine Art Gerichtsverhandlung, ein Känguru-Tribunal, wirke, aber es ging weiter. Kay, Sonia und ich hatten jeweils eine Minute Zeit, um zu antworten, und der Vorsitzende John Sutter, laut seiner Website ein Bauunternehmer für "Human Habitations" (ein Begriff aus der Agenda 21 der Vereinten Nationen), nahm seine Uhr ab und legte sie vor sich auf den Tisch, um sicherzugehen, dass er uns nicht mehr als eine Minute Zeit geben würde. Wir sprachen ruhig und deutlich über unsere Anliegen, Kays

Anliegen als Stadtteilvorsteherin, Sonias Anliegen als Unternehmerin und mein Anliegen als Amerikanerin. Nachdem wir gesprochen hatten, wurden wir aufgefordert zu gehen, nach draußen begleitet und die Tür wurde hinter uns verschlossen.

Diese Gruppe war nicht öffentlich zugänglich und stand auch nicht allen Führern des Viertels offen. Sie war eine Parodie und eine beschämende Blamage für alle, die daran teilnahmen. Ich war fassungslos, dass eine solche Gruppe, die vorgibt, alle Nachbarschaften von Santa Rosa zu vertreten, in unserem Land auf diese Weise funktionieren kann.

Indem sie diese wenigen Personen als Repräsentanten der gesamten Stadt einsetzt, kann die Lokalregierung sagen, dass sie die Unterstützung der Gemeinschaft hat, wenn sie einen Raumordnungsplan oder eine neue Politik durchsetzen will, die nicht populär ist. Indem sie das Wort an diese handverlesenen sogenannten Anführer weitergibt, kann die Stadt die Öffentlichkeit manipulieren und die echten Bürger, die sich zum Widerstand melden, ins Abseits drängen. Kay ging am nächsten Dienstag zum Stadtrat und teilte der Stadt vor laufender Kamera mit, dass es in der Stadt eine Gruppe gibt, die sich "Schattenstadtrat" nennt. Das hätte in der Zeitung stehen sollen.

Unmittelbar danach wurde vom Vorstand eine Nachbarschaftsversammlung einberufen, um Kay als "unangenehmen Charakter" zu bezeichnen und gegen sie zu "ermitteln". Was Sie nicht sagen. Kay und ich gingen früh zur Odd Fellows Hall und stellten die Stühle um, sodass es vorne einen langen Tisch für den Vorstand und gegenüber Sitzgelegenheiten für das Publikum gab. Wir brachten eine amerikanische Flagge aus einem anderen Raum mit. Als Kay, die Vorsitzende, die Sitzung eröffnete, kündigte sie an, dass wir alle den Treueschwur ablegen würden. Der Vorstand war sichtlich gelangweilt und wütend, stand aber widerwillig auf, während Kay den Eid leitete. Sie wollte sie daran erinnern, dass wir in Amerika für die Wahrheit und Gerechtigkeit für alle eintreten. Im Publikum saßen nur ein Dutzend "Nachbarn" sowie ein Kolumnist des Santa Rosa Press Democrat, der in der Woche zuvor einen verleumderischen Artikel über Kay geschrieben hatte. Der Rat machte sich schnell an die Arbeit und wollte darüber abstimmen, ob gegen sie ermittelt werden sollte, ohne dass Kay oder jemand anderes die Möglichkeit hatte, sich zu äußern. Ich stand auf und sagte, dass das Vorgehen des Rates schamlos und skandalös sei. Ich wiederholte dies, während der gesamte Rat mich anschrie, ich solle mich hinsetzen und schweigen. Als ich in ihre roten Gesichter und offenen Münder blickte, klang das Geräusch ihrer Schreie wie Hundegebell. Es war ein surrealer Moment, den ich nie vergessen werde. Ich drehte ihnen den Rücken zu und sagte ihnen, dass sie die Polizei rufen könnten, wenn sie wollten, dass ich mich aber nicht hinsetzen und schweigen würde. Das war ein Skandal. Ich hatte so etwas noch nie in meinem Leben gesehen. Die wenigen Nachbarn im Publikum waren zu meiner Enttäuschung wie gelähmt und schwiegen.

Kay blieb ruhig und leitete die Sitzung. Wenige Minuten später stimmte der Vorstand mit 12:1 dafür, gegen Kay zu ermitteln, wobei ihre Stimme die einzige Meinungsverschiedenheit darstellte.

Die Idee einer Untersuchung war verrückt. Das war reines Stalking.

Es gab absolut nichts zu "untersuchen". Der Kolumnist des *Press Democrat* schrieb einen weiteren Artikel und bezeichnete mich als denjenigen, der das Treffen durch meine "unverschämten" Rufe gestört hatte. Später, als ich *Life and Death in Shanghai* von Nien Cheng las, wurde mir klar, dass wir Opfer von "Kampfversammlungen" geworden waren, wie sie im kommunistischen China in den 1960er Jahren eingesetzt wurden, um die Gesellschaft zu zerschlagen.

Danach habe ich ernsthaft versucht herauszufinden, wer diese Vorstandsmitglieder waren. Sie waren entweder Mitläufer, Speichellecker, Leute, die von der Neugestaltung nur profitieren konnten, oder Vorstandsmitglieder von Umweltgruppen. Zwei von ihnen schienen psychisch labil zu sein; einer von ihnen schickte uns eine bösartige E-Mail, in der stand, dass wir "weiterhin in der Nachbarschaft leben könnten", uns aber nicht am Vorstand beteiligen dürften. Ich glaube, er war sogar zu verrückt für den Vorstand - er wurde ein paar Monate später eliminiert. Ich zeichnete Grafiken und platzierte Organisationen, Personen, Gruppen, gemeinnützige Organisationen, Beamte und Ideologien darauf, wobei Linien die Verbindungselemente miteinander verbanden. Seltsam war, dass die redevelopment im Zentrum von allem zu stehen schien. Ich fragte mich, ob ich einfach nur besessen war oder ob wir versehentlich in das Herz einer Schlangengrube getreten waren.

Das wichtigste betroffene Vorstandsmitglied war Gary Wysocky, der ehemalige Vorsitzende der Sonoma County Bicycle Coalition. Die Fahrradkoalition war sehr aggressiv in ihrer Unterstützung für die geplante Umgestaltung von Gateways gewesen. Wysocky hatte an einer "Schulung" der Thunderhead Alliance teilgenommen, bei der er so beeindruckt war, dass sein Zitat auf deren Informationsmaterial verwendet wurde. Das tut sie immer noch - hier ist sein Zitat:

> *"Ein praktisches Kit zur Beeinflussung der öffentlichen Politik. Ich habe Methoden und Taktiken gelernt, die ich regelmäßig anwende. Die Politik des Vorstands sieht nun vor, dass mindestens ein Mitglied pro Jahr an einer Thunderhead-Schulung teilnimmt." - Gary Wysocky, Vorsitzender, Sonoma County Bike Coalition*
>
> *Viele nationale Umwelt- und Verkehrsgruppen sponsern Schulungen für Kandidaten und Führungskräfte. Dies ist einer der Gründe, warum Sie denselben Jargon und dieselbe Argumentation finden werden, die im ganzen Land verwendet werden. Sie wurden geschult. Diese Haltung der Überlegenheit wird bei schwachen Menschen gefördert. Ihnen*

> *wird gesagt, dass sie besser sind als andere, weil sie mit weniger leben müssen. Man sagt ihnen, dass die "Schaffung von Wohlstand" schlecht ist, weil sie eine "unausgeglichene" Gesellschaft schafft (soziale Ungerechtigkeit), und dass es besser ist, für eine gemeinnützige Organisation zu arbeiten und dabei niedrige Löhne zu verdienen. Hey, das ist die neue Armut - es ist hip, es ist cool, es ist die neue Welle der Zukunft. Fahrradfahren zeigt, dass Sie den Fortschritt neu definieren (ich erfinde das nicht).*

Jeder, der sich dem widersetzt, was als "soziale Fairness" definiert wird, wird als "hasserfüllt" bezeichnet. Denken Sie daran, dass Mobbing zu einem Verbrechen wird. Es ist also nur ein kleiner Schritt von der Bezeichnung "Hasser" und Nutzer von "Hassreden" zur Identifizierung eines Gemeinschaftsverbrechens. Es gibt einen Begriff namens "Flipping". Das ist, wenn Sie beschuldigt werden, etwas zu tun oder zu sagen, was man Ihnen in Wirklichkeit antut oder sagt. Diese Taktik wurde gegen uns verwendet. Ja, dies ist Teil des Instrumentariums zur Beeinflussung der öffentlichen Politik.

Methoden und Taktiken

Was hat sie also gelernt? Thunderhead Alliance/People Powered Movement sagt, es handele sich um "die einzige Reihe professioneller Kampagnenschulungen für Leiter von Organisationen, die sich für Radfahrer und Fußgänger einsetzen". Sie lernen, wie man für "vollständige Straßen" wirbt, Spenden sammelt und - was mir am besten gefällt - "die Machtstruktur in Ihrer Gemeinde kartografiert, Verbündete unterstützt und nutzt und Feinde neutralisiert und bekehrt! Als ich das wusste und auch wusste, dass Enterprise Community Development (der riesige, von der nationalen Regierung subventionierte Smart Growth-Entwickler mit niedrigem Einkommen) im Vorstand der Thunderhead Alliance saß, lief es mir kalt den Rücken herunter. Die Radfahrerkoalitionen sind die Stoßtruppen für die Neugestaltung, die sich für intelligentes Wachstum und vollständige Straßen einsetzen.

Hier ist der Thunderhead-Flyer für die Ausbildung 2007:

THUNDERHEAD ALLIANCE
cycling & health

Thunderhead Training Winning Campaigns Washington, D.C. - 5.-7. Oktober 2007 PLUS Lobbying-Training am 8. Oktober und Besuche auf den Hügeln am 9. Oktober

> *Die einzige professionelle Fortbildungsreihe für Leiter von Organisationen, die sich für Radfahrer und Fußgänger einsetzen.*
>
> *Schließen Sie sich Ihren Kollegen an, die sich für die Interessen von Radfahrern und Fußgängern einsetzen, um von fachkundigen Coaches zu lernen und sich gegenseitig durch Thunderheads bewährtes Programm zur Auswahl, Führung und zum Sieg von Kampagnen zur Förderung vollständiger Straßen, auf denen das Gehen und Radfahren sicher und alltäglich ist, zu unterstützen.*
>
> *Nach drei Tagen unterhaltsamer und inspirierender Arbeit mit den führenden Anwaltsexperten des Landes werden Sie mit den Werkzeugen und dem Selbstvertrauen nach Hause gehen, die Sie brauchen, um eine Führungspersönlichkeit in Ihrer Gemeinde zu werden - eine Führungspersönlichkeit, die nicht nur weiß, wie man für Verbesserungen plädiert, sondern auch, wie man sie gewinnt!*
>
> *Sie werden lernen, wie man: das richtige Thema wählt; realistische, aber visionäre Ziele setzt, die besten Strategien und Taktiken wählt und Zeitpläne einhält; die Machtstruktur*

in Ihrer Gemeinde aufbaut, Verbündete unterstützt und nutzt, Feinde neutralisiert und bekehrt; effektiv kommuniziert, das richtige Publikum mit der richtigen Botschaft über die richtigen Medien erreicht, ... und Spenden sammelt, um Ihre Organisation für den nächsten großen Sieg zu stärken!

Am Ende verfügen Sie über einen detaillierten Kampagnenplan, der Ihnen eine erfolgreiche Kampagne garantiert und Ihre Organisation auf noch größere Siege in der Zukunft vorbereitet.

Die Anmeldung kostet nur 250 $ und beinhaltet den Empfang am Freitag, das Frühstück, das Mittagessen, die Fahrradtour und die Party am Samstag sowie das Frühstück und das Mittagessen am Sonntag. Die Lobbying-Schulung am Montag und die Feldbesuche am Dienstag sind ebenfalls enthalten. 100 $ nur für die Lobbying-Schulung und die Hügelbesuche.

Für zusätzliche Vertreter derselben Organisation gibt es Ermäßigungen.

Melden Sie sich noch heute unter www.thunderheadalliance.org an.

"Ein praktisches Kit zur Beeinflussung der öffentlichen Politik. Ich habe Methoden und Taktiken gelernt, die ich regelmäßig anwende. Der Vorstand verfolgt nun die Politik, jedes Jahr mindestens eines seiner Mitglieder zur Teilnahme an einer Thunderhead-Schulung aufzufordern" - Gay Wysocky, Vorsitzende der Sonoma Country Bike Coalition

"Obwohl ich einen Master-Abschluss in öffentlicher Verwaltung und viele Jahre Erfahrung habe, **war** der **Kurs völlig neu** für mich und die Zeit, die Reise und die **Kosten** wert!" - Emily Drennen. Interim Executive Director, Walk San Francisco

"Das Einzigartige an den Thunderhead-Schulungen ist, dass sie individuell zugeschnitten sind; alles war auf unsere Fahrradverteidigungsgruppe anwendbar. Das ist eines **der besten Dinge, die ich als Geschäftsführer meiner Organisation gemacht habe.** Es wird Ihnen Energie geben und Sie frisch und munter nach Hause bringen, bereit, die

Dinge aus einer neuen Perspektive zu tun" - Adam Fukushima, Exec. Geschäftsführender Direktor, San Luis Obispo County Bicycle Coalition.

Wenn Sie sich einen Spaß erlauben wollen, geben Sie "Natural Resources Defense Council" und "Smart Growth" in Ihre Suchmaschine ein. Sie werden ein Foto von einer beliebigen Straße mit dem Titel "Picturing Smart Growth" sehen. Das ist wirklich lustig. Klicken Sie darauf. Das Foto wird sich in eine belebte, zu Fuß oder mit dem Fahrrad begehbare, vollständig ausgebaute Straße verwandeln, in der auf beiden Seiten Gebäude hinter dem Bürgersteig errichtet wurden. Verflixt, was ist mit den Gebäuden passiert, die vorher dort standen? Wem gehört das Grundstück jetzt?

Siebzig Städte sind auf ihrer interaktiven Karte vertreten. Werfen Sie einen Blick darauf. Sie bewegt sich auf Sie zu. Complete Streets" ist ein aus Ihren Verkehrs- und Einkommenssteuern finanziertes Gesetzgebungsprogramm/-plan, das die Straßen entsprechend den Anforderungen des intelligenten Wachstums verändert. Indem man einen Fahrradstreifen auf die Straße malt (Verkehrskorridor), einen Bus oder Zug auf dieser Straße oder in ihrer Nähe fahren lässt UND auf beiden Seiten der Straße ein System für intelligentes Wachstum einrichtet, sind sie dann "Complete Streets". Das ist eine Menge Geld für die Entwickler von Smart Growth und die Betreiber von Wohnungen mit niedrigem Einkommen. Habe ich schon erwähnt, dass etwa 20 % der Umbaugelder in Wohnungen mit niedrigem Einkommen fließen sollen? Sehen Sie, wie Radfahrerkoalitionen und Betreiber von Wohnungen mit niedrigem Einkommen bei der Neugestaltung miteinander verbunden sind?

Ich nehme es Ihnen nicht übel, wenn Sie sich sagen, dass diese Frau, Rosa, und ihr Partner vielleicht wirklich alles sind, was sie vorgeben zu sein, aber woher soll ich das wissen? Nun, wir erlebten eines Tages eine Überraschung, als wir vom ehemaligen Vorsitzenden des Nachbarschaftsvereins des West Junior College kontaktiert wurden, einem sehr netten Mann, der einen Newsletter für seine Kirche schreibt. Er erzählte uns, dass ihm im Jahr zuvor in seiner Nachbarschaft, direkt auf der anderen Seite der Mendocino Avenue, das Gleiche passiert war. Warum war das so? Weil er den Bau eines Parkplatzes für die Studenten des Junior College unterstützte. Sie sehen, die lokalen Gruppen der UN-Agenda 21 wollen nicht mehr Parkplätze, weil sie wollen, dass Sie Ihr Fahrrad nehmen und in einem intelligenten Wachstum leben. Tatsächlich hat die Sonoma County Bicycle Coalition das Junior College in Santa Rosa verklagt, um den Bau des Parkplatzes zu verhindern. Und unser neuer Freund, der ehemalige Nachbarschaftsvorsitzende, wollte nicht, dass die Studenten überall in seiner Nachbarschaft parken, also unterstützte er das Parkhaus. Er wurde vertrieben, fühlte sich als Opfer von Rassismus (er ist Afroamerikaner) und wurde belogen von Nachbarn, die sich als Planer von Smart Growth herausstellten.

Alles wurde für uns klarer, und das war nicht schön.

Einige Wochen vergingen und im August 2007 lud der Vorstand Kay zu einer Anhörung über die Ergebnisse der Untersuchung in das Haus eines Vorstandsmitglieds ein. Natürlich hatte man sie oder jemanden aus unserem Bekanntenkreis noch nie befragt. Sie hatte um die Anwesenheit eines Anwalts gebeten, doch ihr Antrag wurde abgelehnt, da er nicht in der Nachbarschaft wohnte. Es war kein Mitglied des Viertels anwesend und niemand wusste davon. Bei der Anhörung, die einer Art Geheimgericht glich, sagte sie ihnen, dass es mehr um sie als um sie ginge und dass sie dies als Kriegserklärung auffassen würde - wir und unser Handelsverband würden dies überall bekannt machen (wir verteilten anschließend Flugblätter in der Nachbarschaft). Sie hatte gerade eine Stelle bei Habitat for Humanity angenommen, um deren Women Build-Programm zu leiten, und wollte nicht, dass diese Kontroverse weitergeht.

(Die Erfahrungen von Habitat for Humanity sind eine weitere surreale politische Geschichte, aber dies ist lang genug). Sie stimmte zu, ihren Posten als Vorsitzende an Gary Wysocky abzutreten und ihre zweijährige Amtszeit als außerordentliches Vorstandsmitglied zu beenden. Während der Albtraum weiterging, schickte Wysocky eine E-Mail an den JCNA-Vorstand, in der er schrieb, dass er ein Picknick sponsern solle, um "den Dissens zu ersticken". Einige Wochen später hellte sich das Bild auf, als Wysocky seine Kandidatur für den Stadtrat als "Führer Ihres Viertels" ankündigte. Dies erklärte einen Großteil der Schikanen. Wysockys Unterstützer hatten offenbar entschieden, dass er eine aktuelle Position brauchte, um für den Rat zu kandidieren. Er hatte nicht gegen Kay kandidiert, als sie sechs Monate zuvor demokratisch gewählt worden war, also musste er nun den Posten "durch Nominierung" übernehmen.

Können Sie sich den Stress vorstellen, dem wir in unserer charmanten, ruhigen Nachbarschaft ausgesetzt waren? Es gab Momente, in denen ich buchstäblich Angst hatte. Eine wunderschöne kleine Stadt in der Weinregion Nordkalifornien, und sie verfaulte von innen heraus. Das Schlimmste daran ist, dass ich heute weiß, dass das nicht ungewöhnlich ist.

EINE KOALITION VON FREUNDEN

Wir wurden jahrelang Stammgäste bei den Sitzungen des Stadtrats und des Planungsausschusses und setzten uns für unsere neuen Freunde ein. Wir halfen dabei, die Steuer auf Gewerbeverbesserungsgebiete zu stoppen, die das Geld von Kleinunternehmen in eine gemeinnützige Organisation namens Main Street USA geleitet hätte. Übrigens: Main Street USA organisiert "Schulungen" für städtische Mitarbeiter, die für die Entwicklung von Gemeinden zuständig sind, und bringt ihnen in einem Seminar bei, wie sie ihr größtes Hindernis überwinden können: Die Hausbesitzer. Neben vielen anderen Fällen haben wir dazu beigetragen, das Seniorenzentrum der Stadt offen zu halten, indem wir den Senioren dabei halfen, ihre Interessen gegenüber der Stadt durchzusetzen. Wir stellten fest, dass es so aussah, als ob jeder, der sich mit uns auf eine Linie brachte, bekam, was er wollte, da die Stadt nicht wollte, dass wir mehr Unterstützung von einer unruhigen Wählerschaft erhielten.

Wir sammelten ein wenig Geld für den Prozess und ich lernte einige fantastische Menschen kennen, die großzügig an unsere gemeinnützige Organisation Concerned Citizens of Santa Rosa Against Redevelopment Law Abuse spendeten. Wie immer garantierte ich die Anonymität unserer Spender, bei denen es sich um hart arbeitende Geschäftsleute handelte. Sie mussten mit der Stadt zusammenarbeiten, um ihre Genehmigungen und Verträge zu erhalten; das wollten sie nicht gefährden. Einer unserer Anwälte hatte eine homosexuelle Tochter und die Kanzlei entschied großzügigerweise, dass er einen Teil der Arbeit kostenlos erledigen könnte, wenn wir uns bereit erklärten, weiterhin Spenden zu sammeln, Schritte für die Kanzlei zu unternehmen und alle Schriftsätze zu prüfen. Ich organisierte Arbeitsessen, private Treffen, Präsentationen und Postwurfsendungen zusätzlich zu unseren üblichen Newslettern.

Diese Rundbriefe, die wir drei Jahre lang verfassten, druckten und verteilten, waren in unserer Stadt recht ungewöhnlich und deckten viele Themen ab, von der Neugestaltung über die bevorstehende Schließung des Seniorenzentrums, das Debakel mit dem SMART-Zug (Sonoma Marin Area Rapid Transit) bis hin zu Generalplänen und Flächennutzungsplänen. Die Nachbarschaftsverbände der Stadt ließen ihre Rundbriefe kostenlos von der Stadt drucken, aber der Inhalt musste genehmigt werden. Woher wissen wir das?

Wir versuchten, eine Anzeige in einem der Mitteilungsblätter des Neuentwicklungsgebiets zu schalten. Die Anzeige betraf unsere Handelsvereinigung und war sehr einfach gehalten. Sie bestand lediglich aus einer Anzeige über die Gründung unserer

Gruppe und einer Visitenkarte mit dem Namen Santa Rosa Area Business Association und der Adresse der Website. Die Anzeige wurde abgelehnt und die Stadt weigerte sich, sie zu drucken. Also verfassten und druckten wir unsere eigenen vierseitigen Newsletter und bezahlten sie selbst. Wir verteilten sie zu Fuß an Hunderte von Unternehmen und Immobilien. Wir lernten viel mehr Menschen kennen, und ich begann zu glauben, dass ich nun einige der besten Menschen, die ich je getroffen hatte, und einige der schlechtesten kannte.

Jemand hatte dafür gesorgt, dass meine Chefs, der stellvertretende Bezirksleiter des kalifornischen Verkehrsministeriums, Robert A. Macpherson, und der Büroleiter Mark Shindler, eine Kopie der zahlreichen Zeitungsartikel und -kolumnen erhielten, in denen wir genannt wurden. Ich bin ihnen dankbar, dass sie nie ein Wort darüber verloren haben, außer um mich zu fragen, wie ich mich so halte.

Die Integritätskultur in Caltrans Right of Way District 4 ist stark ausgeprägt.

Später bat die Stadt Santa Rosa den Direktor direkt darum, mir nicht zu erlauben, in Santa Rosa irgendetwas für das Projekt zur Erweiterung der Autobahn hier zu bewerten. Er sagte OK, aber nur, weil ich mich um ein größeres Projekt weiter südlich kümmerte. Die Stadt wusste dies jedoch nicht und es war offensichtlich, dass sie mir schaden wollte. Ich erhielt die Informationen, indem ich bei der Stadt einen Antrag auf Zugang zu öffentlichen Archiven stellte, um alle Dokumente zu erhalten, die sie über mich besaß.

Es war eine Zeit lang ruhig um die Nachbarschaftsvereinigung - sie hatten erreicht, was sie wollten, und Gary Wysocky wurde in den Stadtrat gewählt. Der Stadtrat wurde nun von den Anhängern der Fahrradkoalition kontrolliert. Von den sieben Mitgliedern gehörten vier zu dieser Fraktion. Eine von ihnen, Veronica Jacobi, war ein Vorstandsmitglied des Sierra Clubs, der kein Auto besaß - und auch keinen Kühlschrank. Zu viele Treibhausgase.

Setzen Sie alles zusammen und es entsteht die Agenda 21

Inzwischen wurde unser Fall, *Tokerud gegen die Stadt Santa Rosa*, vor dem Superior Court of Sonoma County verhandelt, und wir haben verloren. Unsere Argumente waren ausgezeichnet und unsere Unterstützung war stark, einschließlich einiger "Gotcha's" Dynamit, von denen wir glaubten, dass sie den Fall der Stadt zum Scheitern bringen könnten, aber es war, als hätten wir Bomben geworfen und sie fielen wie Federn. Der Richter wurde durch nichts beeinflusst. Es gab in diesem Fall keine Geschworenen. Auch keine Gerechtigkeit. Obwohl die Stadt veraltete Informationen verwendete, die Berechnungen völlig unklar und die Daten in dem Bericht regelrecht falsch waren und sie die Statistiken der Stadtteile (15% der Gesamtfläche), die sie aus dem Projektgebiet entfernt hatte, beibehielt, entschied das Gericht trotzdem zugunsten der Stadt. Mein Vater, ein Rechtsanwalt, pflegte mir, als ich ein Kind war und mich darüber beschwerte, dass etwas im Gesetz nicht richtig sei, zu sagen: "Richtig ist, was im Spätsommer in der Stadt passiert". Das ist die harte Wahrheit, wie ich auch in meiner Arbeit als Prozessbegleiter festgestellt habe. Man kann Recht haben und trotzdem verlieren. Das Positive an dieser Niederlage war, dass der Richter entschied, dass wir unsere administrativen Rechtsmittel ausgeschöpft hatten, d. h. wir hatten alles Mögliche getan, um unseren Fall zu verhandeln, und dass wir in die Berufungsebene gehen konnten. Unsere Anwälte rieten uns, dies zu tun, und so sammelten wir weiter Spenden - was nun, da die Wirtschaft 2007/2008 zusammenbrach, schwieriger war. Am Ende hatten wir etwa fünfhunderttausend Dollar an Spenden und *freiwilliger* juristischer Arbeit gesammelt. Die Stadt gab etwa das Doppelte aus, um uns zu bekämpfen - vielleicht musste sie doppelt so hart arbeiten.

Ich hatte recherchiert und versucht, alles zusammenzutragen, und ich erfuhr scheinbar alle zwei Stunden etwas Neues. Wir setzten uns mit anderen Landrechtsgruppen in der Gegend in Verbindung, eine davon hieß Sonoma County Land Rights Coalition.

Da diese Gruppe hauptsächlich aus ländlichen Hausbesitzern bestand, die sich gegen die Überwachung ihres Grundwassers durch die Sonoma County Water Agency wehrten, befand sie sich generell am entgegengesetzten Ende des politischen Spektrums der meisten von uns, aber das war uns egal. Das Ziel war es, unsere Rechte auf Privateigentum zu bekräftigen. Dank ihrer Anführerin Orlean Koehle entdeckten wir die Agenda 21 der Vereinten Nationen und die Glühbirne ging an. Sie war das dunkle Herz dessen, was wir bekämpften.

Ich las die Dokumente zum Agenda-21-Plan der Vereinten Nationen, recherchierte bei ICLEI, sah mir Regierungsverträge an, schaute mir Videos an, las Bücher, untersuchte die Websites von Umweltgruppen und Regierungen und erkundigte mich nach dem Plan der Vereinten Nationen, der unsere Welt gestaltet. Ich wechselte von Skepsis zu der Erkenntnis, dass die "Planungsrevolution", die ich beobachtet und gegen die ich bei meinen Treffen mit Stadtplanern in den neun Landkreisen der Bucht von San Francisco etwa zehn Jahre lang gekämpft hatte, die Agenda 21 der Vereinten Nationen war. Ich schaute mir die Grafiken an, die ich über die Verbindungen im Santa Rosa County und im Sonoma County erstellt hatte, und es wurde mir klar, dass die Neuentwicklung das Herzstück der UN-Agenda 21/nachhaltigen Entwicklung und ihr bewaffneter Arm in Bezug auf Finanzierung und Umsetzung war. Zum Glück für uns waren wir von so vielen verschiedenen Gruppen angegriffen worden - das half mir, diese Verbindungen zu sehen und die Akteure zu identifizieren. Das war enorm. Wie zuvor musste ich mich über meine frühe Unwissenheit lustig machen, indem ich versuchte, bestimmten Personen, von denen ich gedacht hätte, dass sie Verbündete sein würden, die Treue zu halten. Insider der Demokratischen Partei, Umweltgruppen, Gewerkschaften, Bürgergruppen (hatte ich schon erwähnt, dass sich die Handelskammer und der örtliche Bauträger für preisgünstige Wohnungen im Prozess der Stadt gegen uns angeschlossen hatten?), Politiker - die Liste wurde immer länger. Ich hatte sogar erwogen, für den Stadtrat zu kandidieren, und mich mit einem politischen Berater getroffen, dem Ehemann unseres Staatssenators. Er hielt das wohl für ziemlich witzig. Seine Frau, Senatorin Patricia Wiggins, war die Gründerin des California Smart Growth Legislative Caucus!

Aber es ist nicht nur eine Angelegenheit der Demokraten. Ich möchte nicht suggerieren, dass eine Partei besser ist als eine andere. Menschen, die an der Macht sind, wollen an der Macht bleiben. Menschen, die Macht wollen, versuchen, sie zu erlangen. Wenn Sie den Weg von Barack Obama verfolgen, werden Sie feststellen, dass es die republikanische Partei war, die ihm den Weg zur Präsidentschaft geebnet hat. Ein wenig Recherche über seinen Weg vom Staatssenat bis an die Spitze wird Ihnen zeigen, dass er durch den Zusammenbruch der Kampagne des Amtsinhabers und Favoriten Jack Ryan auf seinen Sitz im US-Senat kam (Ryans Frau beschuldigte ihn während ihres Scheidungsverfahrens der moralischen Schändlichkeit ; die Gerichtsakten wurden versiegelt; die Zeitung Chicago Tribune klagte auf Aufhebung der Versiegelung, was in einem Scheidungsfall beispiellos war; nach dem Skandal setzte die republikanische Partei Ryan unter Druck, das Rennen aufzugeben, obwohl er Obama mit einem enormen Vorsprung von 70:30; die Republikaner konnten keinen neuen Kandidaten finden und stellten schließlich drei Wochen vor der Wahl Alan Keyes auf, einen ultrakonservativen katholischen Afroamerikaner aus Maryland, der von den Republikanern als Störenfried in den Rennen eingesetzt wurde). Keyes verlor mit einem Vorsprung von 30:70 gegen einen einst obskuren Staatssenator aus einem Vorort von Chicago: Barack Obama. Meiner Meinung nach haben andere Manöver seine Wahl zum Präsidenten gesichert. Ich möchte mich nicht auf eine parteipolitische Angelegenheit einlassen. Wenn ich dies erwähne, dann nur, um darauf hinzuweisen, dass wir manipuliert werden. Politische Parteien sind Teil der Dialektik.

Die Macht ist parteiisch. Die Agenda 21 der Vereinten Nationen ist überparteilich.

Von der Existenz der Hegelschen Dialektik erfuhr ich durch Niki Raapana, den weltweit größten Kritiker des Kommunitarismus. Sein Buch, *2020: Our Common Destiny*, ist eine ausgezeichnete Analyse der supranationalen Bewegung für nachhaltige Entwicklung. Die Hegelsche Dialektik ist die philosophische Grundlage des Kommunitarismus. Die Idee ist, dass wahre Freiheit nur durch die Versklavung an den Staat entsteht, da dann jeder freie Wille an eine höhere Ordnung (die Regierung) abgegeben wird.

Paradoxerweise bringt die Sklaverei die Freiheit. Dieser Taschenspielertrick gefiel Karl Marx, der ihn politisch nutzte. Die Unterwerfung unter den Staat zum Wohle des Menschen bringt die Freuden eines unbeschwerten Lebens mit sich - in der Theorie. In der Praxis nicht wirklich. Die grüne Maske muss an Ort und Stelle bleiben, um dieses "zum Wohle der Allgemeinheit" umzusetzen, sonst droht häusliches Chaos und die Unterbrechung der Ausbeutung der Massenarbeit.

Und nur eine Anmerkung zu Totalitarismus und Faschismus - denn davon sprechen wir hier. Jeder totalitäre Staat basiert auf diesen fünf Elementen:

- ➢ Umfassende Informationen über Einwohner und Ressourcen
- ➢ Totale Kontrolle über Bewegungen, Reden, Gewerkschaften, Universitäten, Kirchen, Produktion und Märkte.

- ➢ Terror
- ➢ Vision einer glorreichen Zukunft
- ➢ Spartanische Kontrolle der Gegenwart, Seltenheit

Der Faschismus unterscheidet sich darin, dass er die Kontrolle von Unternehmen und Privateigentum mit staatlichen Zuschüssen (öffentlich-private Partnerschaften) ermöglicht und im Wesentlichen von Großunternehmen kontrolliert wird. Die übrigen Elemente sind dieselben.

Der Terror in unserem Land wird als extern (die Geschichte des 11. September), intern (die Geschichte von Anthrax, die Geschichte des "Shoe Bombers") und global (die Geschichte des Klimawandels) betrachtet.) Ob diese Geschichten auf der Wahrheit beruhen oder nicht, ist irrelevant. Wir werden uns auch im Jahr 2050 noch darüber streiten; es wird wie bei der Ermordung von JFK sein. Die Geschichte rechtfertigt die Kontrolle, d. h. den USA Patriot Act, die zunehmende Überwachung im Inland, Hausdurchsuchungen, Flugverbotslisten sowie Einschränkungen und Indoktrination bei der Landnutzung, der Energieversorgung, dem Transportwesen und der Bildung.

Die Agenda 21 der Vereinten Nationen - Nachhaltige Entwicklung ist die glorreiche Zukunft, die durch die spartanische Gegenwart ermöglicht wird. Sie ist die grüne Maske. Die Zukunft ist eine künstlerische Darstellung eines blauen Himmels, gemeinsamer Grünflächen und vieler lächelnder Menschen auf Fahrrädern in sauberen, glänzenden Städten. Die kurzfristige Gegenwart ist zunehmend karger, eingeschränkter und durchdrungen von der apokalyptischen und panischen Rhetorik der globalen Erwärmung. Mit den ihnen zur Verfügung stehenden Instrumenten setzen die Städte und Landkreise den Agenda-21-Plan der Vereinten Nationen um.

Sie greifen auf Umgestaltung, Durchsetzung von Kodexen, Fahrradboulevards, Programme zur Modernisierung umweltfreundlicher Gebäude, Steuern und Bußgelder, Generalpläne und alles andere zurück, was dazu führen kann, dass Zeit und Ressourcen für das "Gemeinwohl" verschwendet werden.

Ja, ich sagte "verschwendet Zeit und Ressourcen". Das ist ein Ziel der Agenda 21 der Vereinten Nationen. Die Verschwendung von Ressourcen, seien es menschliche oder natürliche Ressourcen, ist beabsichtigt. Wie George Orwell in seinem brillanten Werk *1984* feststellte, ist *ein* ständiger Krieg notwendig, um die Produkte der Arbeit jedes Einzelnen zu absorbieren, um Knappheit und eine Kultur der Knappheit aufrechtzuerhalten.

Die Sparmaßnahmen werden zunehmen. Natürliche Ressourcen werden verboten.

Die Kalorienzufuhr wird reduziert werden (Sie sind fettleibig!). Die Herstellung wird in sklavenähnlichen Arbeitslagern konzentriert sein, wie es derzeit in China und Indien der Fall ist. Eigentlich passt dieses Bild ziemlich gut, nicht wahr? Das chinesische Modell? Eine Fabrik im Erdgeschoss eines Durchgangsdorfes mit Wohnungen im Obergeschoss für die Arbeiter. Heute sehen Sie sich eine Pastellzeichnung an und morgen sitzen Sie in einem intelligenten Gefängnis®. Grün!

Demokraten gegen die Agenda 21

Kurz nachdem ich begonnen hatte, über die Agenda 21 der Vereinten Nationen zu recherchieren, begann ich mich zu fragen, ob wir die einzigen Liberalen sind, die von ihr wissen und sie ernst nehmen. Wie kann das sein? Demokraten besitzen Eigentum.

Liberale Menschen wollen nicht in einer Korporatokratie leben. Freie Menschen akzeptieren kein totalitäres Regime. Bürgerrechte sind ein lebenswichtiges Element unserer Freiheit - warum sagten die Leute, dass die Agenda 21 der Vereinten Nationen eine rechte Fantasie sei? Was war der Zweck dieser Polarisierung? Ging es darum, uns davon abzuhalten, hinter die grüne Maske zu blicken? Wir wussten sicherlich, dass wir auf der richtigen Spur waren, angesichts der enormen Anstrengungen, die unternommen wurden, um zu versuchen, uns zu diskreditieren und anzugreifen.

Ich dachte daran, die Seite *"Villagers with Forks"* (*Dörfer mit Mistgabeln) zu* nennen, aber das hatte schon jemand. Auf politischer Ebene wurde mir klar, wie wichtig es ist, das Spektrum des Bewusstseins zu erweitern. Dass ich als Demokrat *gegen die Agenda 21 der Vereinten Nationen* war, war enttäuschend und ungewöhnlich, aber ich hoffte, dass es ein Vorbote der zukünftigen Bewegung gegen totalitäre Kontrolle war, die hoffentlich bald von links kommen würde. Die Erkenntnis, dass die Umweltbewegung missbraucht wurde, sollte die Liberalen aufrütteln und wachrütteln, damit sie sich gegen die Agenda 21 der Vereinten Nationen engagieren. Es handelt sich um eine überparteiliche Volksbewegung. Es spielt keine Rolle, ob Sie Tee oder Kaffee trinken, aber halten Sie sich von Kool-aid fern.

Die Stadt verliert die Kontrolle

Die Ruhe endete Anfang 2009 mit dem Fahrradboulevard Humboldt Street. Die Humboldt Street ist eine mäßig befahrene Nord-Süd-Sammelstraße, die etwa 1,5 km lang durch unser grünes historisches Viertel verläuft. Sie ist unsere lokale Alternative zur stärker befahrenen Hauptstraße und alle unsere ruhigeren Straßen enden hier. Der Rat der Radfahrer und Fußgänger hat beschlossen, den Stadtrat zu bitten, die Humboldtstraße zu einem "Fahrradboulevard" zu machen. Ein Fahrradboulevard soll eine Straße mit niedriger Geschwindigkeit und geringem Verkehrsaufkommen sein, die Fahrrädern Vorrang gibt. Er kann Kreisverkehre, Umlenkungen und andere Hindernisse enthalten, um den Autoverkehr zu behindern und abzuschrecken. Es wurde ein Visualisierungstreffen (Delphi) angekündigt, um einen "Nachbarschaftskonsens" für den Plan zu erreichen. Kay verteilte Flyer, in denen die Nachbarschaft über das Treffen informiert wurde, was den Rat furchtbar verärgerte. Wollten sie nicht, dass jemand zu dem Treffen geht und nicht will, dass die Straße für den Durchgangsverkehr gesperrt wird?

Das Treffen war ein typisches Delphi-Treffen mit einer "Vision", die auf das vorher festgelegte Ergebnis des Baus des Fahrradboulevards ausgerichtet war. Es gab keine Möglichkeit zu erfahren, ob die Teilnehmer tatsächlich in der Nachbarschaft lebten oder von außerhalb kamen, um die "Abstimmung" zu beeinflussen. Die Pläne sahen vor, alle vierspurigen Stoppschilder in dieser recht belebten Straße zu entfernen, Kreisverkehre an den Kreuzungen einzurichten, einen Teil der Parkplätze zu entfernen und die Straße sogar ganz für den Durchgangsverkehr zu sperren. All dies schien zu schweren Unfällen führen zu können. Einige der Anwohner mittleren und älteren Alters, die Einwände erhoben, wurden auf der Website der Stadt als "alte Miesepeter" bezeichnet.

Sie können sich vorstellen, wie wütend sie waren.

Kays zweijährige Amtszeit im Vorstand des Nachbarschaftsverbands war fast abgelaufen und es war klar, dass die Vorstandsmitglieder nicht riskieren wollten, dass jemand anderes, den sie nicht kontrollieren konnten, in den Vorstand einzieht. Was taten sie also? Sie stimmten (Kay war die einzige abweichende Stimme) dafür, die Geschäftsordnung zu ändern, um unter anderem zu verbieten, dass jemand eine Person für ein Amt vorschlägt, wenn diese Person nicht zuvor vom Rat genehmigt wurde. Was bedeutet das? Es wird nie wieder einen demokratisch gewählten Rat geben. Der Rat hielt die Wahl nach der neuen Satzung ab, und ich blieb zu Hause. Die "alten Miesepeter" und ihre Ehefrauen kontaktierten uns nach dem Nachbarschaftstreffen und sagten, sie seien entsetzt über das, was wie eine manipulierte Wahl von Enthusiasten der Fahrradkoalition aussah. Wollten wir anfangen, unsere eigenen Versammlungen zu organisieren? Letztendlich waren wir nicht allein.

Ich habe eine Website mithilfe des extrem einfachen Website-Baukastens Weebly dot com erstellt und wir haben beschlossen, uns Santa Rosa Neighborhood Coalition zu nennen. Unser Motto lautet "Beteiligen Sie sich - es ist IHRE Stadt!

Wir verteilten Flugblätter in der Nachbarschaft, um ein Nachbarschaftstreffen zu besorgniserregenden Themen anzukündigen, und veranstalteten das Treffen bei uns zu Hause. Von etwa 400 Flyern kamen nur 30 Leute zu unserem Treffen. Das ist der Zustand der Bürgerbeteiligung heutzutage - wir sind alle so beschäftigt. Aber die Kerngruppe war hervorragend. Neben dem Fahrradboulevard hatten wir einen sehr wichtigen Punkt auf unserer Tagesordnung: den Vorschlag für ein verpflichtendes Programm zur energetischen Sanierung von grünen Gebäuden. Dabei handelte es sich um einen schockierenden Vorschlag, der ein Jahr lang von einer städtischen Arbeitsgruppe namens Green Building Advisory Committee geprüft worden war. Diese Gruppe, die sich aus Bauunternehmern, Umweltgruppen, der Handelskammer, Immobilienmaklern und dem regionalen Bauträger für einkommensschwache Wohnungen zusammensetzte, würde die neuen Anforderungen für grünes Bauen entwerfen. Nach diesem Vorschlag würden alle bestehenden Geschäfts- und Wohngebäude in der Stadt vom Dachboden bis zum Keller einer obligatorischen Energieinspektion unterzogen werden. Um diese Maßnahme durchzusetzen, sollten die Inspektionen beim Verkauf oder bei der Renovierung einer Immobilie stattfinden. Die energetischen Verbesserungen sollten 1,5% oder mehr des Verkaufspreises betragen, wenn die Immobilie verkauft wird, oder des Wertes der Renovierung. Keine Eigentumsübertragung oder Renovierungsgenehmigung würde bearbeitet werden, bevor die Inspektion und die Verbesserungen nicht von der Stadt genehmigt wurden. Wow! Santa Rosa wäre die erste Stadt in den USA, die diese Maßnahme verbindlich vorschreibt. Der Ausschuss riet dem Stadtrat, den Vorschlag anzunehmen, und es gab nur eine Handvoll abweichender Stimmen (ein Immobilienmakler und einige Bauunternehmer) unter den neunzehn Mitgliedern des Ausschusses.

Wir wollten die Bürger unserer Stadt aufrütteln. Einige Mitglieder unserer neuen Gruppe dachten immer noch, dass "die Stadt so etwas nicht tun würde", und luden die Vertreterin der Maklerkammer im Beratungsausschuss für ökologisches Bauen zu unserem Treffen ein, um über die Vorgänge im Ausschuss zu sprechen. Als sie zu uns kam und mit uns sprach, war klar, dass die Makler nur deshalb gegen diese Maßnahme waren, weil sie den Verkauf verlangsamen könnte - und nicht, weil es sich um eine Durchsuchung unserer Häuser ohne Durchsuchungsbefehl handeln würde. Nicht, weil es jeden Hausbesitzer schätzungsweise 750 $ für jede Inspektion kosten würde. Nicht, weil es eine Verletzung unseres Rechts auf Privatsphäre war. Nachdem sie deutlich gemacht hatte, dass es ihr nur um ihre Provisionen ging, sagte ich: "Hören Sie, wir bekommen keine Hilfe vom Rat der Immobilienmakler oder von irgendjemandem. Das Einzige, was wir tun können, ist, in der Stadt Flugblätter zu verteilen und die Leute auf das Thema aufmerksam zu machen. Lassen Sie uns das tun".

Ich schrieb den folgenden Flyer und wir fertigten 7000 Kopien an. Etwa 15 von uns teilten die Stadt in vier Quadranten ein und platzierten die Flyer mehrere Wochen lang strategisch an den Haustüren. Hier ist der Flyer:

> *Meinungen*
>
> *Die Stadt santa rosa ist dabei, Anforderungen an umweltfreundliches Bauen für alle bestehenden Gebäude zu stellen, was sich auf Ihr Haus und Ihr Unternehmen auswirken wird. Die Stadt erarbeitet derzeit Richtlinien, die Folgendes beinhalten können:*
>
> *obligatorische Inspektionen und Tests (750 $) jeder Immobilie in santa rosa*
>
> *Die Verpflichtung für jeden Eigentümer, bis zu 1,5% des Wertes seiner Immobilie für Energieverbesserungen zu zahlen, bevor er den Verkauf der Immobilie abschließen kann.*
>
> *Die Verpflichtung für jeden Eigentümer, bis zu 1,5% des Wertes von seiner Immobilie für Energieverbesserungen zu bezahlen, bevor er eine Renovierungsgenehmigung erhalten kann.*
>
> *Die Verpflichtung, die Energieeffizienz Ihrer Immobilie jedes Mal, wenn Sie verkaufen oder eine Genehmigung erhalten, um 15% zu erhöhen, unabhängig davon, welche Arbeiten bereits durchgeführt wurden.*
>
> *Lesen Sie Teile des Berichts des Beratungsausschusses für umweltfreundliche Gebäude:*
>
> *Www.santarosaneighborhoodcoalition.com*
>
> *Kontakt Mayor Gorin: sgorin@srcity.org oder Telefon: (707) 543-3010*

Beteiligen Sie sich------ es ist Ihre Stadt!

Wir achteten darauf, Flugblätter an den Haustüren der reichsten Viertel der Stadt auszulegen, da wir glaubten, dass sie im Rathaus einen gewissen Einfluss haben könnten. Kurz nachdem wir mit dem Verteilen der Flugblätter begonnen hatten, erfuhren wir, dass der Bürgermeister und der Stadtsekretär mit Anrufen überschwemmt wurden. Der Bürgermeister flehte Kay an, die Aktion abzubrechen, aber sie antwortete, dass dies nicht ihre Idee sei und dass sie keine Kontrolle über die 15 Personen habe, die Flugblätter verteilten. Ich rief die Bürgermeisterin ohne Anmeldung an, um zu sehen, was sie dazu sagen würde, und sie sagte mir, dass es sich nur um ein paar "Unruhestifter" handelte, die Flugblätter verteilten, und dass die Stadt nicht vorhatte, den Empfehlungen des Komitees zu folgen. Wir wussten, dass das nicht stimmte, denn der Stadtdirektor hatte Arbeitspläne in Auftrag gegeben und Zuschüsse beantragt. In einem der schlimmsten denkbaren Manöver hatte die Stadt versucht, uns über den Tisch zu ziehen, indem sie versuchte, in den Generalplan einen Text einzuschieben, der besagte, dass die Stadt "einen Plan verabschieden muss, der die Empfehlungen fordert".

Kay sah das auf der Tagesordnung der Planungskommission und rannte zu der Sitzung. Sie sagte der Planungskommission, dass wir die Stadt verklagen würden, wenn dies in den Generalplan aufgenommen würde. Da wir die Stadt verklagten, wussten sie vielleicht, dass wir es ernst meinten.

Der Wortlaut wurde geändert in "die Annahme eines Plans erwägen".

Wir stellten alles auf unsere Website. Die Nachricht erschien in der Zeitung und es gingen zahlreiche Briefe an den Chefredakteur ein, darunter auch unser eigener und der des Bürgermeisters. Der Bürgermeister war empört darüber, dass die Flyer offiziell aussahen, und meinte, wir hätten absichtlich versucht, die Leute zu verwirren. Das ist nicht wahr. In der Tat hätten wir das Programm nicht bewerben müssen, wenn die Stadt selbst dafür geworben hätte. Wären die Nachbarschaftsverbände und die Neighborhood Alliance echte Bürgergruppen gewesen, hätten wir das nicht tun müssen. Jedes Mal, wenn ein Brief in der Zeitung erschien, der den Stadtplan kritisierte, kontaktierte ich die Verfasser des Briefes und lud sie zu unseren Treffen ein. Alle diese Briefe wurden auf unserer Website veröffentlicht. Sie sind immer noch dort - schauen Sie auf Santa Rosa Neighborhood Coalition dot com unter Green Building nach. Die "Geschichte" war, dass das Programm viele grüne Arbeitsplätze schaffen und die Wirtschaft wiederbeleben würde. Der große Preis geht jedoch an das Kreditprogramm für grüne Energie.

Das von ICLEI gesponserte Kreditprogramm für grüne Energie dürfte eines der größten Missgeschicke sein, die je geschaffen wurden. Es heißt Property Assessed Clean Energy (PACE) und ist eine Möglichkeit, den grünen Traum zu verwirklichen. Nehmen wir an, Sie sind Eigentümer eines Hauses und möchten es mit Sonnenkollektoren ausstatten. Die Kosten werden auf 20.000 bis 40.000 USD geschätzt. Sie haben das Geld nicht und können keine Hypothekarkreditlinie bekommen, weil Sie bereits Schwierigkeiten haben, Ihre Hypothek zu bezahlen. Da der Landkreis jedoch Mitglied von ICLEI ist und sich zur Reduzierung von Treibhausgasen verpflichtet hat, können Sie ein Darlehen von bis zu 100 % des Nettowerts Ihres Hauses erhalten. Sie können dieses Darlehen zurückzahlen, indem Sie Ihre Grundsteuer über einen Zeitraum von 20 Jahren erhöhen. Es spielt keine Rolle, ob Ihre Kreditwürdigkeit schlecht ist oder ob Sie sich die Sonnenkollektoren nicht wirklich leisten können, denn das Darlehen wird durch die Grundsteuer und das Haus abgesichert. Entweder Sie zahlen sie, oder die Person, an die Sie das Haus später verkaufen, zahlt sie. Das klingt gut, oder? Nun, das größte unmittelbare Problem ist, dass, wenn Ihr Haus von der Bank gepfändet wird, weil Ihre Hypothek nicht bezahlt wurde, wenn das Grundstück verkauft wird, das erste, was bezahlt werden muss, die Kreissteuer ist. Ja, Sie haben im Grunde genommen Ihre zweite Hypothek vor der Bank an die erste Stelle gesetzt. Indem PACE dies als "Immobilienbewertung" statt als Kredit bezeichnete, glaubte sie, die Kreditgeber täuschen zu können. Sie könnten sich fragen: "Was geht es mich an, wenn die Bank nicht zurückzahlt? Es wird Ihnen nicht egal sein, das stimmt, denn die Bank ist nicht bereit, ein höheres Risiko einzugehen, dass ihre Kredite nicht zurückgezahlt werden. Die staatliche Wohnraumfinanzierungsagentur (Fannie Mae und Freddie Mac) hat daher vorgeschlagen, den potenziellen Kreditbetrag für JEDE Immobilie im County um zehn Prozent zu senken. Ist das nicht unglaublich? Das bedeutet, dass Sie, wenn Sie normalerweise eine Anzahlung von 20 % leisten und eine Hypothek in Höhe von 80 % des Immobilienwerts erhalten würden, nach dem PACE-Programm, selbst wenn Sie nichts dafür können, nur noch ein Darlehen in Höhe von 70 % erhalten können. Sie müssen also für jedes Haus, das Sie in der gesamten Grafschaft kaufen möchten, eine zusätzliche Anzahlung von 10% leisten. Wenn Sie Ihr Haus lediglich refinanzieren möchten, wird die FHFA (die 85% aller Immobilienkredite hält) von Ihnen verlangen, dass Sie die PACE-Bewertung zurückzahlen, bevor sie Ihnen eine Refinanzierung gewährt. Ist das für Sie immer noch in Ordnung? Ich habe es nicht so gemeint. Wie würde sich das auf den Wert von Immobilien auswirken? Sie würden um mindestens 10% sinken, oder?

Es gibt noch viele andere Dinge, die mit diesem Plan nicht in Ordnung sind, wie z. B. die Tatsache, dass Sie alte Solarpaneele für mehr kaufen würden, als sie wert sind, wenn Sie ein Haus mit zehn Jahre alten Paneelen kaufen und noch zehn Jahre auf die "Bewertung" zu zahlen haben, die Erneuerung des Daches (was passiert, wenn Sie ein fünfzehn Jahre altes Dach und zwanzig Jahre alte Paneele haben? Die Federal Housing Finance Agency (Fannie Mae und Freddie Mac) wurde vom Sonoma County verklagt und der Rechtsstreit ist noch nicht abgeschlossen, aber das County vergibt weiterhin Kredite, ich meine Bewertungen. ICLEI hat eine energische Kampagne gestartet (geben Sie ICLEI und PACE in Ihre Suchmaschine ein), um den FHFA-Chef zum Rücktritt zu bewegen und PACE voranzutreiben. Es handelt sich um ein Pilotprogramm, das sie im ganzen Land einführen wollen.

Sie haben sich gefragt, woher das ursprüngliche Geld für die "Kredite", ich meine die Beurteilungen, kam. Das ist ganz einfach. Sie werden durch die Ausgabe von Anleihen privater Kreditgeber erleichtert. Was ist das? Wenn Sie etwas Geld zum Investieren haben, können Sie eine hervorragende Rendite erzielen, indem Sie jemand anderem das Geld leihen, das er braucht, um Solarpaneele auf seinem Dach zu installieren. Da die Schulden durch die Grundsteuer abgesichert sind, handelt es sich um eine sichere Investition. Hier ist, was Environmental Finance dot com am 1. April 2010 berichtet:

> *Die erste PACE-Anleihe wurde im Januar 2009 von Berkeley, Kalifornien, ausgegeben, aber 20 Staaten haben Gesetze erlassen, die es ihren Städten und Gemeinden ermöglichen, PACE-Programme durchzuführen, die für die Hausbesitzer freiwillig sind.*
>
> *"Das ändert die Lage grundlegend", sagte Alan Strachan, Mitbegründer und geschäftsführender Gesellschafter von Green Energy Loan, einem Unternehmen, das PACE-Anleihen vermittelt, den Teilnehmern des Wall Street Green Trading Summit im März 2010.*
>
> *"Die Städte sind nicht strukturiert, um als Kreditgeber aufzutreten, sie haben weder das Personal noch das Geld dafür", sagte Strachan. "Wir können nicht darauf warten, dass sich jede lokale Gerichtsbarkeit selbst organisiert. Die Wall Street könnte bei der Lösung dieses Problems helfen, indem sie "stark und aggressiv mit Mitteln eingreift, die im Verhältnis zum sehr geringen Risiko stehen", sagte Strachan. "Ich denke, wir können PACE auf Steroide setzen und ich denke, wir sollten es tun".*

*Der potenzielle Markt für PACE-Anleihen - manchmal auch als freiwillige Umweltinvestitionsanleihen bezeichnet - könnte über **500 Milliarden US-Dollar betragen**, doch einige Befürworter halten diese Schätzung für konservativ und gehen von einem Volumen von bis zu 5,5 Billionen US-Dollar aus.*

Wie ich bereits erwähnt habe, steckt viel Geld in der Ökologie. Neben den großen Geldgebern finden Sie auch Elektroinstallateure (Solarinstallateure) und andere Gewerkschaften, die Politiker finanzieren, die versuchen, diese Programme zur Pflicht zu machen. Lisa Maldonado, geschäftsführende Direktorin des North Bay Labor Council AFL-CIO, erklärt auf ihrer Twitter-Seite, sie *sei "nur eine gewöhnliche Gewerkschaftsbossin, die für die Revolution arbeitet, sich für den Klassenkampf interessiert und auf den großen Sprung nach vorn wartet"*. Jep, so etwas kann man sich nicht ausdenken. Meinte sie damit den großen Sprung nach vorn des Vorsitzenden Mao? Was zum Teufel ist mit den Gewerkschaften los? Ich war fast dreißig Jahre lang stolz darauf, Mitglied einer Gewerkschaft zu sein, aber ich hatte keine Ahnung, was sie mit meinen Beiträgen machten. Wie sieht es bei Ihnen aus? Zahlen Sie Mitgliedsbeiträge, die Kandidaten unterstützen? Wer entscheidet, wer Ihr Geld erhält? Raten Sie mal? Im Jahr 2001 nahm der AFL-CIO auf seinem nationalen Kongress in Chicago offiziell eine Resolution an, in der er die Zersiedelung anprangerte und alle Gewerkschaften aufforderte, intelligentes Wachstum zu unterstützen. Warum? Weil ihrer Meinung nach ländliche und vorstädtische Gebiete die Gewerkschaftsarbeit nicht in dem Maße unterstützen wie städtische Gebiete.

Eine andere Sache. Alan Strachan ist in dieser Gegend bekannt, weil er im Südwesten von Santa Rosa eine große Anzahl von gemischt genutzten Gebäuden des Typs Smart Growth (auch New Urbanism genannt) abseits der üblichen Pfade gebaut hat. Das hat nicht besonders gut funktioniert.

Tatsächlich ging Herr Strachan in Konkurs, wurde von den Investoren seines Projekts verklagt und erhielt ein Urteil über 6,5 Millionen US-Dollar. In einer weiteren Klage wurde er auch von Personen verklagt, die eigentlich Eigentümer eines Teils des Grundstücks waren, auf dem er das Projekt errichtet hatte. Die Bonfiglis, die 78 und 82 Jahre alt sind, machten in ihrer Klage, die sie in der Berufung gewannen, Betrug und Misshandlung älterer Menschen geltend.

Strachans Partner bei Green Energy Loan, Dennis Hunter, der nicht nur in der Ölexploration, im Mülltransport, im Bankwesen und in der Immobilienentwicklung tätig ist und einen Gulf Stream Jet mit 15 Passagieren besitzt, hatte auch eine Vereinbarung getroffen, als Makler an der Sonoma County Climate Exchange (SCX) zu fungieren, wo er gegen eine Gebühr Emissionsgutschriften kaufen und verkaufen würde. Ähnlich wie bei einer Börse würden die Händler die SCX nutzen, um den Preis für die Transaktion festzulegen. Cap and trade. SCX hat eine Absichtserklärung mit der Klimaschutzkampagne (angegliedert an ICLEI, die Energiesparpläne für Städte entwirft und Schulprogramme organisiert, um Schüler im Bereich Klimawandel zu schulen) geschlossen, um das Programm zu koordinieren und als "Drittprüfer" zu fungieren. Dies ist ein Prototyp für weitere Klimaaustausche im Land. Eine weitere lustige Tatsache ist, dass der Steuereintreiber/Rechnungsprüfer von Sonoma County, Rod Dole, dieses Programm stark gefördert hat und nun kurz davor steht, mit der höchsten Pension der Bezirksregierung in den Ruhestand zu gehen ... und mit Strachan und Hunter zusammenzuarbeiten.

Das neue Unternehmen heißt *Ygrene* und wird PACE-Kredite zur Renovierung von Geschäftsgebäuden mithilfe dieses Programms in Sacramento (Hauptstadt von Kalifornien) organisieren. Renovierung von Bürogebäuden, die an die Regierung vermietet sind. Wer hat die Teer- und Federkonzession in Sacramento?

Dennis Hunter ist übrigens derselbe Typ Mensch, der der Sonoma County Climate Protection Campaign, der Sonoma County Cycling Coalition, Solar Sonoma County und dem Post Carbon Institute Büroräume zur Verfügung gestellt hat. Das Logo von Dennis Hunters Global Legacy Center ist eine Weltkugel, die in der Handfläche eines Mannes (weiß) liegt.

Eine interessante Sache an dem Gebäude (31 D Street, Santa Rosa, CA) ist, dass es Hunters Partner im Mülltransportunternehmen gehörte. Es handelt sich um ein ehemaliges Bankgebäude, das in den 1970er Jahren gebaut wurde und das das ist, was die Gutachter als "funktional veraltet" bezeichnen. Es ist ein großer toter Raum mit einem Zwischengeschoss und Kaninchenhaltern mit niedrigen Decken im Obergeschoss, ohne Aufzug, leerstehend und nur schwer für eine Büronutzung geeignet. Es befindet sich gegenüber dem Rathaus und die Stadt kaufte es 2009 (für "Büros") für eine Million Dollar mehr als den hohen Schätzwert. Zu Spitzenzeiten war es für 3,5 Millionen US-Dollar verkauft worden, und die Stadt zahlte eine Million mehr. Eine Zeit lang, bevor es von der Stadt gekauft wurde, hatte Hunter es für sein Zentrum genutzt. Nun steht es leer und er hat sein Global Legacy an einen anderen Standort verlegt.

Hier ein Foto der Mieterliste, die immer noch an der Tür hängt:

Neben dem Sonoma County Climate Exchange, den Green Energy Loans, der Bicycle Coalition, der Climate Protection Campaign und ihrem Buchhalter gehört zu dieser Gruppe von Freunden auch das Post Carbon Institute. Diese Gruppe mit Sitz in Santa Rosa druckt Publikationen und stellt Referenten für die grüne Maske. Sie sagen, dass sie *"den Übergang zu einer widerstandsfähigeren, gerechteren und nachhaltigeren Welt anführen"*. Das Post Carbon Institute (was könnte das bedeuten?) wurde für einen kürzlich erschienenen Artikel in der North Bay Bohemian interviewt, in dem Kay, ich und diejenigen, die die Agenda 21 anprangern, verunglimpft wurden.

Der Journalist zitierte auch die Supervisorin Valerie Brown (Mitglied des nationalen Vorstands von ICLEI-USA), die erklärte, dass sie keine Verbindung zwischen der Agenda 21 und Eigentumsrechten kenne. Abgesehen davon, dass diese Aussage absurd ist, ist sie bemerkenswert, weil sie die Existenz der Agenda 21 anerkennt. Bis vor kurzem behaupteten Regierungsbeamte, die Agenda 21 der Vereinten Nationen sei eine Fantasie oder eine Verschwörungstheorie.

Jetzt ist es geoutet.

Unter dem Titel "Hidden Agenda" veröffentlichte der Artikel Lügen über uns und erfand den Begriff "Agenda21'ers" mit dem Ziel, die Probleme zu marginalisieren.

Wenige Fakten, viele persönliche Angriffe. Sie können den Artikel, meine Antwort und mein Video vom Telefoninterview mit dem Reporter des Bohemian auf der Website unserer Demokraten unter Video/Smear Article oder auf YouTube sehen. Der Bohemian hat zwar meinen Brief an den Chefredakteur veröffentlicht, aber den Link zu YouTube und unserer Website weggelassen. Es ist sehr effektiv, sich selbst zu filmen, wenn man von einer feindseligen Presse interviewt wird, um eine originalgetreue Kopie des Interviews zu erhalten. Diese Artikel sterben dank des Internets nie, und so werden Sie im Laufe der Jahre immer wieder von Personen angegriffen, die diese Artikel als "Beweis und Unterstützung" für ihre Verleumdungen verwenden. Antworten Sie mit Ihrer eigenen Dokumentation.

Wir haben bereits gesehen, wie Radfahrerkoalitionen mit intelligentem Wachstum und Neuentwicklung zusammenhängen. Sie erinnern sich, dass ich erwähnt habe, dass ich Michael Allen bei der Fair Political Practices Commission angezeigt habe, als er Kandidat für die State Assembly war. Er wurde daraufhin (mit Unterstützung der Gewerkschaft) gewählt. Nach seiner Wahl wurde er der Vorwürfe für schuldig befunden und mit einer Geldstrafe belegt. Der Grund, warum ich ihn anzeigte, war, dass er einen schweren Interessenkonflikt hatte, während er in der Stadtplanungskommission der Stadt saß. Was war der Konflikt? Er hatte einen bezahlten Vertrag mit der Sonoma County Water Agency, um sich für eine Änderung des Generalplans von Santa Rosa für ein Grundstück, das ihnen gehörte, einzusetzen. Diese Änderung des Generalplans wurde der Stadtplanungskommission der Stadt vorgelegt, während er ihr angehörte, und er stimmte für sie. Er erwähnte nie, dass er dafür bezahlt wurde, Druck auf die Stadt auszuüben. Seine

Verträge belaufen sich auf insgesamt rund 95.000 $ und aus seinen Rechnungen geht hervor, dass er sich als Vertreter des Landkreises mit Beamten der Stadt getroffen hat. Er war nicht nur Mitglied der Stadtplanungskommission der Stadt, sondern auch der Grundstücksmanager von Senatorin Patricia Wiggins. Ich habe sie bereits weiter oben erwähnt: Sie ist die Gründerin des State Legislative Smart Growth Caucus. Michael Allen war auch Vorsitzender des North Bay Labor Council, der hauptsächlich die Gewerkschaften der Elektriker (Solarinstallateure) vertritt. Ein weiterer seiner Jobs war der Gründer von Solar Sonoma County. Sie werden Solar Sonoma als einen der Mieter des Global Legacy Center erkennen. Dabei handelt es sich um eine öffentlich-private Partnerschaft mit gemeinnützigen Mitgliedern, Unternehmen, Gewerkschaften und Regierungen. Hier ist, was sie auf ihrer Website über sich selbst sagen:

> *Solar Sonoma County (SSC) ist eine Organisation, die politische Fragen im Zusammenhang mit Solarenergie und Energieeffizienz unterstützt, Gemeindemitglieder in diesen Bereichen ausbildet und schult, sich für eine wachsende Industrie einsetzt und als Informationszentrum für saubere Energie im Sonoma County fungiert.*
>
> *Das SSC ist Teil einer beispiellosen landkreisweiten Umwelt- und Solaranstrengung, die die Aufmerksamkeit von Präsident Obama und dem Energieministerium auf sich gezogen hat, die Sonoma County oft als nationales Vorbild für fortschrittliche Programme betrachten.*

Sie empfehlen insbesondere Installateure von Sonnenkollektoren und solaren Warmwasserbereitern.

OK, bleiben Sie bei mir, ich mache mit Ihnen einen Spaziergang. Michael Allen arbeitete für die Senatorin Patricia Wiggins, als sich ihr geistiger Zustand rapide verschlechterte. Es wurde vermutet, dass sie an der Alzheimer-Krankheit litt. Ich forderte nach einer Reihe von öffentlichen Vorfällen (siehe unsere Website Santa Rosa Neighborhood Coalition/More/Senator Pat Wiggins), dass sie sich einem Eignungstest unterzieht oder zurücktritt, und wurde in den Printmedien, im Radio und im Fernsehen zu meinen persönlichen Beobachtungen über ihr Verhalten interviewt. Die Demokratische Partei wollte sie nicht absetzen, da es noch mehr als ein Jahr bis zu den Wahlen war und sie nicht wollten, dass ihre Pläne gestört werden. Der *Pro-Tem-Senator* Darrell Steinberg (Autor von SB 375, dem Gesetzentwurf gegen Zersiedelung) weigerte sich, sie zu ersetzen, und ließ sie ihr Mandat von zu Hause aus absitzen. Sie holten ihn nur zu Abstimmungen herbei, wenn sie ihn brauchten, und mussten ihm zeigen, welchen Knopf er drücken musste, um abzustimmen. Meine Aussagen gegenüber der Presse lauteten: "Wer verfasst die Gesetzgebung, die sie gesponsert hat? Wer handelt als unser Senator?

Erinnern Sie sich, dass ich gesagt habe, dass Michael Allen, sein Feldmanager, bei der Sonoma County Water Agency unter Vertrag war, als ich ihn wegen eines Interessenkonflikts entlarvt habe? Ich bin ein prominenter Domänenbewerter und war wirklich verwirrt darüber, warum die Wasserbehörde ihn angeblich unter Vertrag genommen hatte. Sie sagten, sie wollten eine allgemeine Planänderung für ihren Firmensitz. Meine Erfahrung hat mich gelehrt, dass es nicht notwendig war, sich für eine Änderung der institutionellen Nutzung in eine Wohnnutzung einzusetzen, wenn der Landkreis sein Gebäude freigab. Dies hätte ziemlich routinemäßig geschehen müssen. Also grub ich weiter. Warum sollte die Wasserbehörde Michael Allen Geld geben?

Nun, ein von Senatorin Patricia Wiggins gesponserter Gesetzentwurf ging durch den Senat, SB 730, der die Installation von 200.000 solaren Warmwasserbereitern in Sonoma County bis 2017 verlangt hätte (Durchschnittskosten 8.000 $). Es würde mit Rabatten aus den erhöhten Rechnungen der Steuerzahler bezahlt werden. Eine Art von Steuer. Das allein war schon eine verblüffende Idee, aber raten Sie mal, wer das Programm verwalten würde?

Sonoma County Water Agency (Wasserbehörde von Sonoma County). Wer würde sonst noch davon profitieren?

Erinnern Sie sich noch daran, dass ich erwähnt habe, dass Michael Allen auch die Elektrikergewerkschaften vertritt? Wenige Tage, bevor ich meine offizielle Beschwerde gegen Michael Allen einreichte, wurde die Senatsvorlage 730 zurückgezogen. Sind sie in Panik geraten? Ich hatte nicht nur Michael Allen angezeigt. Ich hatte auch den Generaldirektor und den Chefingenieur der Wasserbehörde von Sonoma County angezeigt.

Die Kommission für faire politische Praktiken hat den Fall nicht gegen die Wasserbehörde weiterverfolgt, aber sie hat mir nie gesagt, warum. Erscheint es nicht seltsam, dass es akzeptabel sein soll, für die Beeinflussung einer Person zu bezahlen, aber nicht, das Geld anzunehmen? Sollte nicht beides strafbar sein?

Raten Sie mal, was kurz nachdem ich Michael Allen angezeigt hatte, passierte? Der Santa Rosa Press Democrat hat es in die Zeitung gebracht. Aber was haben sie sonst noch getan? Sie veröffentlichten einen bösartigen Artikel über mich, mit meinem Foto, bezeichneten mich und meine Gruppe als Schatten und druckten Beleidigungen über uns von Mitgliedern der Nachbarschaftsallianz ab. Warum waren wir "im Schatten"? Weil keiner der anderen Mitglieder der Gruppe wollte, dass sein Name öffentlich verwendet wird. Können Sie ihnen das verübeln? Eine weitere Sache, die in dieser nordkalifornischen Hochburg der Vielfalt und Akzeptanz immer wieder auftaucht, ist, dass in diesen Angriffsartikeln immer meine Partnerin Kay erwähnt wird. Warum ist das so? Sie wollen Sie wissen lassen, dass ich schwul bin, für den Fall, dass dies einen negativen Einfluss auf Sie hat. Ich habe Kay gegenüber keinem der beiden Hauptjournalisten der Offensivartikel jemals erwähnt, aber sie haben sie trotzdem in die Artikel aufgenommen. Was sie über sie sagen, ist eine Lüge in Bezug auf ihre Erfahrungen als Nachbarschaftsvorsitzende. Diese Artikel werden, wie ich bereits sagte, immer und immer wieder benutzt werden, um zukünftige Diffamierungen zu "rechtfertigen".

Welchen Sinn hat es, Gesetze über obligatorische energetische Renovierungen zu erlassen? In Seattle hat die Stadt festgestellt, dass das Versprechen von Tausenden neuer "grüner" Arbeitsplätze für Arbeiter, die für die Temperierung und Renovierung zuständig sind, keine Ergebnisse gebracht hat. Wie viele Arbeitsplätze wurden im ersten Jahr des Programms geschaffen? Vierzehn, die meisten davon in der Verwaltung. Die Stadt schätzte, dass sie, um die 20 Millionen US-Dollar an Bundeszuschüssen für die Witterungseinflüsse vor ihrem Auslaufen im Jahr 2013 voll auszuschöpfen, 200 Häuser pro Monat renovieren müsste (etwa 10 Häuser pro Arbeitstag). Nur so könnte die Stadt die 2.000 Arbeitsplätze schaffen, die sie in Aussicht gestellt hatte. Wie viele Häuser wurden im ersten Jahr renoviert?

3. Es wäre sicherlich einfacher, wenn Upgrades ERFORDERLICH wären, nicht wahr?

Wird das alles klarer?

Nachdem siebentausend Faltblätter die Bürger aufgewühlt hatten, ließ die Stadt den Plan fallen, traf aber nie eine offizielle Entscheidung. Der Stadtrat sagte, wir hätten "Angst vor Veränderungen". Das ist eine gängige Beleidigung: Wir haben Angst und deshalb wehren wir uns dagegen, dass unsere Rechte mit Füßen getreten werden.

Sie spielen die Karte der Scham und der Verlegenheit aus. Die Rhetorik hört nie auf. Der Aufschrei war jedoch groß genug, um das Programm zur obligatorischen Ökologisierung vorerst tot zu machen.

Wenn die Ideologie auf die Realität trifft

Leider ist der Fahrradboulevard in der Humboldtstraße sehr lebendig. Sind Sie müde? Natürlich haben wir das. Wir hatten das Gefühl, dass wir immer gegen etwas kämpfen mussten, und das erschöpfte uns. Ich werde Ihnen im Abschnitt Was kann ich tun? am Ende des Buches einige Tipps geben, wie Sie das vermeiden können.

Sie werden sehen, wie überall in den USA im Rahmen der "Complete Streets"-Pläne fahrradfreundliche Boulevards, Verkehrsberuhigungsmaßnahmen und Straßenregime entstehen. Nachdem ich miterlebt hatte, wie Stoppschilder entfernt und temporäre Kreise in der Mitte von Kreuzungen installiert wurden, beschloss ich, mit dem Radfahren aufzuhören. Es war einfach zu gefährlich. Dieser Plan, die Straßen zu vervollständigen und sie angeblich für Radfahrer sicher zu machen, war viel gefährlicher, als sie einfach so zu lassen, wie sie waren. Neben der Einrichtung verwirrender Kreisverkehre sah der Plan vor, Zebrastreifen zu entfernen und die Straßen an den Ecken zu verengen, indem vom Bürgersteig aus Barrieren errichtet wurden. Radfahrer, die ohnehin selten an Stoppschildern anhielten, konnten nun problemlos die Kreuzungen überqueren. Fußgänger konnten an den Ecken nicht sicher über die Straße gehen, da die Kreise in der Mitte der Kreuzungen die Autos in die Zebrastreifen drängten. Die Stadt sandte die Zebrastreifen ab. Nun sollen die Fußgänger in der Mitte des Blocks über die Straße gehen. Was für eine Verschwendung. Die Mittellinie wurde von der Straße entfernt. Die Idee war, dass sich alle die Straße gleichmäßig "teilen" würden. Daraus wurde ein wirklich gruseliger Hindernislauf.

Wir hatten unsere eigene Untersuchung durchgeführt, indem wir mehrere Tage lang die Anzahl der Radfahrer auf der Straße gezählt hatten, und es war klar, dass sie nicht notwendig war. Die Koalition der Radfahrer organisierte große Scharen von Radfahrern, die die Straße hinunterfuhren, da sie so gut wie nie von Fahrrädern benutzt wurde und sich dies in den Statistiken der Stadt widerspiegelte. Die Junior College Neighborhood Association rief die 1.000 Mitglieder der Sonoma County Bicycle Coalition dazu auf, auf unserem Fahrradboulevard zu fahren.

Als es heiß herging, wurden in der Nachbarschaft zwei Schwarze Bretter aufgestellt, die mit Geldern des Community Advisory Board bezahlt worden waren. Diese Anschlagbretter wurden vom JCNA kontrolliert und waren verschlossen. Auf ihnen war Propaganda für den Fahrradboulevard und für den Nachbarschaftsgipfel zu finden. Wir baten darum, dass unser eigenes Plakat darauf erscheinen sollte, aber sie lehnten ab und sagten, dass keine politischen Informationen an den schwarzen Brettern ausgehängt werden dürften. Die bloße Tatsache, dass wir existierten, sei "politisch".

In gewisser Weise war ihre Propaganda nicht politisch, obwohl sie sich mit demselben Thema befasste. Wir hängten unsere Flugblätter auf der Rückseite der Schilder auf, die wir mit unseren Steuern bezahlt hatten, die wir aber nicht benutzen durften. Wir haben einige YouTube-Videos von den Schildern gemacht - gehen Sie auf YouTube und geben Sie in der Suchzeile Humboldt Street Bike Boulevard Fight ein. Ich schlage außerdem vor, dass Sie sich unsere Website ansehen: Santa Rosa Neighborhood Coalition unter Humboldt Street Bike Boulevard.

Nun, daraus wurde ein Krieg. Damit ist nicht zu spaßen. Nachbar gegen Nachbar. Es gab eine enorme Menge an Fanatismus von Seiten der Befürworter der Verkehrsberuhigung und der Radfahrer. Allein der vernünftige Hinweis darauf, dass die Wiedereinführung von Stoppschildern und einer Mittellinie auf der Straße sicherer wäre, reichte aus, um sie zum Schreien zu bringen. Sie wollten als Stadt mit einem Fahrradboulevard bekannt sein, und wenn man die Stoppschilder wieder einführte, zählte das nicht. Sie wollten Umleiter, d. h. Barrieren, die die Straße zu einer Sackgasse für Autos machen würden. Das war wirklich unpopulär. Gary Wysocky, der ehemalige Vorsitzende der Bike Coalition, der damals stellvertretender Bürgermeister war und starken Druck für das ausübte, was einige als seinen "Bully-Vard" bezeichneten, ging persönlich zu einigen Leuten aus unserer Gruppe und sagte ihnen, dass wir nicht vertrauenswürdig seien und dass sie uns meiden sollten.

Anonyme Gruppen von Männern in Spandex, Helmen und Sonnenbrillen schrien die Menschen in den Autos an und rissen unsere Flugblätter von den Telefonmasten. Wir hatten leuchtend gelbe Flugblätter mit der Aufschrift "Restore Humboldt Street" und sie wurden mit Aufklebern "I (heart) Humboldt Bike Boulevard" überklebt. Kay besorgte sich eine große Leiter und ging die Straße kreuz und quer ab, wobei er unsere Flyer etwa 3 m über dem Boden aufhängte.

Jemand hat lustige, aber skandalöse Flugblätter gepostet, in denen es hieß, dass *die Fahrrad-Taliban hier seien*. Wir wurden beschuldigt, sie gepostet zu haben, aber wir hatten nichts damit zu tun. Ich habe ein Video von den Flugblättern an den Telefonmasten gemacht und es ist auf YouTube (Humboldt Bike Blvd. Fight).

Wir trafen spät in der Nacht auf jemand anderen, als wir gerade dabei waren, Flyer zu posten. Auf seinen Flugblättern stand "Ich (Herz auf dem Kopf) Humboldt Bike Boulevard". Es war offensichtlich, dass viele Menschen unzufrieden waren. Eine Gruppe behinderter Nachbarn war verärgert, weil die Bordsteinabsenkungen nun an der falschen Stelle waren - sie konnten an den Ecken nicht überqueren und fühlten sich verletzlich. Das brachte uns auf eine Idee. Wir reichten eine offizielle Beschwerde bei der Bundesautobahnverwaltung ein und wiesen darauf hin, dass die Straße nicht dem Americans with Disabilities Act entsprach. Die Stadt war gerade dazu gezwungen worden, zwei Millionen Dollar für Nachrüstungen an städtischen Gebäuden aufzuwenden, die nicht ADA-konform waren. Vielleicht würde unsere Beschwerde verhindern, dass diese gefährliche Neugestaltung der Straße zum Dauerzustand wird.

Es sollte ein sechsmonatiger Versuch sein, aber er war 18 Monate später immer noch in Kraft, als wir uns nach einem Dutzend Treffen in Delphi, Briefen an die Redaktion, Vorstellungen bei Mitgliedern des Stadtrats und Nachbarschaftsversammlungen zum endgültigen Showdown im Stadtratssaal versammelten. Wir hatten eine Petition zur Wiederherstellung der Straße gesponsert, und sie hatte fast 700 lokale Unterschriften. Wir wollten, dass die Kreise von der Straße verschwinden und die Stoppschilder wieder aufgestellt werden. Sehr viele Beinaheunfälle gaben uns den Rest. Der Mitarbeiter der Stadt war inkompetent und hatte offenbar die Statistiken über die Anzahl der Autos und Fahrräder auf der Straße verfälscht. Die Feuerwehr und die Polizei hatten über die Kreise geschimpft, waren aber einverstanden gewesen. Der Rettungsdienst war nicht konsultiert worden. Die Eltern und die Verwaltung der Grundschule waren dagegen. Bei der Sitzung des Stadtrats, die den ganzen Abend dauerte, bildeten sich lange Schlangen. Ich ging hin und sagte: "Das kommt davon, wenn Ideologie auf die Realität trifft".

Wir glauben, dass unser Bericht über die ADA-Frage in Verbindung mit der Veröffentlichung der Information, dass das fertiggestellte Projekt noch ACHTHUNDERTTAUSEND DOLLAR kosten sollte und bereits fast 200.000 Dollar gekostet hatte, dazu führte, dass das Projekt gestoppt wurde. Während wir kämpften, war Wahlkampfzeit. Die Opposition nutzte das Thema als Wahlkampfthema, überrollte die Mehrheit der Radfahrerkoalition im Rat und gewann. Der neue Rat verpflichtete sich, die Kreise zu entfernen und einige der

Stoppschilder wieder aufzustellen. Keine Umlenker. Die neue Mehrheit im Rat unterstützt jedoch ebenfalls die Neuentwicklung und weigerte sich, die Entscheidung des alten Rates rückgängig zu machen, die Ausstrahlung öffentlicher Kommentare bei Ratssitzungen im Gemeindefernsehen zu unterbinden. Obwohl wir unsere Straße zurückerhalten haben, geschah dies auf Kosten des Friedens in der Nachbarschaft und hat die Mitglieder unserer Koalition nach 18 Monaten des Kampfes tatsächlich erschöpft.

Ein Blick hinter den Spiegel

Der Grund, warum ich Ihnen das alles erzählt habe, ist, dass Gemeinschaften auf diese Weise auseinandergerissen werden. In der Alice-im-Wunderland-Welt der UN-Agenda 21 sind die Dinge genau das Gegenteil von dem, was sie sein sollen. So soll der neue Konsens zwar die Beteiligung der "Betroffenen" einfordern, doch das Gegenteil ist der Fall. In Wirklichkeit ist der *Anschein* von Beteiligung alles, was nötig ist. Sie werden da sein und man wird Sie um Ihre Meinung bitten, aber nur zu den Fragen, die das Delphi beschließt, zu behandeln. Ihre Einwände werden ignoriert und das Ergebnis wird so sein, wie es geplant war, als die Stadt Ihnen mitteilte, dass sie einen Plan hat. Damit das nicht passiert, müssen Sie sich sehr anstrengen, und zwar sorgfältig, sonst werden Sie als "unangenehm" wahrgenommen - wir wissen, wie schlimm das ist. Das eigentliche Ziel ist es, Sie ins Abseits zu drängen und zum Schweigen zu bringen. Am Ende des Buches, im Abschnitt "Was kann ich tun?", erfahren Sie, wie Sie ein Meeting anti-Delphi gestalten können.

Eine der großen Lügen der Agenda 21 der Vereinten Nationen/der nachhaltigen Entwicklung ist, dass sie "starke Gemeinschaften aufbaut". Das tut sie auch, aber nicht auf die Art und Weise, wie man es erwarten würde. Es handelt sich um eine verwaltete Demokratie und einen hergestellten Konsens. Das Konzept der "starken Nachbarschaft" entstand in Seattle, wo die Abteilung für Nachbarschaften von Jim Diers geleitet wurde.

Er kam letzten Sommer in unsere Stadt, um auf dem ersten *Neighborhood Summit* darüber zu sprechen, wie man Nachbarschaftsverbände gründet. Er besucht alle Gemeinden in den USA, um ihnen beizubringen, wie sie mithilfe dieses Modells "starke Nachbarschaften" schaffen können. Der Strategieplan für nachhaltige Städte ist ein Projekt der Agenda 21 der Vereinten Nationen. Wenn Sie sich das Dokument der UN-Agenda 21 ansehen, werden Sie feststellen, dass der "Aufbau von Kapazitäten" für starke Nachbarschaften ein Teil davon ist.

Die Idee ist, dass die Nachbarschaften eine "Stimme" brauchen - das ist das "Problem".

Die "Lösung"? Wie Seattle wird die Stadt ihnen helfen, sich Gehör zu verschaffen, indem sie eine weitere Regierungsstelle einrichtet und private Animateure anstellt, die die Nachbarschaftsvereine leiten. Ja, das stimmt.

Keine unordentlichen Nachbarn, die den Nachbarschaftsverein leiten.

Die Delphi, die von den Steuerzahlern finanziert werden, kümmern sich um Sie. Das ist angeblich so, weil die Stimmen einiger Menschen nicht gehört werden, wenn stärkere Persönlichkeiten die Dinge lenken, auf diese Weise hat der Stadtteil eine direkte Pipeline in die Stadt und umgekehrt. Nun sollten Sie nicht denken, dass die Übernahme unseres Stadtteilvereins etwas Natürliches, Organisches war. Das war nicht der Fall. Es war ein konstruierter Nachbarschaftsverein, der von Spielern des Teams Smart Growth kontrolliert wurde. Ihre Kontrolle ermöglicht es ihnen, Gewinner und Verlierer auszuwählen, indem sie nichtstaatliche Mittel einsetzen. Auf diese Weise können sie die Stadt verändern, ohne zur

Rechenschaft gezogen zu werden, und den Wandel anführen, ohne anzuerkennen, dass er stattfindet.

Jim Diers arbeitet nun mit dem Asset Based Community Development Institute der Northwestern University in Chicago zusammen.

Sie haben eine recht umfangreiche Fakultät. Raten Sie mal, wer dazu gehört? Michelle Obama. Ja, sie und Barack wurden in vermögensgestützter Gemeindeentwicklung ausgebildet.

Hier ist, was ich auf der Website der Santa Rosa Neighborhood Coalition über die vermögensbasierte Gemeindeentwicklung zu sagen hatte:

> *"Im vergangenen Sommer fand hier in Santa Rosa ein Nachbarschaftsgipfel statt. Er wurde von Tanya Narath geleitet, der Leiterin einer privaten Nichtregierungsorganisation (NGO) namens Leadership Institute of Ecology and the Economy (LIEE), die eine Partnerschaft mit der Stadt eingegangen ist (ihr erklärtes Ziel ist es, "Führungskräfte zur Gestaltung der öffentlichen Politik zu erziehen"). Das LIEE ist die Quellgruppe der "grünen" Mitglieder des Stadtrats, ein politischer Inkubator und vertritt die Tugenden des intelligenten Wachstums, der formbasierten Zoneneinteilung, der Vision, der Neuentwicklung, der verkehrsorientierten Entwicklung, der hochverdichteten Entwicklung, der UN-Agenda 21 und vieles mehr. Tanya Narath ist außerdem Vorsitzende des Community Advisory Board der Stadt. Der Community Advisory Council ist in der Lage zu entscheiden, wer welches Geld bekommt, wenn die Stadtteile bei der Stadt "Zuschüsse" beantragen. Das stinkt ein bisschen.*
>
> *Auf dem Santa Rosa Neighborhood Summit im vergangenen Sommer engagierte Tanya Narath Jim Diers von der Asset Based Community Development, um zu kommen und ein Seminar (im Rathaussaal) über die Gründung von Nachbarschaftsverbänden zu halten."*

Was ist ein von der Stadt oder einer NGO gesponserter Nachbarschaftsgipfel, werden Sie sich fragen? Es handelt sich um eine handverlesene Gruppe von "Stadtteilführern", die in aktivitätsbasierter Gemeindeentwicklung und der Delphi-Technik geschult wurden. Was sind ihre Ziele? Nachbarschaftsverbände zu gründen, die von Moderatoren verwaltet und manipuliert werden, die die "Konsensbildung" erlernt haben und sie nutzen, um die Pläne der Stadt voranzutreiben. Sie nennen das "Santa Rosa stärken" und "die Rechte des Einzelnen mit den Bedürfnissen der Gemeinschaft ins Gleichgewicht bringen". Das ist Kommunitarismus. Sie werden manipuliert, indem man Sie glauben macht, dass Ihre Ideen das formen, was die Stadt gerade schafft, aber in Wirklichkeit sind Sie nur Statisten. Was wollen sie erreichen? Abgesehen davon, dass sie Sie aus dem Auto holen und versuchen, Ihnen überteuerte Solarpaneele aufs Dach zu setzen, fördern sie die vermögensbasierte Gemeinschaftsentwicklung (ABCD).

OK, was ist das? Und warum sollten Sie sich damit beschäftigen? Ihre Fähigkeiten, Hoffnungen, Träume, Pläne, Talente, Ihre finanzielle Tragfähigkeit und Ihre körperliche Verfassung werden in einem elfseitigen Fragebogen festgehalten, den sie "Fähigkeitsinventar" nennen. Sie machen eine Bestandsaufnahme von IHNEN.

Der Prozess der Kartierung der Stärken der Gemeinde ist für ABCD lebenswichtig. Was ist das? Mapping: Sie auf einer physischen Karte mit dem Link zu Ihrem Fragebogen platzieren. Trumpf: SIE sind der Trumpf. Die "Kartografierung der Stärken der Gemeinschaft" ist ein Mittel, um eine Gruppe von Menschen zu kontrollieren und zu verwalten und sie zu bitten, ihre Fähigkeiten in einer vorher festgelegten Weise zum "Nutzen" der Gemeinschaft einzusetzen. Wer entscheidet, was der Gemeinschaft nützt? Die handverlesenen "Anführer". Bestimmen diese Gruppen beim Erstellen der Landkarte einer Gemeinde, wer der Gemeinschaft etwas zu bieten hat und wer nicht? Ist Ihnen aufgefallen, dass von Schülern erwartet und manchmal sogar verlangt wird, dass sie "Gemeinschaftsdienst" leisten? Kleinkriminelle und Gesetzesbrecher werden oft zu "gemeinnütziger Arbeit" verpflichtet. Handelt es sich dabei um Freiwilligenarbeit?

Was geschieht mit denjenigen, die keinen Beitrag zum Kollektiv leisten? Wie können sie dazu gebracht werden, einen Beitrag zu leisten?

Wer bekommt Ihre Dienste umsonst? Die begünstigten gemeinnützigen Organisationen, die teamorientiert und agenda-orientiert sind. Das sind die Gruppen, die intelligentes Wachstum, neue Stadtplanung, die Steuerung durch nicht gewählte Ausschüsse und falsche Nachbarschaftsverbände fördern.

Ist Ihnen aufgefallen, dass die Wörter Vibrant und Walkable zu allen Aktivitäten in der Stadt hinzugekommen sind? Dies ist auf die SMART GROWTH-Bewegung zurückzuführen. Das Leadership Institute for Ecology and the Economy (man beachte, dass dies zwei der drei ineinandergreifenden Kreise der UN-Agenda 21 sind), eine private, gemeinnützige lokale Gruppe, die diese Bewegung unterstützt, verwendet Techniken, um so viel wie möglich über Sie zu erfahren, damit Sie sich freiwillig engagieren. Sie nennen das "VOLONTARIAT OBLIGATORISCH". Wenn Sie das jetzt noch lustig finden, werden Sie es nicht mehr finden, wenn sie damit fertig sind.

Ein weiterer Punkt ist die Art und Weise, wie Portland und Seattle immer als Vorbild für Santa Rosa dargestellt werden. Dabei spielt es keine Rolle, dass jede dieser Städte mehr als 600.000 Einwohner hat und Santa Rosa etwa 170.000.

Wir sollen sie als Vorbild nutzen. Auf welche Art und Weise? Fahrräder und Energie und jetzt auch noch VOLONTARIAT.

All das mag für das Thema irrelevant erscheinen und vielleicht sogar ein großes "na und" sein. Aber wenn Sie das alles in den Kontext der Agenda 21 der Vereinten Nationen und der nachhaltigen Entwicklung stellen, werden Sie feststellen, dass das Endziel darin besteht, alles über Sie zu wissen und diese Informationen zu nutzen, um Sie zu manipulieren und zu verwalten. Durch den Einsatz von Kartierungstechniken des globalen Informationssystems (GIS) werden Freiwillige (religiöse Gruppen, Nachbarschaftsverbände, Fahrradkoalitionen) dazu benutzt, Sie zu kartieren, Ihre Fähigkeiten der "Gemeinschaft" zur Verfügung zu stellen und den durch sozialen Druck begünstigten Organisationen die VOLONTARIATSPFLICHT aufzuzwingen. "

Ziemlich interessant, nicht wahr? Sie können sich den Fragebogen auf der Website der Demokraten gegen die UN-Agenda 21 ansehen. Lesen Sie den Blogartikel vom 17. Dezember 2010 (The Way We See It) mit dem Titel "Wie Sie wissen, ob Sie ein guter Deutscher sind". Ich habe ihn so genannt, weil im Nazi-Deutschland der Durchschnittsbürger entweder den Nationalsozialismus liebte oder "mitzog".

Es gab sogar einen örtlichen "Stadtteilvorsteher", der in der Nazi-Hierarchie ganz unten stand und dafür sorgen sollte, dass Sie genau das taten. Er war für etwa 50 Häuser in seiner Nachbarschaft verantwortlich und hatte die Aufgabe, Propaganda zu verbreiten und die Unterstützung der Nazis zu gewinnen. Er war auch ein Spion und jeder, der sich gegen den Staat äußerte, wurde an die Gestapo gemeldet. Dadurch konnten die Nazis die Kontrolle über jeden behalten - jeder hatte eine "Akte". Heute ist ein guter Deutscher in der Umgangssprache ein Typ, der "vorangeht, um sich durchzuschlagen". Die Nationalität spielt keine Rolle. Jeder kann ein "guter Deutscher" sein.

Der Nachbarschaftsrat warf Kay vor, als er dafür kämpfte, dass sie den Vorsitz abgab, dass sie gegen die Stadt sei, da sie sie verklagte. Es war neu für uns, dass wir uns alle mit der Stadt einigen sollten, um uns zu einigen, aber das ist der neue Konsens. Aus ihrer Sicht ist jeder, der sich gegen die UN-Agenda 21 stellt, eine unangenehme Person. Wenn Sie sich nicht an das vorab genehmigte und vorgegebene Ergebnis halten wollen, sind Sie ein Unruhestifter, der Ihre Nachbarschaft nicht vertreten sollte. Es scheint, dass das eigentliche Ziel darin besteht, die Nachbarschaften physisch und emotional aufzulösen und wieder aufzubauen. Um Loyalitäten zu brechen, Andersdenkende zu identifizieren und das Gesetz der großen Zahl zu fördern. Social Engineering ist mächtig und hat eine enorme Wirkung. Wie die "alten Miesepeter", die sich gegen den Fahrradboulevard stellten, müssen viele, die sich gegen diese Methoden wehren, der Etikettierung, Ablehnung und schlichten Aggression trotzen, um sich Gehör zu verschaffen.

Das Ende der Linie

Das Berufungsgericht in San Francisco gab uns Mitte 2009 eine Chance, und es war klar, dass wir verloren hatten. Obwohl unser Anwalt den Fall vertrat und wir die Fakten auf unserer Seite hatten, reichte das nicht aus. Als eine der Richterinnen eine Frage zu den Bewertungswerten stellte, konnte ich feststellen, dass sie die Probleme mit dem Verfall nicht verstand oder absichtlich zugunsten der Stadt voreingenommen war. Unser Fall war ungewöhnlich und erforderte Fachwissen, aber ich war der Meinung, dass wir den Richtern dieses Wissen vermittelt hatten. Damit war die Sache erledigt. Wir hatten den Fall vielleicht verloren, aber die Stadt war drei Jahre lang daran gehindert worden, ihre Pläne umzusetzen. In diesen drei Jahren, von 2006 bis 2009, erlebten der Wert von Immobilien und die wirtschaftliche Aktivität den stärksten Einbruch seit der Großen Depression von 1929-1939. Aufgrund unserer Klage war das Potenzial für gewinnorientierten Wohnraum und gemischt genutzte Projekte, die durch die Sanierung finanziert wurden, für lange Zeit verschwunden. Wir mussten mit ansehen, wie viele der großen Geldgeber der Stadt bankrott gingen. Hätten sie 2006 Neuentwicklungsprojekte gestartet, wären diese wahrscheinlich an Geldmangel gescheitert. Die Stadt hatte die jüngste Abstimmung (in den Landkreisen Sonoma und Marin) für eine Erhöhung der Verkaufssteuer für einen Hochgeschwindigkeitszug genutzt, um die Überarbeitung des Generalplans für eine hochdichte Wohnentwicklung im Umkreis von ½ Meile von nicht vorhandenen Bahnhöfen zu rechtfertigen. Heute, im Jahr 2011, sieht es so aus, als würde die Erhöhung der Verkaufssteuer um ein Viertelcent nicht ausreichen, um die Kosten der Züge zu decken (sie deckt die Gehälter und Renten des Personals ab), und es wird viele Jahre dauern, bis der Zug vollständig geführt wird.

Wir haben also verloren, aber die Wirtschaft hat sie davon abgehalten, sich mit unseren Grundsteuern zu vergnügen. Sie haben noch sieben Jahre lang die Befugnis zur Zwangsräumung, und die Gateways Redevelopment Project Zone wird nicht vor 2036 auslaufen, falls sie überhaupt ausläuft. Kein einziges Neuentwicklungsprojektgebiet im Bundesstaat Kalifornien ist jemals abgelaufen - sie werden immer verlängert. Es bedarf nur einer Abstimmung im Rat, in der es heißt: "Es gibt noch Probleme". Die vermeintliche Verschlechterung geht immer und immer weiter. Und breitet sich aus: Im Jahr 2010 versuchte die mächtige kalifornische Redevelopment-Lobby, den Begriff "unhygienisch" neu zu definieren, um auch Stadtviertel mit den höchsten Raten an Diabetes, Fettleibigkeit und Lungenerkrankungen einzubeziehen. Er unterstützte einen entsprechenden Gesetzentwurf in der Versammlung. Dies ist Teil des Elements der sozialen Gerechtigkeit in der Agenda 21 der Vereinten Nationen. Gegen den Gesetzentwurf 2531 der Versammlung legte Gouverneur Arnold Schwarzenegger ein Veto ein, aber das ist nur ein Beispiel dafür, wie viel Druck ausgeübt wird, um diese Milchkuh zu erhalten.

Denken Sie daran, dass das Geld, das an die Redevelopment Agency und die Anleihenmakler umgeleitet wird, aus den allgemeinen Fonds Ihrer Stadt und den Abteilungen Ihres Bezirks abgezogen wird. Gehen Sie nicht in die Falle der Redevelopment-Lobby. Es ist gut, dass der kalifornische Gouverneur Jerry Brown das Redevelopment gestoppt hat, aber da die Städte dies weiterhin tun können, indem sie sich dafür entscheiden, einen Teil der durch das Redevelopment abgezweigten Steuergelder an den Staat abzuführen, geht das Spiel weiter. Stoppen Sie das Redevelopment und die Infrastrukturfinanzierungsbezirke und Sie zerstören ein wichtiges Instrument der Agenda 21 der Vereinten Nationen.

Während wir die Newsletter vorbereiteten, um unsere Mitarbeiter und andere Bürger darüber zu informieren, dass wir den Prozess verloren hatten, erkannte ich, dass es richtig gewesen war, zu kämpfen. Die Unehrlichkeit und Täuschung, die dem Management und der Erstellung von Sanierungsprojekten innewohnten, waren systemisch.

Im Zusammenhang mit der Agenda 21 der Vereinten Nationen - Nachhaltige Entwicklung wurden meine Augen für die breite Allianz aus Umweltgruppen, Politikern, Bürokraten, Planern, Architekten, Anwälten, Anleihenhändlern, Bankern, billigen Speichelleckern, Bauträgern, Gewerkschaften und macht- und geldgierigen Unternehmensgruppen geöffnet, die wahrlich die nützlichen Idioten dieses Plans waren. Ich konnte sehen, wie leicht es war, unser Land zu zerstören, indem man die Verlockung von Geld und Macht hinter dem Anschein des Guten nutzte. Mit dem Bau der Infrastruktur, die für die Lagerung von Menschen notwendig ist, haben die Ingenieure der UN-Agenda 21 die Grundlage für die Zukunft gelegt. Baut sie und wir werden kommen. Bottom-up-Entwicklung und intelligentes Wachstum, formbasierte und intelligente Codes, der SMART-Zug und intelligente Zähler, Dörfer mit öffentlichem Nahverkehr, Ein-Planeten-Gemeinden und nachhaltige Städte sind alle Teil der grünen Maske zur Rettung des Planeten. Aber es geht nicht nur um den Aufbau einer harten Landschaft. Es geht um den Aufbau einer Ideologie der Regionalisierung, Regulierung und Überwachung für "das größere Wohl".

Als die Maske fällt, zeigt sich eine totalitäre Kontrolle mit Einschränkungen der Bewegungsfreiheit, der Sprache, des Eigentums und der Produktion.

Behalten Sie Ihre "Aus dem Gefängnis entlassen"-Karte

Sie könnten sie brauchen. Gefängnisse sind eine der am schnellsten wachsenden Branchen in den USA. Sie stellen das Nonplusultra der öffentlich-privaten Partnerschaften dar. Laut der US-Volkszählungsstatistik sitzt etwa einer von 130 Amerikanern im Gefängnis, und einer von 32 (etwa sieben Millionen) steht unter Aufsicht von Strafvollzugsbehörden. Die Corrections Corporation of America ist zusammen mit anderen privaten Gefängnisunternehmen wie GEO (ehemals Wackenhut) Mitglied einer mächtigen Lobbygruppe namens American Legislative Exchange Council. Mit über 2.000 staatlichen Gesetzgebern und fast 250 privaten Unternehmen und Stiftungen als Mitglieder ist dieser harmlos anmutende Rat ein gewaltiger Machtmakler in den Hauptstädten der

Bundesstaaten des Landes. Die Inhaftierung von Menschen ist ein großes Geschäft. Was brauchen die Gefängnisse? Sie brauchen mehr Gefangene. Wie bekommt man mehr Gefangene? Indem man mehr Aktionsverbrechen schafft und auf längere Haftstrafen drängt. Der American Legislative Exchange Council hat sich für das Three-Strikes-Gesetz (lebenslange Haft für das dritte Gewaltverbrechen) eingesetzt, das in elf Bundesstaaten eingeführt wurde. Es wird nur unzureichend auf nicht gewalttätige Straftaten angewandt.

Abschiebungen gehören zum großen Geschäft der privaten Gefängnisse. Es ist üblich, dass undokumentierte Arbeiter/innen oder Ausländer/innen ohne legalen Aufenthaltsstatus bis zu sechs Monate im Gefängnis verbringen, bevor sie abgeschoben werden. Das entspricht sechs Monaten Regierungszahlungen an die Betreiber privater Gefängnisse. Denken Sie darüber nach. Wir haben poröse Grenzen und ein Programm zum Einfangen und Freilassen mit einem kurzen Aufenthalt in einem Betonhotel dazwischen. Eine Sozialhilfe für Unternehmen mit On-the-Job-Training für zukünftige Kriminelle. Überfüllte Gefängnisse schaffen eine Nachfrage nach neuen Einrichtungen. Außerdem erhöhen Gefängnispopulationen die Gesamtzahl der Personen, die für die Neueinteilung von Wahlkreisen und die Berechnung der gesetzgebenden Vertretung gezählt werden. Je mehr Häftlinge es gibt, desto stärker ist der Bezirk vertreten, auch wenn diese Häftlinge nicht wählen können.

Soziale Gerechtigkeit? Oder das dreifache öffentlich-private Ergebnis? Planet, Menschen, Profit.

Die smarte Maske

Intelligente Zähler. Intelligenter Zug. Intelligente Codes. Intelligente Ernährung. Intelligentes Wachstum. Intelligente Karte. Intelligentes Stromnetz. Intelligentes Haus. Intelligenter

Hof. Intelligent genug, um durchzublicken? Knappheit und Ressourcenkontrolle.

Geld von gemeinnützigen Organisationen oder NGOs abschöpfen, deren Vorstand aus gewählten Vertretern besteht. Vertrauen Sie niemals auf das, was SMART genannt wird.

Ministerium für Wahrheit

Wenn es Ihnen wie mir geht, nutzen Sie Wikipedia zusammen mit vielen anderen Quellen und finden sie nützlich, um viele Sachfragen zu beantworten. Es ist die "Enzyklopädie des Volkes". Bis Sie sich dazu entschließen, die Themen Agenda 21, Kommunitarismus, Nachhaltige Entwicklung oder Asset Based Community Development zu aktualisieren. Dann werden Sie zensiert und müssen an Türen klopfen. Ich hatte mit einigen dieser Listen eine Zeit lang Erfolg, aber die Wächter entdeckten meine Ergänzungen und zensierten sie. Sie sagten, ich sei ein Verschwörungstheoretiker und wenn ich weiterhin posten würde, könnte ich in Zukunft keine Änderungen mehr vornehmen oder in Wikipedia posten.

Unsere spartanische Zukunft: Neofeudalismus

Ich meine die Art und Weise, wie wir als Nation (auch die EU hat diese Erfahrung gemacht) gepumpt und entsorgt und in die Schranken verwiesen wurden. Ich werde nicht näher darauf eingehen, wie die Federal Reserve und die Bankinstitute durch die Schaffung von Fiat-Geld manipuliert wurden. Das Buch von G. Edward Griffin, *The Creature from Jekyll Island*, ist eine hervorragende Quelle dafür.

Wir erleben einen verheerenden technischen Kollaps in unserem Wirtschaftssystem. Credit Default Swaps? Lassen Sie mich nicht damit anfangen!

In einem interessanten Interview im Programm Fresh Air des National Public Radio sprach Gretchen Morgenson, Finanzkolumnistin der NY Times, über ein Buch, das sie über die "finanzielle Apokalypse", wie sie es nennt, geschrieben hat. Besonders bemerkenswert an diesem Interview ist, dass sie, obwohl sie die Agenda 21 der Vereinten Nationen nicht erwähnt und wahrscheinlich auch keine Ahnung von ihrer Existenz hat, viele scheinbar unnatürliche Elemente des Zusammenbruchs und des Bailouts anspricht. Sie sagt, es sei fast so gewesen, als hätten die Regulierungsbehörden die Kreditnehmer absichtlich nicht geschützt und den Banken und der Federal National Mortgage Association (FNMA) erlaubt, eine Situation herbeizuführen, in der sie bankrott gehen würden. In Wirklichkeit wurden die Gesetzgeber von der FNMA gekauft.

Dies ist natürlich ein Element der Plattform der Agenda 21, die darauf abzielt, den Wohlstand der Amerikaner auf das Niveau der Entwicklungsländer zu nivellieren. In der Welt hinter der grünen Maske bedeutete, Wohneigentum in den USA für alle erschwinglich zu machen, sie in den Bankrott zu treiben, damit sie ihre Häuser verlieren. Mit der Taktik, etwas zu sagen, aber das Gegenteil zu tun, hat die öffentlich-private Partnerschaft der FNMA (Federal National Mortgage Association) ein Vermögen gemacht, indem sie Kleinkreditnehmer, Investoren und staatliche Sponsoren betrogen hat. Ja, die FNMA ist ein so genanntes staatlich gesponsertes Unternehmen, was bedeutet, dass sie eine Vorzugsbehandlung, geringere Mindestreserveanforderungen usw. und finanzielle Garantien des Staates im Austausch dafür erhält, dass sie den Amerikanern den Erwerb von Wohneigentum erschwinglicher macht. 1999 forderte die Clinton-Regierung die FNMA auf, die Kreditbedingungen für Kreditnehmer mit niedrigem Einkommen, die keine herkömmlichen Kredite erhalten konnten, zu lockern. Dies ebnete den Weg für den Subprime-Markt. Für weitere Einzelheiten können Sie den Artikel der

New York Times vom 30. September 1999 mit dem Titel *Fannie Mae Eases Credit to Aid Mortgage Lending* lesen.

Die FNMA war ein börsennotiertes Unternehmen, das 2008 nach groben Derivatspekulationen und dem Kauf von Subprime-Hypotheken von Countrywide Financial unter Treuhandverwaltung (Regierungskontrolle) gestellt wurde.

Gretchen Morgenson hat in diesem Interview etwas sehr Wichtiges gesagt.

Sie sagte, dass es eine Situation sei, in der man nicht gegen die Idee sein könne. Niemand sei gegen die Erhöhung der Eigenheimquote. Das sei so, als würde man gegen Apfelkuchen argumentieren. Die Idee sei gut, sagte sie, nur die Umsetzung sei katastrophal. Das ist eine Unterschrift der Agenda 21 der Vereinten Nationen. Wie können Sie gegen saubere Luft, öffentliche Verkehrsmittel, erschwinglichen Wohnraum und den Schutz der Schönheit der natürlichen Umwelt sein? Die Idee ist gut, aber die Umsetzung - DURCH KONZEPTION - ist katastrophal. Das ist das Problem. Die Idee ist der Überzug von Bonbons, die Ausführung IST das gewünschte Ergebnis. Wie Joseph Conrad in *Herz der Finsternis* schrieb: Der Schrecken.

Sie sollten inzwischen wissen, dass alle Krisen, die wir erlebt haben (Aktienmarkt, Immobilienkollaps, explodierende Energiepreise), im Einklang mit der Agenda 21 der Vereinten Nationen gestaltet wurden. Gretchen Morgenson gibt der "Gier" die Schuld, aber es ist viel mehr als das. Gier wurde als Hebel benutzt, um diese hochrangigen Diebe in eine Position zu bringen, in der sie die Märkte zum Zusammenbruch bringen konnten. Solange sichergestellt war, dass die Banken gerettet wurden, einzelne Vorstandsvorsitzende reich wurden und die Regulierungsbehörden die Augen schlossen, konnte die Agenda 21 der Vereinten Nationen umgesetzt werden. Eine andere Sichtweise ist, dass alles, was passiert ist, von Ihrer

Regierung gewollt war. Die aufgeblähten Blasen, die durch die fehlende staatliche Aufsicht zugelassen und geschaffen wurden, weisen Ihre Regierung als Quelle aus. Was sind die Konsequenzen daraus? Keine. Riesige Bailouts, keine Gefängnisstrafen, keine Beschlagnahmung von persönlichem Eigentum.

Das war der Schiffbruch unseres Landes, die Entwertung unseres Landes, der Absturz unserer Wirtschaft und die systemische Verwundbarkeit, die wir als Gegenmittel für den "unhaltbaren Zustrom von Amerikanern" erkennen. Wir sind jetzt reif für intelligentes Wachstum (gestapelte Wohnungen entlang der Korridore des öffentlichen Nahverkehrs), öffentliche Verkehrsmittel (Verlust der individuellen Mobilität aufgrund hoher Kosten), Hausspionage (gemeindeorientierte Polizeiprogramme), tiefe Arbeitslosigkeit (Bereitschaft, alles zu tun, was nötig ist, um sich zu ernähren) und den Verlust unserer Grundfreiheiten.

Weil im Kommunitarismus das "Problem" geschaffen wird und die "Lösung" das Ergebnis ist, das Sie ohne die Dringlichkeit des Problems nie akzeptiert hätten. Das "Problem" ist also: nicht genug Eigenheimbesitz für Geringverdiener. Die "Lösung" besteht darin, einer großen Anzahl von Personen, die die Voraussetzungen für einen Kredit nicht erfüllen, eine Falle zu stellen und sie in den Bankrott zu treiben. Ich selbst habe im Zeitraum 2003-2005 drei Immobilienkredite erhalten, und mein Hypothekenmakler drängte mich, Kredite mit variablen Zinssätzen aufzunehmen. Ich fragte ihn, ob ihnen ein Handbuch zum Thema Konkurs beigefügt sei, und nahm den festen Zinssatz. Aber das lag daran, dass ich Erfahrung hatte - sogar er hatte jetzt sein Haus durch Zwangsvollstreckung verloren.

Das wahre Ergebnis dieser Dialektik? Die Wohnungskrise (Verdrängung des Privateigentums) und der Zusammenbruch des Finanzsystems. Nur ist das Finanzsystem nicht zusammengebrochen, oder? Nein. Es wurde gerettet und die kleineren Akteure wurden von ihren großen Rivalen aufgesogen. Konsolidierung von Reichtum und Macht. Und Sie bezahlen dafür mit einer zweistelligen Arbeitslosenquote und völliger Unsicherheit über den langfristigen Markt. Die Armen sind bedürftig geworden, die Mittelschicht verdunstet und die Reichen feiern auf dem Mond. Fragen Sie sich, wo das Geld geblieben ist? Werfen Sie einen Blick auf einige der fabelhaften Gebäude, die in Dubai errichtet wurden. Der berühmte rotierende Wolkenkratzer ist ein gutes Beispiel dafür. Ich habe gehört, dass George Bush dort eine Wohnung hat. Das meine ich ernst. Privateigentum wird den Superreichen vorbehalten sein.

Heute haben unsere Städte weit entfernte Vororte mit vielen leerstehenden Gebäuden, die nicht zur Steuerbemessungsgrundlage beitragen. Erinnern Sie sich, dass eines der Ziele der Agenda 21 der Vereinten Nationen die "Verringerung der Zersiedelung" ist? Hier ist etwas, wovon Sie vielleicht noch nicht gehört haben: Ein geplantes Bundesprogramm im Wert von einer Billion US-Dollar, das es Kommunen ermöglichen soll, leerstehende Wohn-, Gewerbe- und Industrieimmobilien von Banken zu kaufen und abzureißen. Warum?

Um mehr Grünflächen in den Städten zu schaffen. Es geht darum, "redfields" (leerstehende Immobilien im Besitz von Banken, die sich im "roten" Bereich befinden) in "greenfields" (Parks und Freiflächen) umzuwandeln.

In dieser Fantasiewelt, in der immer mehr Bundesgelder aus dem Nichts geschaffen werden, wird wenig leistungsfähiger Privatbesitz in öffentliche Freiflächen umgewandelt. Ihre Stadt, die die Bewässerung und Pflege der bestehenden Parks nicht mehr gewährleisten kann, wird Grundstücke von Banken erwerben. In dieser Art perfektem Abbild der Agenda 21 der Vereinten Nationen brauchen alle Bewohner der Smart Growth-Gebäude im Stadtzentrum einen Ort zum Spielen.

Dabei muss es sich um einen öffentlichen Ort handeln, da die Regierung Sie nicht beobachten kann, wenn Sie sich in Ihrem Garten aufhalten. Im Rahmen einer weiteren "Rettung" der Banken und des Krieges der UN-Agenda 21 gegen das Privateigentum sollen bestehende Gebäude abgerissen und Privatgrundstücke aus der Rolle der Grundsteuer herausgenommen werden.

Durch den Abriss von Gebäuden (eine Lösung, die Treibhausgase, Kohlenstoff und Mülldeponien produziert) und den Bau von Parks werden in diesem Szenario "Arbeitsplätze geschaffen".

Wiederholen wir es: EINE TRILLION DOLLAR Bundesgelder werden für diesen "landbasierten Ansatz zur Lösung von Amerikas Wirtschaftskrise" vorgeschlagen. Dieses Zitat stammt aus dem Artikel *From Vacant* Properties *to Green Space, der* im Januar/Februar 2010 vom Urban Land Institute veröffentlicht wurde. *Der* Artikel berichtet, dass die City Parks Alliance aus Washington, DC, eine Strategie für die Bundesfinanzierung dieses Projekts entwickelt.

Können wir das zusammenlegen?

Schritt für Schritt: Die Agenda 21 der Vereinten Nationen stellt die Weichen für eine Entwicklung mit hoher Dichte in den Städten.

Die Redevelopment Agencies subventionieren die Entwicklung für intelligentes Wachstum. Nur einige begünstigte Bauherren sitzen im Geldzug.

Die Clinton-Regierung forderte die Banken auf, ihre Kreditvergabekriterien zu lockern und das Geld fließen zu lassen.

Bauunternehmer errichteten immer mehr Geschäfts- und Wohngebäude und sättigten damit den Markt.

Der wirtschaftliche Zusammenbruch sollte die Abwanderung von Unternehmen und Produktion aus den USA abdecken.

Der Börsencrash war dazu gedacht, den Reichtum der Mittelschicht abzusaugen und ihre Altersvorsorge zu destabilisieren.

Mit dem Rettungspaket TARP wurden die Banken ausgezahlt und ihre Macht gefestigt, indem sie kleinere Banken aufkaufen konnten.

Der Zusammenbruch der Wirtschaft ist ein inszeniertes Ereignis und fördert die Agitation für mehr Sozialprogramme sowie die Diffamierung des Eigentums. Diejenigen, die Privateigentum besitzen, sind "gierig".

In dem Maße, wie die Menschen ihre Häuser durch Zwangsvollstreckungen verlieren und ihre festen Arbeitsplätze wegfallen, werden sie eher bereit sein, in staatlich geförderten Wohnungen im Zentrum der Städte zu leben.

Der Zusammenhalt in den Stadtvierteln wird der Vergangenheit angehören. Es wird weniger Menschen geben, die sich gegen den Verlust der privaten Eigentumsrechte wehren.

Vorschläge zur Abschaffung des Steuerabzugs für Bundeshypothekenzinsen werden leichter angenommen und bedrohen damit das Privateigentum. Die Presse schreibt pflichtschuldig Artikel über die Misere des Eigenheims und preist das Leben in Eigentumswohnungen (ohne Instandhaltung!) oder Apartments (man kann umziehen, wann man will!) neben den Bahngleisen.

Statt "sozialer Gerechtigkeit" erleben wir einen Vermögenstransfer von der Mittelschicht zu den Reichen, da die beschlagnahmten Güter von denjenigen, die Geld haben, zu Spottpreisen gekauft werden.

Die hohe Arbeitslosigkeit und die staatliche Unterstützung tragen zur Gesamtverschuldung des Staates bei und setzen die Spirale der Senkung unseres Lebensstandards fort.

Der Besitz eines Privatwagens wird aufgrund der hohen Benzinpreise, der hohen Parkkosten in den Innenstädten und der Steuern auf gefahrene Fahrzeugkilometer unerschwinglich werden, und die Löhne können gesenkt werden, um die "Einsparungen" widerzuspiegeln.

Die Umwandlung von roten in grüne Zonen in den Vororten ermöglicht es den Städten, Gebäude abzureißen und Dienstleistungen in diesen Gebieten zu schließen. Dafür werden Umwidmungsfonds, d. h. das Geld Ihrer Grundsteuer, verwendet.

Ländliche Straßen werden nicht asphaltiert, wodurch der Wert ländlicher Immobilien sinkt, Banken werden sie beschlagnahmen und lokale Behörden werden sie für ein paar Cent kaufen. Immer weniger Land wird für die Landwirtschaft, für die Produktion, für das Leben in kleinem Maßstab zur Verfügung stehen. Land, das der Regierung gehört, wird im Rahmen von öffentlich-privaten Partnerschaften von gemeinnützigen Landtrusts verwaltet oder an diese verschenkt.

Das Land wird für die öffentliche Nutzung gesperrt. Ländliche Gebiete werden gesperrt.

Geschlossene vorstädtische Gebiete. Schließung von Waldgebieten. Ländliche Straßen gesperrt. Geschlossene

Straßen in Waldgebieten. Gebiete für Campingplätze geschlossen. Schließung von Staatsparks.

Beschränkungen für Reisen. Persönliche Identifikation jederzeit erforderlich. Medizinische Aufzeichnungen. Akten aus der Schule. Kommunikationsordner.

E-Mail, Facebook, Global Positioning Mapping, virtuelle Realität ... alle dienen dazu, deine Welt einzuschränken.

Eine gemeindeorientierte Polizei, Fusionszentren, erweiterte heimische Überwachungsbefugnisse für das FBI, eine Neudefinition der Folter, ein fortgesetzter Krieg für den Frieden, ein ewiger Krieg gegen den Terrorismus, eine regelmäßige Erneuerung des USA Patriot Act.

Gewinner und Verlierer auszuwählen ist der offizielle Blutsport der Agenda des 21.

Die Regionalisierung der Regierung wird die Planungsentscheidungen von der lokalen Regierung abziehen und Ihnen die Kontrolle nehmen - das bisschen, das Sie noch haben.

Landräte, Regionalräte, Nachbarschaftsverbände, Eigentümergemeinschaften, Anwohnerverbände - sie alle sprechen in Ihrem Namen, ohne dass Sie sie aufhalten können. Sie wollen alle das Gleiche.

Kontrolle, totale Information und Social Engineering. Glauben Sie, dass Sie die intelligenten Stromzähler abschalten können, wenn Sie in einem Gebäude mit 200 Wohneinheiten wohnen, das Ihrem örtlichen Bauträger für (staatlich geförderte) Wohnungen mit niedrigem Einkommen gehört?

Noch nie in der Weltgeschichte wurden so viele Informationen über Sie indiziert, klassifiziert und aufbewahrt wie heute. Sie werden verwendet, um Sie zu verkaufen, zu verwalten, zu überwachen, zu kontrollieren und einzuschränken. Ihre Regierung wägt über Ihre gewählten Vertreter, nicht gewählte Räte und Ausschüsse, lokale Verbände und Nachbarschaftsgruppen Ihre individuellen Rechte gegen die "Rechte der Gemeinschaft" ab, und Sie verlieren dabei. Die Agenda besteht darin, Sie in Stille, Sedierung, Passivität, Konformität, Konsum, Erschöpfung, Ablenkung, Angst, Unwissenheit und Verwirrung zu halten. Die neue globalistische Weltordnung.

Der Neofeudalismus der Agenda 21 der Vereinten Nationen/nachhaltigen Entwicklung lässt die Leibeigenschaft als Voraussetzung für die Zukunft wieder aufleben. Wenn Sie ihn lassen

Wie geht es jetzt weiter? Was tun?

Zunächst einmal sollten Sie tief durchatmen und sich bewusst machen, dass Sie in dieser Situation nicht allein sind. Es gibt Menschen in Ihrem ganzen Bundesstaat, in ganz Amerika, auf der ganzen Welt, die mit Ihnen sind.

Sie haben es bis hierher in dieses Buch geschafft, vielen Dank. Sie fühlen sich aufgewühlt und sorgen sich um Ihre Zukunft und die Ihres Landes.

Gut. Viele Themen sind in den Nachrichten, aber die Agenda 21 der UN, Kommunitarismus, nachhaltige Entwicklung und intelligentes Wachstum sind nicht sehr präsent.

Sie sind also schockiert darüber. Vielleicht hoffen Sie sogar, dass es nichts ist, dass es sich wieder beruhigt und dass Sie nichts tun müssen. Aber es ist real und Ihre Stimme wird gebraucht.

Vielleicht sind Sie auf der Suche nach einer Führungspersönlichkeit. Schauen Sie in den Spiegel. Das ist das wahre Gesicht der Basis. SIE.

Zunächst einmal ist es am besten, mehr zu lesen und die Augen für das Räderwerk Ihrer Stadt zu öffnen. Haben Sie schon einmal den Slogan "Global denken, lokal handeln" gehört? Ja, das ist der Jargon der Agenda 21 der Vereinten Nationen. Nun, nehmen Sie sich das zu Herzen, mitten in dem, was Sie sehen. Nehmen Sie Ihre Lokalzeitung zur Hand. Lesen Sie sie. So viele von uns lesen die *New York Times* oder den *San Francisco Chronicle*, aber nicht unsere Lokalzeitung. Sie ist ein Wisch, sagen wir. Wen interessiert das schon? Das sollten Sie aber. Ich habe bereits erwähnt, dass die Agenda 21 der Vereinten

Nationen, Kommunitarismus, nachhaltige Entwicklung und intelligentes Wachstum nicht viel in der Zeitung vorkommen, aber sie tun es, jeden Tag. Sie werden sie sehen, wenn Sie aufmerksam sind und intelligent lesen. Artikel über Sanierungsprojekte, Fahrradboulevards, Nachbarschaftsgipfel, Nachbarschaftswahlen, Nachbarschaftsbelebungsprojekte, Nachbarschaftsstabilisierungsprojekte, Visionen, lokale Räte, intelligente Wachstumsprojekte, Subventionen für einkommensschwache Wohnungen, Transportsubventionen, grüne Gebäudemodernisierungsprogramme, Brunnenüberwachung, SMART-Strom-, Wasser- und Gaszähler und die Menschen, die sich dagegen wehren, erscheinen jeden Tag. Kommunizieren Sie mit diesen Personen. Erzählen Sie ihnen von der Agenda 21 der Vereinten Nationen. Seien Sie eine Brücke.

Erstaunlicherweise ist das Verteilen von Flugblättern eine der effektivsten Methoden, um in kurzer Zeit eine große Anzahl von Menschen zu erreichen. Wir haben für Sie KICK ICLEI OUT-Flugblätter verfasst. Sie können sie von unserer Website Demokraten gegen die Agenda 21 der Vereinten Nationen ausdrucken. Gehen Sie auf die Seite ICLEI. Stehen Sie an einem Wochenendmorgen früh auf und gehen Sie einige Wochen lang in verschiedenen Stadtteilen mit ihnen spazieren. Gehen Sie unter der Woche, während die Leute bei der Arbeit sind. Legen Sie sie auf Veranden ab, stecken Sie sie nicht in Briefkästen (die sind offenbar Eigentum der Bundesregierung). Lassen Sie sich nicht von den Leuten in eine Falle locken und in ein Gespräch verwickeln, sonst verschwenden Sie Ihren Samstag mit Diskussionen, anstatt die Informationen zu verbreiten. Sagen Sie ihnen, sie sollen auf die auf dem Flyer angegebene Website gehen, wenn sie mehr Informationen wollen. Wenn sie helfen wollen, sagen Sie ihnen, dass sie Kopien des Flyers anfertigen und diese weitergeben sollen. Nehmen Sie die Flyer mit in den Laden, ins Café oder zu Treffen und verteilen Sie sie. Es kostet nur etwa 5 $, um 100 Kopien in Schwarz-Weiß anzufertigen. Legen Sie los!

Wir haben auch ein Faltblatt über die Neue Weltordnung, das Sie ausdrucken und verteilen können, wenn Sie möchten. Sie finden es auf der Website der Demokraten unter der Rubrik Was kann ich tun?

Wer regiert Ihre Stadt? Seien Sie ein kluger Forscher. Wenn Sie z. B. einen Artikel über eine Gruppe lesen, die sich für intelligentes Wachstum in Ihrer Stadt einsetzt, schauen Sie sich an, wer zu der Gruppe gehört. Googeln Sie nach den Namen der Personen, die die Organisation leiten. Folgen Sie diesen Links. Wer finanziert sie? Welchen Einfluss haben sie auf Ihre Stadt? Versuchen Sie, ihren Namen plus ICLEI, oder Vereinte Nationen, oder Smart Growth in Ihre Suchmaschine einzugeben. Sie werden erstaunt sein, was Sie finden. Stellen Sie diese Informationen dann auf Ihren Flyern aus.

Treten Sie in Kontakt mit anderen Menschen, die das Gefühl haben, dass ihre Eigentumsrechte durch übertriebene Vorschriften eingeschränkt oder unterdrückt werden.

Die meisten Menschen, die Immobilien besitzen, besitzen nicht mehr als ihr eigenes Haus, aber wenn Sie ein verbessertes oder leerstehendes Grundstück besitzen, egal ob ländlich, städtisch, vorstädtisch, gewerblich, wohnlich oder industriell, dann hat es Sie erwischt. Und wahrscheinlich wissen Sie das auch. Genauso wie andere Menschen in Ihrer Situation. Politische Parteien sind eine Ablenkung. Machen Sie sie nicht zum Problem.

Verbündete finden Sie, wenn Sie sich die Sitzungen der Stadtplanungskommission auf Ihrem lokalen Kabelkanal ansehen oder selbst zu den Sitzungen gehen, ihnen einige Wochen lang zuhören, Ihre Karte an Menschen in einer ähnlichen Situation weitergeben und sie treffen. Erzählen Sie ihnen von der Agenda 21 der Vereinten Nationen.

Sie könnten einen Schock erleiden, wie wir es manchmal erlebt haben, wenn Sie glauben, Verbündete zu treffen, sich aber irren. Nutzen Sie Ihre Chance. Verbreiten Sie das Wort. Fragen Sie uns nach Stoßstangenaufklebern oder Visitenkarten mit der Adresse unserer Website. Besuchen Sie die Seite "Kontaktieren Sie uns" auf unserer Website.

Versuchen Sie, eine Gruppe zusammenzubringen. Ja, es gehört ein gewisser Mut dazu, auf die Aktionen Ihrer Nachbarn, Ihres Stadtrats und Ihrer Gemeinde hinzuweisen, wenn Sie sich einsam fühlen. Ein Beispiel für eine kleine Gruppe, die einen großen Unterschied gemacht hat, finden Sie unter Santa Rosa Neighborhood Coalition dot com.

Ich war sehr beeindruckt von der Tea-Party-Bewegung. Ich werde häufig in die gesamten Vereinigten Staaten eingeladen, um vor verschiedenen Gruppen über die Agenda 21 der Vereinten Nationen zu sprechen. Diese unabhängigen Gruppen bestehen aus Menschen, die informiert werden wollen. Sie kommen mit Notizblöcken zu meinen Reden und machen sich Notizen. Sie sind aktiv, gehen zu Regierungssitzungen und stellen die schwierigen Fragen. Sie sind ehrliche, gewaltfreie, gesetzestreue, integrative und fleißige US-Bürger, die über die Veränderungen, die um sie herum umgesetzt werden, alarmiert sind. Ich habe nichts als Respekt für diese Menschen, die ihre Zeit, ihre Energie und ihr Geld opfern, um die grundlegendsten Rechte, die wir in diesem Land genießen, zu bewahren. Sie erfüllen ihre Bürgerpflicht und ich weiß das zu schätzen.

Das ist es, was wir wollen: eine informierte Bevölkerung, die sich äußern und handeln wird. Je besser wir informiert sind, desto besser geht es unseren gewählten Vertretern.

Vernetzen Sie sich mit anderen Gruppen. Auch wenn Sie nur in einer Sache übereinstimmen, z. B. KICK ICLEI OUT oder Refuse Smart Meters, schließen Sie sich mit anderen Kleingruppen zusammen, um Aktionen durchzuführen.

Unterstützen Sie sich gegenseitig bei Ihren Aktionen. Erscheinen Sie zu einer Bezirks- oder Stadtratssitzung, um sich mit Ihren Nachbarn in anderen Städten zu solidarisieren. Bieten Sie ihnen an, ihnen bei ihren Bemühungen um das Verteilen von Flugblättern zu helfen. Neue Gesichter, neue Ideen und neue Energie sind für alle nützlich. Warum gründen Sie nicht eine Koalition, um ICLEI vor die Tür zu setzen, die aus Menschen aus jeder ICLEI-Mitgliedsstadt in einem Umkreis von 160 km besteht? Führen Sie über einen Zeitraum von zwei oder drei Wochen ein Blitzlichtgewitter aus allen Städten durch. Machtvoll!

Nutzen Sie die sozialen Medien. Erstellen Sie eine Facebook-Seite, nutzen Sie Twitter und leiten Sie Menschen auf Webseiten wie unsere weiter, wo sie weitere Informationen finden können.

Kündigen Sie Treffen an, stellen Sie Delphi-Mitglieder aus und verlinken Sie auf Videos und Artikel. Nutzen Sie die elektronischen Medien zu Ihrem Vorteil. Clip Nabber oder Clip Grabber können Ihnen dabei helfen, ein Video von YouTube zu nehmen und es auf eine DVD zu laden, um es bei Ihren Treffen zu zeigen.

Beteiligen Sie sich lokal. Nehmen Sie an den Visualisierungstreffen in Ihrer Nachbarschaft teil.

Denken Sie jedoch daran, dass sie bei lokalen Treffen Taktiken wie die Delphi-Technik anwenden, um Andersdenkende an den Rand zu drängen. Diese Treffen werden oft als Charettes, Workshops, Visualisierungstreffen, Stakeholdertreffen und Arbeitsgruppen bezeichnet. Sie können auch "Ihr Plan für 2020" oder "Vision für Ihre Stadt" heißen. Hier ist eine sehr effektive Möglichkeit, ihre Taktiken zu durchkreuzen:

Anti-Delphi'ing ein Treffen. Ein Delphi-Treffen kann eine Eins-zu-eins-Sitzung sein oder mehrere Personen einbeziehen.

Das Ziel der Besprechung ist es, das Ergebnis zu lenken und gleichzeitig den Eindruck zu vermitteln, dass die Teilnehmer Einfluss haben und das Ergebnis ihre Idee ist. Wenn das Treffen reibungslos verläuft, werden die Teilnehmer nicht merken, dass sie gezwungen wurden, dem Plan zuzustimmen, der vor dem Treffen entworfen wurde. Ihr Ziel ist es, zu zeigen, dass der Plan nicht der Plan des Volkes ist, und der Versuchung zu widerstehen, sich über den Tisch ziehen zu lassen. Um dies effektiv zu erreichen, müssen Sie ruhig bleiben und dafür sorgen, dass der Moderator Sie vor der Gruppe unhöflich behandelt. Das ist politisches Theater. Der Moderator verlässt sich auf die Konformität und den Gehorsam der Gruppe, um das Treffen zum gewünschten Ergebnis zu führen. Ihre Aufgabe ist es, das betörende Tempo des total orchestrierten Treffens zu unterbrechen und die Mechanismen hinter dem Bildschirm offenzulegen. An diesem Punkt wird der Moderator die Kontrolle über das Meeting verlieren und der Bann ist gebrochen. Zu diesem Zeitpunkt sollte das gesamte Publikum Fragen stellen und Antworten vom 'Moderator verlangen. Es wird keinen "Konsens" geben. Das funktioniert, aber Sie müssen es richtig machen. Wenn Sie den Moderator als Opfer darstellen, wird das Publikum denken, dass Sie es missbrauchen, und Sie werden verlieren.

Bevor Sie an dem Treffen teilnehmen, gehen Sie ins Internet und lesen Sie über das Thema. Schauen Sie, wer die Gruppen sind, die ihn sponsern, und lesen Sie ihre erklärten Ziele. Lernen Sie Ihren Gegner kennen. Teilen Sie diese Informationen mit Ihrer Gruppe. Rufen Sie Ihre Gruppe zusammen und treffen Sie sich am Vorabend des Treffens.

Je größer Ihre Gruppe ist, desto größer ist die Chance, dass Sie die Funktionsweise der Scharade aufdecken. Es ist am besten, wenn Sie mindestens vier Personen sind. Sie müssen als Team arbeiten und denken Sie daran, dass es sich um politisches Theater handelt: Sie spielen Rollen. Sie haben sich die Unterlagen für das Treffen angesehen und verstehen den Zweck des Treffens. Sagen wir, sie wird von der regionalen metropolitanen Organisation für Verkehr/Planung, einem Regierungsrat und einigen gemeinnützigen Organisationen organisiert. Sie haben sich die Ankündigung des Treffens angesehen und es geht darum, intelligentes Wachstum in den Zentren Ihrer Städte mit einem regionalen Verkehrssystem zu etablieren, das sie miteinander verbindet. Er rechnet mit einem enormen Bevölkerungsboom und das Ziel ist es, so viele Menschen wie möglich in die Innenstädte zu drängen. Die neuen Gebäude werden die neu gestalteten Straßen nach dem Mischnutzungsmodell von Smart Growth säumen: am Bordstein gebaut, Einzelhandelsgeschäfte im Erdgeschoss mit zwölf Fuß hohen Decken, darüber zwei oder mehr Stockwerke mit Wohnungen oder Eigentumswohnungen. Ein oder weniger Parkplätze für die Einheiten und sehr wenig Gemeinschaftsfläche.

Sie und Ihre Gruppe beschließen, dass Sie Fragen stellen werden wie: Wie viel wird dieses Projekt kosten? Woher kommt das Geld? Wer hat dem Regionalrat die Befugnis gegeben, diese Entscheidungen zu treffen? Warum wird über dieses Projekt nicht abgestimmt? Sind die Eigentümer anwesend? Warum werden sie nicht gefragt, was sie mit ihrem Eigentum machen wollen? Beabsichtigen Sie, die Befugnis zur Enteignung zu nutzen, um die bestehenden Gebäude abzureißen? Was wird mit den ortsansässigen Unternehmen geschehen? Es scheint eine beschlossene Sache zu sein - warum haben Sie diese Versammlung einberufen, wenn Sie das gesamte Projekt bereits geplant haben? Sie sehen, dass es sich um äußerst widersprüchliche Fragen handelt, die der Moderator nicht wird beantworten wollen. Sein Ziel ist es, Sie in Verlegenheit zu bringen, Sie zu blamieren, Sie zum Schweigen zu bringen und die Menge gegen Sie aufzubringen. Ihr Ziel ist es, den Moderator zu entlassen und der Menge zu offenbaren, dass sie manipuliert wird. Das ist nicht ihr Plan.

Kehren Sie zu Ihrer Gruppe zurück. Diese Delphi-Treffen finden in der Regel entweder in einem Hörsaal mit Sitzreihen oder an Tischen statt. Um Delphi wirksam zu bekämpfen, müssen Sie:

Betreten Sie die Konferenz getrennt und verlassen Sie sie getrennt.

Erkennen Sie die anderen Personen in Ihrer Gruppe nicht, sprechen Sie nicht miteinander. Sie tun so, als würden Sie sich überhaupt nicht kennen.

Wenn Sie es vermeiden können, sich einzuloggen, tun Sie es. Sie wollen anonym bleiben. Wenn Sie sich einloggen müssen, geben Sie einen falschen Namen und eine falsche E-Mail-Adresse an. Der Grund dafür ist, dass Sie, wenn Sie erfolgreich sind und an weiteren Anti-Delphi-Treffen teilnehmen wollen, Ihre Identität nicht für diese festlegen wollen. Jemand in der Gruppe sollte eine echte Adresse verwenden, damit Sie Updates von den Organisatoren erhalten können.

Tragen Sie Ihr Namensschild nicht.

Identifizieren Sie sich nicht als Teil einer Gruppe. Sie sind als interessierter Bürger hier, genau wie alle anderen Anwesenden.

Kleiden und pflegen Sie sich sorgfältig. Sie sind ein rationales, vernünftiges und intelligentes Mitglied Ihrer Stadt.

Wenn es Videokameras gibt, versuchen Sie zu vermeiden, dass Sie gefilmt werden.

Bleiben Sie ruhig.

Betreten Sie den Hörsaal und nehmen Sie in dieser Formation Platz:

Wenn das Auditorium mit Stühlen im Theaterstil ausgestattet ist, sitzen Sie in Form einer Raute; je nach Größe der Veranstaltung kann es sein, dass Sie mehr als eine Raute haben. Eine Person in der Mitte, dahinter ein paar Reihen weiter, eine Person links von ihr in Richtung Gang und eine weitere rechts von ihr in Richtung Gang. Setzen Sie dann dieses Muster fort, indem Sie eine einzelne Person in die Mitte stellen, einige Reihen hinter dieser Reihe. Wenn das Treffen groß ist und Sie genügend Personen haben, wiederholen Sie dieses Schema.

Sie stellen vielleicht fest, dass Ihre Mitarbeiter eine große Fläche abdecken und sich nicht zusammenschließen. Beobachter werden Ihre Verbindungen zueinander nicht sehen und keine Teamleistung feststellen. Sie erwecken den Eindruck, als hätten Sie in allen Teilen des Auditoriums eine Opposition - ohne Verbindung untereinander und doch einander unterstützend. Denken Sie daran, dass Sie als völlig unabhängige Mitglieder Ihrer Stadt hier sind und dass Sie während des Treffens, in den Pausen oder nach dem Treffen nicht miteinander in Kontakt treten werden, während andere Personen, die am Treffen teilnehmen, zuschauen.

Wenn es im Auditorium Tische gibt, setzen Sie sich an verschiedene Tische, bis an jedem Tisch jemand sitzt, und dann, wenn es mehr Personen als Tische gibt, setzen Sie sich mit den Ihren an denselben Tisch, aber Sie werden nicht zugeben, dass Sie sich kennen. Sie werden sich so vorstellen, als wären Sie Fremde.

Sie sind angenehm. Sie sind freundlich. Sie sind ruhig. Sie sind vernünftig und besorgt. Sie äußern Ihre Meinung nicht gegenüber Ihren Mitmenschen.

Denken Sie daran, dass viele der Personen im Publikum oder an Ihrem Tisch entweder für ihre Anwesenheit bezahlt werden (Mitglieder von Organisationen, die den Plan sponsern, oder

Regierungsangestellte) oder in irgendeiner Weise mit dem Plan in Verbindung stehen.

Genau wie Sie sind sie da, um eine Rolle zu spielen. Beobachten Sie also, wenn das Treffen beginnt, die Personen um Sie herum auf freundliche Weise.

Stellen Sie sich mit Ihrem falschen Namen vor und finden Sie heraus, wer sonst noch mit Ihnen am Tisch sitzt. Wie haben sie von dem Treffen erfahren? Oh, arbeiten sie für die Stadt? Was machen sie? Es könnte sich um einen Bauunternehmer, einen Stadtplaner, einen Architekten, einen Umweltschützer, ein Mitglied des Stadtrats usw. handeln. Sponsert ihr Konzern die Veranstaltung? Wo leben sie? In welcher Stadt, in einem Haus oder einer Wohnung? Wohnen sie in einem Vorort? Sind sie mit dem Auto zu dem Treffen gefahren? Diese Fragen sollten freundlich, entspannt und keinesfalls aggressiv gestellt werden. Sie sind nur ein interessierter Nachbar, der sich unterhält. Sprechen Sie so wenig wie möglich über sich selbst; Sie sind dabei, Informationen zu sammeln und Komplizen zu identifizieren.

Je nachdem, wie ausgeklügelt dieses Treffen ist, werden Sie entweder mit einem elektronischen Gerät "abstimmen" oder die Hand heben. Halten Sie ein Auge auf die falschen Chips. Geben sie ihre Stimme ab? Nach kurzer Zeit werden Sie sie als nicht "ein Mitglied des Publikums" entlarven. Häufig beginnen sie an einem Tisch, wechseln später an einen anderen Tisch und werden zu Tischanimateuren. Indem Sie sie identifizieren, können Sie sie entlarven.

Das Programm des Treffens ist sehr straff und eine Möglichkeit, Einfluss zu nehmen, besteht darin, das Programm zum Entgleisen zu bringen. Die meisten Moderatoren sind es nicht gewohnt, mit abweichenden Meinungen umzugehen, und sie werden nervös, wütend oder abweisend werden, um ihr Programm einzuhalten. Selbst eine Verzögerung wie: "Hat jemand meine Handtasche gesehen? Ich dachte, ich hätte sie hier abgelegt" kann beim Moderator Angst auslösen und Ihnen die Aufgabe erleichtern.

Aber übertreiben Sie es nicht.

Zu Beginn des Treffens werden Sie gebeten, über eine Reihe von voreingenommenen Szenarien "abzustimmen". Dies ist Ihre erste Gelegenheit. Ein Mitglied Ihrer Gruppe hebt die Hand und stellt eine Frage. Sie könnte etwa so lauten: "Ich bin verwirrt. Ich dachte, dieses Treffen sollte unsere Meinung einholen, aber es scheint, dass Sie es so organisiert haben, dass wir nur über Ihre vorgegebenen Szenarien abstimmen können". Der Moderator wird entweder antworten, dass er jetzt keine Fragen entgegennimmt, oder er gibt eine lange, zusammenhanglose Antwort, die keinen Sinn ergibt. Der Fragende sagt dann in einer ruhigen und freundlichen Art und Weise: "Aber ich glaube nicht, dass Sie meine Frage beantwortet haben. Ich dachte, dieses Treffen sollte dazu dienen, unsere Meinung einzuholen, aber es sieht so aus, als würden Sie uns nicht erlauben, andere Optionen zu diskutieren". Der Moderator wird versuchen, die Frage zu ignorieren. JETZT sagt eines der anderen Mitglieder Ihrer Gruppe: "Ich würde gerne die Antwort auf die Frage dieses Herrn hören". Und ein anderes Mitglied sagt: "Ja, das würde ich auch gerne wissen". Dies wird das Treffen stören, da das Publikum nun auch die Antwort hören möchte und anfangen wird, sich zu Wort zu melden. Vergessen Sie nicht, sich gegenseitig zu unterstützen, aber tun Sie dies auf eine lockere, freundliche und höfliche Art und Weise. Sie wollen, dass der Moderator Sie angreift und nicht umgekehrt. Gehen Sie anfangs langsam vor.

Der Vermittler weiß, was vor sich geht, aber das Publikum weiß es nicht. Das Ziel des Vermittlers ist es, Sie zu manipulieren, Sie zum Schweigen zu bringen und weiterzumachen.

So kann die erste Antwort noch einmal gegeben werden oder es wird Ihnen gesagt, dass die Zeit knapp ist und die Fragen erst beantwortet werden, wenn Sie sich in Gruppen aufteilen.

Erlauben Sie dem Treffen, kurz fortzufahren. Als die gestapelten und verpackten Wohnungen auf dem Bildschirm erscheinen, fragt jemand anderes: "Entschuldigung, aber ich möchte wirklich verstehen, warum Sie sagen, dass meine Nachbarschaft "Business As Usual" ist, als ob das etwas Schlechtes wäre. Wir lieben unsere Sackgasse und unser einstöckiges Haus wirklich". Dasselbe wie oben.

Ein anderes Mitglied sagt von einer anderen Seite des Saals: "Ich würde gerne die Antwort auf diese Frage hören". Und andere ergreifen das Wort. Wir befinden uns in einer ländlichen Gegend und wollen keine Wohnungen wie die, die Sie zeigen. Erinnern Sie sich an Ihre vereinbarten Fragen, wie z. B.:

Wie hoch sind die Kosten für dieses Projekt?

Wie wird es finanziert?

Wer hat Ihr Unternehmen beauftragt und wie viel bekommen Sie bezahlt?

Wer ist Eigentümer der Grundstücke, die von Ihrem Plan betroffen sind?

Sind die Besitzer da?

Was wird aus den lokalen Unternehmen?

Warum versuchen Sie, dies ohne Abstimmung zu tun?

Unterstützen der Bürgermeister und die Gemeinderäte diesen Plan?

Warum versucht der Regionalrat, die Kontrolle über dieses Gebiet zu erlangen?

Das klingt wie ein Delphi-Treffen, bei dem Sie das Ergebnis bereits festgelegt haben, bevor wir eintreffen.

Tun Sie dies auch in anderen Städten?

Wie sieht der Zeitplan für dieses Projekt aus? (Dies schließt immer die Verabschiedung des Projekts ein, sodass Ihre Anschlussfrage lautet: Es scheint, dass nichts, was wir hier sagen können, dieses Projekt aufhalten wird. Ist das richtig?) Stellen Sie diese Fragen und unterstützen Sie sich gegenseitig. Aber benehmen Sie sich nicht wie ein wütender Mob! Bleiben Sie zivilisiert. Senken Sie den Tonfall Ihrer Stimme. Lassen Sie nicht zu, dass Sie die Bösen sind und den ganzen Saal gegen sich aufbringen.

Lassen Sie die anderen sprechen. Wenn es offensichtlich ist, dass Sie die Kontrolle über die Besprechung übernehmen, werden Sie die Unterstützung der übrigen Zuhörer verlieren. Denken Sie daran, dass Sie die Moderatoren nicht von ihrer Meinung abbringen werden. Sie tun dies, um Ihre Mitbürger aufzuwecken.

Der Moderator wird versuchen, den Raum in Gruppen aufzuteilen, vor allem in Versammlungen mit Einzeltischen. Widersetzen Sie sich dem. Sagen Sie: "Ich würde wirklich gerne die Kommentare von jedem Einzelnen hören. Ich denke, es wäre besser, wenn wir zusammenbleiben". Belegen Sie Ihre Aussage. Sie werden wahrscheinlich nicht gewinnen, aber die Leute werden an die Tatsache denken, dass sie die anderen Kommentare nicht hören können.

An jedem der Tische kann jeder von Ihnen sagen: "Wie können wir wissen, was an den anderen Tischen passiert? Das fühlt sich nicht richtig an". Beachten Sie, wer die Moderatoren der Tische sind. Waren Sie vorhin neben einem von ihnen? Hat sie abgestimmt? Sagen Sie "Entschuldigung, aber ich verstehe nicht, wie Sie sagen können, dass dies ein Treffen für die Öffentlichkeit ist, wenn Sie Moderatoren haben, die abstimmen". Unterstützen Sie das. Dadurch wird die Lüge entlarvt. Es gibt keinen "Konsens".

Wenn es für die Moderatorin schlecht läuft, wird sie um eine Pause bitten, und dann werden sie und die anderen Moderatoren beobachten, wer mit wem spricht. Ihre Mitarbeiter werden sich gerne an der Unterhaltung beteiligen.

Sprechen Sie während der Pause nicht mit anderen Personen in Ihrer Gruppe. Die Betreuer werden Sie als zusammen identifizieren und sie werden Sie nicht zur Rede stellen oder Ihnen vorwerfen, dass Sie sich gegen sie verbünden. Stattdessen können Sie in der Pause in ihre Gruppen gehen und ihnen zuhören. Sie werden das Treffen schnell zur Ordnung rufen.

Sie werden Sie bitten, Listen mit Umweltthemen wie saubere Luft, sauberes Wasser, offene Flächen und Gartenarbeit zu bewerten. Wer will nicht saubere Luft und sauberes Wasser? Natürlich steht dies an erster Stelle. Danach folgen Begründungen für die Unterbindung der Nutzung von Privatfahrzeugen in Stadtzentren, die Erhebung einer Steuer auf gefahrene Fahrzeugkilometer oder hohe Parkgebühren. Fragen Sie sie: "Woran knüpfen Sie diese offensichtlichen Entscheidungen? Werden Sie sagen, dass wir, wenn wir saubere Luft wollen, keine Privatautos wollen?". Ein charmantes Lächeln. Untermauern Sie Ihre Behauptung.

Wenn Sie dies richtig machen, werden sie nicht in der Lage sein, das Treffen zu beenden.

Es werden Stimmen laut werden. Bleiben Sie ruhig, aber stellen Sie weiterhin Fragen. Wenn sich der Saal gegen sie wendet und sie hinauswirft, haben Sie gewonnen. Verteilen Sie nun an der Tür, direkt vor der Tür, Ihre Flyer. Das können unsere Flyer zu ICLEI oder AG21 sein oder die Anti-Delphi-Flyer mit dem Titel Are You Being Delphi'd? Sie finden sie auf der Website der Santa Rosa Neighborhood Coalition unter der Rubrik Delphi. Es ist ziemlich mächtig, wenn die Leute lesen, dass sie Opfer einer Technik der Firma RAND geworden sind, die darauf abzielt, sie auf ein vorbestimmtes Ergebnis zu lenken. Und diese Information erhalten sie durch Ihre Gruppe.

Aber denken Sie nicht, dass Sie völlig gewonnen haben - halten Sie Augen und Ohren offen für das Nachholtreffen, das sie ohne Ihr Wissen zu organisieren versuchen werden.

Seien Sie auch dafür präsent. Und unterstützen Sie andere Gruppen in Ihrer Region, die von diesen Moderatoren für Regionalisierung und die UN-Agenda 21 angesprochen werden. Teilen Sie die Informationen, die Sie über die einzelnen Moderatoren und ihre Gruppen sowie über das Programm haben, mit anderen. Wenn Sie Videos von den Treffen gemacht haben, zeigen Sie diese den anderen Widerstandsgruppen. Erwarten Sie nicht, dass die Moderatoren die gleichen Fehler noch einmal machen. Sie werden lernen und schärfer werden, wenn sie Sie in Delphi einbeziehen. Sie müssen eine Strategie für die Zukunft entwickeln.

Hier ist ein Artikel, den ich im August 2010 auf dem Blog der Demokraten über einen großen Anti-Delphi-Erfolg geschrieben habe:

> *Ich habe gerade einen Artikel in einer Online-Zeitung gelesen, der mich zum Grinsen gebracht hat.*

Stellen Sie sich die Situation vor: eine kleine Stadt, ein Treffen der Supervisoren, 90 Personen sind anwesend, ein Berater steht vorne, hält seine Rede und liefert das, wofür ihm die

Supervisoren ein kleines Vermögen gezahlt haben, um es herauszufinden.

Intelligentes Wachstum. Und raten Sie mal, was? Diese Leute werden es nicht bekommen. Ihre Kommentare haben mich überrascht. Sie haben ihre Hausaufgaben gemacht und sich über die Agenda 21 der Vereinten Nationen informiert, und sie wollen sie nicht haben.

Auszug aus der Zeitung Picayune Item, 19. Mai 2010:

> *Eine öffentliche Anhörung zu dem, was zu einem umstrittenen Gesamtplan des Landkreises geworden ist, der von einigen als Plan für "intelligentes Wachstum" bezeichnet wird, stieß am Montagabend im Auditorium der Picayune High School auf starke negative Ablehnung. Etwa 90 Anwohner versammelten sich, um zu hören, wie die Vertreter des Landkreises über den Plan sprachen, und etwa 17 gaben negative Kommentare zu dem vorgeschlagenen Plan ab.*

Die Bürger auf dem Treffen machten mit den Moderatoren Anti-Delphi, indem sie die Agenda 21 der Vereinten Nationen nannten und darüber sprachen. Sie brachten alle ihre Einwände gegen intelligentes Wachstum zum Ausdruck und waren eine sehr gut informierte Gruppe. Es gelang ihnen, das Ergebnis mit etwa zwanzig Prozent der Gesamtteilnehmerzahl zu verändern. Die Bezirksaufseher erkannten, dass sie den Plan nicht durchsetzen konnten.

> *Supervisor Hudson Holliday: "Wenn sie es 'Dumb Growth' genannt hätten, hätten wir dieses Problem nicht. Aber diese Leute haben wirklich einen Weg gefunden, um Geld zu machen. Es ist ein gerissener Deal. Sie alle (CDM) erhalten ca. 787.000 $ für einen Plan, der wirklich wertlos ist. Der alte Rat gab ihnen 300.000 Dollar, um eine Studie zu erstellen.*
>
> *Diese Studie war ungefähr einen dreiviertel Zoll dick. Herr Carbo selbst sagte, dass sie das Papier, auf dem sie geschrieben war, nicht wert war. Aber sie haben nicht*

angeboten, uns unser Geld zurückzugeben. Es ist zwar ein Zuschuss, aber es ist unser Steuergeld. Dieser Rat stimmte dafür, ihnen 487.000 Dollar zu geben, um einen Plan zu erstellen. Ich habe diese letzte Version nicht gesehen. Die Vereinten Nationen nehmen uns nicht unsere Rechte weg, wir tun es hier und jetzt. Als Aufseher möchte ich nicht die Verantwortung haben, Ihnen zu sagen, was Sie mit Ihrem Land tun können, und ich versichere Ihnen, dass ich nicht möchte, dass diejenigen, die mir folgen, diese Macht und Verantwortung haben... Diese öffentlichen Anhörungen sollten im Vorfeld und nicht im Nachhinein stattfinden... Jede Studie, die die Regierung erstellt oder bezahlt, führt letztendlich zu einer größeren Kontrolle durch die Regierung. Ich habe gegen die Bezahlung dieser Typen gestimmt. CDM ist ein großes Unternehmen und ich denke, wenn Ihr Unternehmen, Herr Carbo, irgendeine Art von Integrität hätte, würde es uns unser Geld zurückgeben.

Ein Blick auf eine Straße in einer halbwegs ländlichen Gegend - ein Foto, das sich verwandelt. Was ist mit diesen Hausbesitzern passiert?

Gehen Sie zu den Sitzungen des Gemeinderats und der Bezirksaufsichtsbehörde und gewöhnen Sie sich daran, das Wort zu ergreifen. Am Anfang ist es etwas beängstigend, aber machen Sie weiter. Im vergangenen Jahr hat unsere Stadt Santa Rosa in Kalifornien den Teil der Stadtratssitzungen, der für öffentliche Kommentare vorgesehen war, nicht mehr im öffentlichen Fernsehen übertragen. Ja, der Bildschirm wurde genau in dem Moment ausgeschaltet, als die Namen aufgerufen wurden, sich zu äußern, und auf dem Bildschirm erschien eine Meldung, dass der im Fernsehen übertragene Teil der öffentlichen Sitzung nun beendet sei. Wir protestierten dagegen. Wir schickten Briefe an den Bürgermeister und den

Stadtrat sowie an die Lokalzeitung. Die Antwort lautete, dass die Stadt niemandem einen Ort schulde, an dem er seine Meinung äußern könne. Sie sagten, wenn die Leute hören wollten, was andere Bürger zu sagen hätten, könnten sie kommen und persönlich zuhören. Seit die Stadt 2005 "Aktionsprotokolle" für alle ihre Sitzungen eingeführt hat, können Sie die Protokolle nicht mehr lesen und wissen, was gesagt wurde. Nur Ihr Name wurde festgehalten. Ich schaute im Internet nach, ob andere Gemeinden ihre öffentlichen Kommentare zensiert hatten. Ich war schockiert. Dies ist nicht die einzige Stadt, die das Recht ihrer Bürger, ihre Meinung zu äußern und gehört zu werden, einschränkt. NEIN. Dies geschieht überall in den Vereinigten Staaten. Stadtverwaltungen und Aufsichtsräte strahlen öffentliche Kommentare nicht mehr auf ihren öffentlichen Fernsehkanälen aus. Ist das ein Zufall? NEIN. DAS IST DIE AGENDA 21 DER UNO. Gehen Sie hin und verlangen Sie, dass Ihre Stadt Ihre Kommentare im öffentlichen Fernsehen zusammen mit dem Rest der Ratssitzung ausstrahlt. Bringen Sie jeden, den Sie können, zur Sitzung mit und sprechen Sie in Ihren drei Minuten - halten Sie Ihren Rat und Ihre Vorgesetzten die ganze Nacht dort. Bei jedem Treffen. Bis sie den Teil der Sitzung, der den öffentlichen Kommentaren gewidmet ist, wieder in das Fernsehprogramm aufnehmen.

Was ist der Hauptunterschied zwischen den USA und repressiven Regimen? Die Toleranz gegenüber Andersdenkenden. Die Freiheit der Meinungsäußerung. Offener Diskurs. Die öffentliche Debatte. Ohne Informationen werden wir zensiert und tappen im Dunkeln.

Wenn Ihre Stadt oder Ihr Landkreis die Verbreitung öffentlicher Kommentare verboten hat, lassen Sie sich nicht davon abhalten. Ich wette, dass die meisten Tagesordnungspunkte in irgendeiner Weise mit der UN-Agenda 21 in Verbindung stehen. Kommentieren Sie diese Punkte. Sie verbreiten die Informationen an alle, die fernsehen.

Wir beginnen und beenden unsere Kommentare in der Regel mit der Adresse unserer Website, damit die Leute weitere Informationen erhalten können.

Es ist äußerst anregend, sich lokal zu engagieren, und Sie werden lernen, wer wer ist und wie alles zusammenhängt. Es ist Ihre Stadt - engagieren Sie sich. Aber lassen Sie sich nicht austricksen. Oder Schmeicheleien nutzen, um Sie umzudrehen.

Lassen Sie sich nicht täuschen. Haben Sie Mut: Sie wenden sich an alle in Ihrer Stadt und Ihrem Landkreis, nicht nur an den Vorstand. So geben Sie anderen den Mut und die Informationen, die sie brauchen, um sich Ihnen anzuschließen.

Vermeiden Sie ein Burn-out. Wenn Sie ausgebrannt sind und aufgeben, helfen Sie dem Widerstand nicht. Achten Sie daher auf sich selbst. Finden Sie Zeit zum Lachen und genießen Sie Ihre Freunde und Familie. Hier ist eine Strategie, die ich in einem Online-Seminar gelernt habe, das von einer Umweltgruppe angeboten wurde. Sie heißt "The power of 25". Sie funktioniert folgendermaßen: Wenn Sie 25 Personen in einer Gruppe haben, können Sie pro Jahr 200 Kontakte zu Gesetzgebern usw. generieren. Jede Person verpflichtet sich, acht Dinge pro Jahr zu tun: an zwei Treffen teilzunehmen, zwei E-Mails zu schicken, zwei Briefe zu posten und zwei Telefonate zu führen. Jede dieser Aktionen richtet sich an eine andere Behörde oder Person, aber die 25 Personen in Ihrer Gruppe konzentrieren sich auf dieselben Personen. So wird z. B. dieser Gesetzgeber zu verschiedenen Zeiten des Jahres einige Briefe, einige Telefonanrufe, einige E-Mails und die Teilnahme an einem Treffen Ihrer Gruppe erhalten.

Sie können sich als Gruppe zusammenfinden und entscheiden, in welche Richtung Ihre Aktion gehen soll. Ob Sie ICLEI aus Ihrer Stadt vertreiben oder andere über die UN-Agenda 21 informieren wollen, Sie werden mit 200 Kontakten eine starke

Präsenz projizieren und niemand wird sich erschöpfen. Ich habe es selbst noch nicht ausprobiert, ich bin zu beschäftigt!

Stellen Sie sich selbst zur Wahl. Ob Schulkommission, Wasserbehörde, Stadtrat, Nationalbüro, Immobilienmakler oder Gewerkschaft - wir brauchen besser informierte Menschen. Selbst wenn Sie nicht gewinnen - und ohne Geld ist das schwer zu erreichen -, bringen Sie die UN-Agenda 21 in die Debatte und an die Öffentlichkeit.

Wie wäre es mit einer Spende? Die Betreiber sind bereit!

Aber im Ernst: Wenn Sie nicht aktiv sein wollen oder aus irgendeinem Grund nicht aktiv sein können, kann Ihre Spende, egal in welcher Höhe, dazu beitragen, die Energie und Aktivität derjenigen von uns aufrechtzuerhalten, die reisen, schreiben, Flugblätter drucken, Stoßstangenaufkleber herstellen, Websites und E-Mails zur Aufklärung finanzieren und sich an Gruppen wenden. Wir haben einen Spendenbutton auf unserer Website Democrats Against UN Agenda 21 (Seite Donate/Contact Us) und auch andere Gruppen tun dies. Ihre Spende wird sehr geschätzt.

Organisieren Sie einen Filmabend! Es gibt eine Vielzahl an tollen Filmen, Dokumentationen und Reden, die Sie im Internet kaufen oder einfach von Ihrem Computer aus vorführen können. Haben Sie ein kleines Büro oder einen Laden, in dem Sie nach der Arbeit Filme vorführen können? Laden Sie ein paar Leute ein, schauen Sie sie sich gemeinsam an und diskutieren Sie anschließend. Machen Sie daraus eine regelmäßige Aktivität, einmal pro Woche, und Sie werden überrascht sein, wie schnell sich das entwickelt. Dann können Sie zu einer aktiveren Teilnahme übergehen.

Beziehen Sie die Jugendlichen in die Diskussion mit ein. Wenn Sie Kinder oder Enkelkinder haben, lassen Sie sie an den Diskussionen teilhaben und zeigen Sie ihnen, wie sie indoktriniert werden. Hören Sie sich an, was sie Ihnen über Lehrpläne und soziale Medien erzählen. Machen Sie sie darauf aufmerksam, wie sie manipuliert werden. Bitten Sie sie, Ihnen Beispiele zu zeigen, machen Sie ein Spiel daraus.

Bitten Sie Ihre Gruppe, einen Preis für das "beste Video" für ein Video über die UN-Agenda 21 zu sponsern. Stiften Sie einen Preis von 250 $ für das beste fünfminütige Video über die lokalen Auswirkungen der UN-Agenda 21. Hängen Sie Ihre Bekanntmachungen in örtlichen Mittel- und Oberschulen aus. Veröffentlichen Sie anschließend den Gewinner und die Finalisten auf Youtube. Organisieren Sie ein Bankett zur Preisverleihung. Veröffentlichen Sie es in der Zeitung. Präsentieren Sie den Film als Kurzfilm auf Filmfestivals. Stellen Sie ihn auf Ihren gemeinschaftlichen Medienkanal. Das sieht nach Spaß aus!

Wenn Sie mit Personen, die für die Nachhaltigkeitsbewegung eintreten, über die UN-Agenda 21 diskutieren, denken Sie über ihre Argumente nach. Sind sie logisch? Wenn sie für eine hochverdichtete Entwicklung im Zentrum Ihrer Stadt plädieren, fragen Sie sie: Warum unterstützen Sie die vertikale Zersiedelung? Fragen Sie sie: Wussten Sie, dass Sozialwohnungen keine Grundsteuer zahlen? Wussten Sie, dass sie nicht zur Bezahlung von kommunalen Dienstleistungen beitragen? Fragen Sie sie: Wussten Sie, dass die Grundsteuer auf neue Entwicklungen in einem Gebiet, das als verfallen erklärt wurde, nur sehr wenig zu Schulen, Krankenhäusern, Polizei und Feuerwehr beiträgt? Der Großteil ihrer Grundsteuern wird an die Redevelopment Agency abgezweigt, um die Redevelopment-Anleihen zurückzuzahlen. Wenn sie Themen ansprechen, die Ihnen Fragen aufwerfen, suchen Sie nach den Antworten.

Nutzen Sie es als Lernmöglichkeit.

Lesen Sie die gegensätzlichen Standpunkte. Ich mache es mir zur Gewohnheit, die Websites von Umweltgruppen, Radfahrergruppen und so viele Websites zur Verteidigung des intelligenten Wachstums zu lesen, wie ich verkraften kann. Das hilft Ihnen, Ihre Gedanken zu klären und bereitet Sie auf die Debatte vor.

Nutzen Sie alle medialen Möglichkeiten, die sich Ihnen bieten.

Ich lehne nie eine Einladung ins Radio oder Fernsehen ab. Ich begnüge mich damit, mein Bestes zu geben und die Informationen zu verbreiten. Ich bin Maggie Roddin (The Unsolicited Opinion), Dr. Stan Monteith (Radio Liberty), Jeff Rense (Rense Radio), Ernest Hancock (Freedom's Phoenix) und den vielen anderen Talkshow-Moderatoren dankbar, die mich in ihre Sendungen eingeladen haben. Glenn Beck hat meine Rede von der East Bay Tea Party auf seiner Website veröffentlicht, und ich wusste damals nicht einmal, wer er war! Ich glaube, dass mittlerweile mehr Menschen dieses Video gesehen haben, als ich in meinem ganzen Leben getroffen habe. Wenn ich von der feindseligen Presse interviewt werde, führe ich das Gespräch per Telefon und filme es selbst.

Nutzen Sie Ihre Gruppe, um durch politisches Theater die Aufmerksamkeit der Medien auf sich zu ziehen. Geben Sie eine Pressemitteilung heraus, wenn Sie Ihren Stadtrat auffordern wollen, ICLEI vor die Tür zu setzen. Organisieren Sie eine Pressekonferenz im Rathaus. Verwenden Sie einen großen Pappstiefel! Ernennen Sie ein gut informiertes Mitglied als Verbindungsperson zur Presse.

Hier ist eine Möglichkeit, wie Ihre Stimme in allen Zeitungen und Magazinen des Landes gehört wird: Gehen Sie auf deren Online-Seiten und kommentieren Sie Artikel, die sich mit der Agenda 21 der Vereinten Nationen/nachhaltiger

Entwicklung befassen. Die meisten Seiten erlauben eine anonyme Veröffentlichung, wenn Sie dies wünschen.

Haben Sie einen Newsletter abonniert? Schreiben Sie etwas für sie. Legen Sie los! Geben Sie Ihr Bestes und machen Sie sich keine Sorgen, wenn Sie es nicht schaffen, alles zu schreiben.

Erstellen Sie einen Blog. Machen Sie es, es ist ganz einfach! Weebly ist eine großartige Website zum Erstellen von Websites. Sie ist kostenlos und Sie können ganz einfach eine Website und einen Blog in etwa 5 Minuten haben. Wenn Sie mehr erfahren, veröffentlichen Sie diese Informationen. Bauen Sie Verbindungen zu anderen Personen auf. Holen Sie sich Unterstützung, indem Sie andere Menschen finden, die wie wir über die UN-Agenda 21 und den Kommunitarismus aufgewacht sind.

Gibt es in Ihrer Stadt ein kommunales Medienzentrum? In der Mittel- oder Oberstufe gibt es vielleicht einen örtlichen Kabelfernsehsender, der Kurse anbietet, in denen man lernt, wie man eine lokale Fernsehsendung macht. Das macht Spaß, man lernt viel und kann seine Sendung ausstrahlen. Versuchen Sie es mit der Sendung "Der Mann auf der Straße". Fragen Sie jeden, den Sie treffen: "Wussten Sie, dass (Ihre Stadt) Mitglied von ICLEI ist?" oder "Wussten Sie, dass nachhaltige Entwicklung ein Plan der Vereinten Nationen ist?".

Ziehen Sie Ihre finanzielle Unterstützung zurück. Wenn Sie wohltätige Spenden leisten oder Geschäftsbeiträge oder Abonnementgebühren an Gruppen zahlen, die die UN-Agenda 21 unterstützen, stellen Sie die Zahlungen ein oder zahlen Sie unter Protest, wenn Sie es müssen, und sagen Sie ihnen, warum!

Es steht eine Wahl an. Gehen Sie in die Foren. Fragen Sie: "Wie stehen Sie zur UN-Agenda 21?". Halten Sie ein Schild hoch. Finden Sie heraus, ob Ihre Stadt oder Ihr Landkreis

Mitglied von ICLEI ist. Fragen Sie: "Wie ist Ihre Position zu ICLEI? Werden Sie sich dafür einsetzen, ICLEI aus unserer Gemeinde zu vertreiben?

Suchen Sie nicht nach einem Helden und warten Sie nicht darauf, dass es jemand für Sie tut. Alle auf die Brücke! Sie sind Teil einer großen, globalen und authentischen Volksbewegung. Grün zu sein bedeutet, effiziente Wege zu nutzen, um Energie zu sparen, und intelligente Wege zu nutzen, um unser Leben auf der Erde zu erhalten. Man muss nicht sein Recht auf freie Meinungsäußerung verlieren und auf ein Leben mit eigenem Fahrzeug, Privathaus, modernen Annehmlichkeiten und gutem Essen verzichten, um umweltbewusst zu sein. Lokale Gruppen haben uns gesagt, dass sie nicht wollen, dass Elektrofahrzeuge erfolgreich sind, weil dies die Menschen davon abhalten würde, ihr Auto zu verlassen und das Fahrrad zu nehmen. Selbst wenn der gesamte Strom aus erneuerbaren Energien stammen würde, seien Menschen mit Privatfahrzeugen "asozial" und die Straßen sollten für Fahrräder reserviert oder abgeschafft werden. Die Arbeit, die wir leisten müssen, um die Agenda 21 der Vereinten Nationen/nachhaltige Entwicklung zu stoppen, muss von jedem Einzelnen von uns ausgehen. Wenn wir auf die Anführer warten, werden wir scheitern. Jeder kann seinen Teil dazu beitragen, indem er tut, was er kann, und sich zusammenschließt, um seiner Stimme Gehör zu verschaffen. Wir sind alle Helden!

Wenn Sie sich selbst als progressiv identifiziert haben, fragen Sie, was das bedeutet. Fragen Sie sich, was das bedeutet. Denken Sie darüber nach. Vor etwa einem Jahr beschloss ich, ein wenig über Progressive zu recherchieren. Immerhin bezeichnete ich mich selbst als progressiv und stellte fest, dass ich keine Ahnung hatte, was ich damit meinte. Ich war einfach nur cool. Wer will nicht progressiv sein? Ich wusste, dass es im US-Kongress eine Gruppe progressiver Demokraten gibt, und machte mich auf die Suche nach

Informationen. Was ich fand, verblüffte mich. Die Demokratischen Sozialisten Amerikas behaupten, dass sie, da es in den USA keine Möglichkeit gibt, dass eine dritte Partei eine Wahl gewinnt, über den linken Flügel der Demokratischen Partei arbeiten. Sie erklären ausdrücklich, dass sie über den Progressive Democratic Caucus arbeiten. Laut Wikipedia ist der PDC mit 83 Mitgliedern die größte Fraktion innerhalb des demokratischen Caucus des US-Kongresses. Wenn Sie die Website der Demokratischen Sozialisten Amerikas (www.dsausa.org) besuchen und die Rubrik "Was ist demokratischer Sozialismus?" aufrufen, finden Sie ein vierseitiges Informationsblatt, das diese Erklärung enthält:

Sind Sie nicht eine Partei, die mit der Demokratischen Partei um Wählerstimmen und Unterstützung konkurriert?

Nein, wir sind keine eigenständige Partei. Wie unsere Freunde und Verbündeten aus der feministischen, der Gewerkschafts-, der Bürgerrechts-, der religiösen und der Gemeinschaftsorganisationsbewegung waren viele von uns in der Demokratischen Partei aktiv.

Wir arbeiten mit diesen Bewegungen zusammen, um den linken Flügel der Partei zu stärken, der durch den Congressional Progressive Caucus repräsentiert wird. Der Prozess und die Struktur der US-Wahlen beeinträchtigen die Bemühungen von Drittparteien ernsthaft.

Wahlen, bei denen alle gewinnen, statt einer proportionalen Vertretung, strenge Anforderungen an die Qualifikation von Parteien, die von Staat zu Staat variieren, ein Präsidialsystem statt eines parlamentarischen Systems und das Monopol der beiden Parteien auf die politische Macht haben die Bemühungen von Drittparteien zum Scheitern verurteilt. Wir hoffen, dass irgendwann in der Zukunft in Koalition mit unseren Verbündeten eine alternative nationale Partei lebensfähig sein wird. Vorerst werden wir weiterhin progressive Parteien unterstützen, die eine echte Chance haben, die Wahlen zu gewinnen, was in der Regel linke Demokraten bedeutet.

Außerdem finden Sie eine Erklärung, dass sie die Gründer des Congressional Progressive Caucus waren.

Was wollen sie also? Staatliches und genossenschaftliches Eigentum an Eigentum und Produktionsmitteln. Obwohl sie sagen, dass sie die Zentralisierung der Macht nicht unterstützen, widerlegen ihre Vorschläge dies. Ich schlage vor, dass Sie sich die Website ansehen, wie ich es getan habe, und anfangen, sich dazu zu äußern.

Es ist völlig legal und akzeptabel, in Amerika Sozialist zu sein, aber wenn Sie auf einer sozialistischen Plattform kandidieren, müssen Sie sich als Sozialist und nicht als Demokrat zu erkennen geben. Wir unterstützen nicht die Zweckentfremdung der Demokratischen Partei.

Stellen Sie sich das Endergebnis der nachhaltigen Entwicklung vor. Ziehen Sie in Ihrer Vorstellung in eine Wohnung. Schaffen Sie Ihr Auto ab und nehmen Sie Ihr Fahrrad. Nehmen Sie sich die Zeit, darüber nachzudenken. Hören Sie auf, Lebensmittel zu essen, die nicht lokal (in einem Umkreis von 25 Meilen) produziert wurden. Beschränken Sie Ihren Wasserverbrauch auf 10 Gallonen pro Tag. Zahlen Sie eine Kohlenstoffsteuer für alle Ihre Reisen. Waschen Sie Ihre Kleidung und Bettwäsche mit der Hand und hängen Sie sie zum Trocknen auf (versuchen Sie, dies einen Monat lang zu tun). Beantworten Sie Ihren Fragebogen zur aktivitätsbasierten Gemeindeentwicklung. Führen Sie Ihre Stunden der "verpflichtenden Freiwilligenarbeit" aus.

Melden Sie Verstöße gegen den Smart Growth-Bewohnerkodex.

Identifizieren Sie sich als Liberaler? Wir besitzen auch die Verfassung und die Bill of Rights. Das gehört alles uns. Wir sind ein großes Land mit viel Platz und vielen Ressourcen. Wir säubern unsere Umweltverschmutzung, senken unseren

Energieverbrauch und gehen effizienter mit unserem Wasser um. Wir sind eine Nation der Rechte. Keine republikanischen oder demokratischen Rechte. Nationale, bürgerliche Rechte.

Haben Sie ein wenig Mitgefühl mit denjenigen, die ihre Augen für die Wahrheit öffnen. Es ist schwierig und schmerzhaft zu erkennen, dass die grüne Maske eine Illusion ist. Diejenigen von uns, die an die pastellfarbene Vision glauben wollten, werden nicht bereit sein, die kalte Realität der Manipulation von Umweltbelangen durch multinationale Konzerne anzusehen. Seien Sie mitfühlend.

Feiern Sie Ihre Siege! Landkreise und Städte im ganzen Land setzen ICLEI vor die Tür und werden aktiv. Schließen Sie sich Carroll County, Maryland; Spartanburg, South Carolina; Amador County, Kalifornien; Albemarle County, Virginia; Montgomery County, Pennsylvania; Las Cruces, New Mexico; Carver, Massachusetts; Edmond, Oklahoma; Garland, Texas; Georgetown, Texas; Sarasota County, Florida; und Plantation, Florida an, um NEIN zu ICLEI zu sagen. Wenn sie es können, können Sie es auch! Vergessen Sie nicht, Ihren Generalplan neu zu erstellen!

Haben Sie den Mut, Ihre Meinung zu äußern. Seien Sie ein unabhängiger Denker. Das Bild, das wir von uns selbst als Nation haben, und unsere historische Realität weichen manchmal tiefgreifend voneinander ab, aber diese große einigende Kraft zwischen Ideal und Realität ist die Garantie für die Meinungsfreiheit und das Eigentum an uns selbst und an Privateigentum. Dies sind zweifellos unsere vitalsten und einzigartigsten Rechte und diejenigen, denen wir unsere Wachsamkeit widmen müssen. Es ist lebenswichtig, diese Rechte, die in unserer Bill of Rights enthalten sind, zu verteidigen. Es ist schwierig, an einem Ideal festzuhalten, und wir haben in verschiedenen Phasen unserer Geschichte versagt. Aber wir kehren immer wieder zur Bill of Rights zurück, und wenn wir uns irren, korrigieren wir uns. Die Sklaverei, das

Frauenwahlrecht und andere wichtige Themen, die auf die ersten zehn Verfassungsänderungen folgten, sollten Fehler oder Auslassungen in den Originaldokumenten korrigieren. Wir können als Nation wachsen und lernen, und wir sollten immer danach streben, unserem Ideal ähnlicher zu werden. Wie Michelangelo sagte, als er gefragt wurde, wie er einen so perfekten Status in den David schnitzen konnte: "Ich habe einfach alles weggenommen, was nicht der David war, und das war's".

Wir haben einen schönen Prüfstein, einen Leitfaden, eine Verfassung, die uns definiert, die den Verlust von Rechten oder die Einschränkung von Freiheiten nicht zulässt. Wir haben die Taktiken gesehen, mit denen die Wahrheit zum Schweigen gebracht werden soll, und sie sind schrecklich.

Verleumdung, üble Nachrede, Justizirrtum ... damit haben wir in den letzten sechs Jahren gelebt, weil wir den Mut hatten, die Wahrheit zu sagen.

Diese Information ist zu mächtig, um ignoriert zu werden, und kann nicht zum Schweigen gebracht werden.

Widerstand ist nicht etwas, dem Sie sich anschließen; Widerstand ist das, was Sie sind. Sie sind Teil einer echten Volksbewegung, die sich zur Agenda 21 der Vereinten Nationen, zur Kooptation der Umweltbewegung durch Unternehmensinteressen und zur immer schnelleren Absorption unserer Regierung durch Mega-Konzerne äußert.

Streben wir nach einer vollkommeneren Union, die unserem Ideal als Nation besser entspricht. Lassen wir uns nicht dazu verleiten, das zu fordern, was die Konzernokratie uns gerade gibt. Denn wenn wir immer ärmer werden, werden wir nach mehr Regierungskontrolle, mehr Regierungshilfe und mehr Einschränkungen für andere schreien, und wenn wir nicht weise und mutig sind, werden wir diesem Plan beiwohnen.

Lassen Sie uns vereint bleiben. Wir werden den Bemühungen, uns zu spalten, widerstehen und nach den Elementen unserer amerikanischen Erfahrung suchen, die uns vereinen. Das Wort ist gefallen, die Maske fällt. Wir sind auf dem Weg zum Sieg. Wir haben das Schweigen gebrochen und den Mythos zerschlagen, dass die Agenda 21 der Vereinten Nationen eine Verschwörungstheorie ist.

Wir wissen, dass es sich um eine Verschwörungstat handelt. Weigern Sie sich, sich von Ihrer Regierung oder von sonst jemandem terrorisieren zu lassen. Wir können zusammenarbeiten, um die UN-Agenda 21/Nachhaltige Entwicklung durch Aufklärung und Aktionen zu besiegen.

Jetzt lass uns hier rausgehen und dem Ganzen ein Ende setzen.

YES WE CAN!

DANKE

Die Stadt Santa Rosa, die Zeitung Santa Rosa Press Democrat, die Neighborhood Alliance, die Junior College Neighborhood Association, die City of Santa Rosa Redevelopment Agency, die City of Santa Rosa Advance Planning Department, die Community Development Department, das Leadership Institute of Ecology and the Economy, der Kongressabgeordnete Michael Allen, Senator Pat Wiggins und seine Mitarbeiter, Sonoma County Conservation Action, Accountable Development Coalition und alle, die der Wahrheit im Weg standen: Ohne Ihre Boshaftigkeit wäre dieses Buch nicht geschrieben worden.

> *Es ist allein der Irrtum, der die Unterstützung der Regierung benötigt. Die Wahrheit kann sich selbst genügen.* - Thomas Jefferson, *Notizen über den Staat Virginia*, 1787.

Kay Tokerud, deren Mut, Einsicht und Beharrlichkeit sie zu einer idealen Partnerin auf dieser Reise gemacht haben.

Mr. X, dessen Hilfe und Freundschaft einen großen Teil dieser Arbeit erst möglich gemacht hat. Jenny Reed, Michael Koire, ADB und Dreamfarmers, Kevin Eggers, James Bennett, die Mitglieder des SRNC-Vorstands, Maggie Roddin, Karen Klinger, Heather Gass, Steve Kemp, Erin Ryan, BJ Kling, Mark Shindler und Robert A. Macpherson. Barry N. Nathan für seine großartigen Illustrationen.

Niki Raapana, dessen Bücher *2020: Our Common Destiny* und *The Anti-Communitarian Manifesto eine* große Hilfe dabei waren, der Quelle einen Sinn zu geben. Michael Shaw, dessen Engagement für die Bereitstellung von Informationen unübertroffen ist. Orlean Koehle, dessen Buch *By* Stealth *and*

Deception eine enzyklopädische Sammlung von Daten über den Zusammenbruch der USA und der Rechtsstaatlichkeit ist. Charlotte Iserbyt, deren Buch *The Deliberate Dumbing Down of America* eine analytische Darstellung der wahren Ziele und der Methodik des Bildungssystems ist. G. Edward Griffin, dessen Buch *The Creature from Jekyll Island* unbedingt gelesen werden sollte. Ich stimme vielleicht nicht mit allem überein, was sie schreiben, aber es sind hervorragende Quellen. Und George Orwell, der es wusste und uns warnte.

Die Agenda 21 der UNO ist antiamerikanisch

* * *

Auszug aus der Zusammenfassung von *Growing Smart Legislative Guidebook: Mustergesetze für die Planung und das Management von Veränderungen,* Ausgabe 2002

> *Es sollte in der Verantwortung aller Sektoren liegen, öffentliche Bildungs- und Berufsbildungsprogramme zu planen und sich an deren Gestaltung und Umsetzung zu beteiligen.*
>
> *Obwohl die politischen Fragen und Umstände sehr unterschiedlich sind, ist es von entscheidender Bedeutung, dass ein breites Spektrum an Interessengruppen und die Öffentlichkeit eine gemeinsame Basis finden. Die Suche nach einem Konsens ist Teil dieses Prozesses. Außerdem müssen Zielgruppen über den Wert und die Vorteile von intelligenter Planung und intelligentem Wachstum aufgeklärt und Mythen entlarvt werden, die von Gegnern verwendet werden, um ein falsches Bild von intelligentem Wachstum zu zeichnen.*
>
> *Ebenso wichtig ist es, sich Interessen entgegenzustellen, die versuchen, neue Gesetze durchzusetzen, die Aktivitäten ausweiten, die als behördliche Abgaben gelten und daher nach dem fünften Zusatzartikel der US-Verfassung entschädigungspflichtig sind.*

Wie lautet die Übersetzung? Ihre Regierung hat es sich zur Aufgabe gemacht, Sie zu indoktrinieren, damit Sie Social Engineering bei der Landnutzung akzeptieren, und sie wird jeden bekämpfen, der die Wahrheit darüber sagt. Wenn Sie versuchen, ein Gesetz zu verabschieden, das es Ihnen ermöglicht, für Einschränkungen bei der Landnutzung bezahlt zu werden, wird die Regierung Sie bekämpfen.

FÜGEN SIE EINE GEGENKLAGE EIN. MACHEN SIE IHRE RECHTE GELTEND.

HINTER DER GRÜNEN MASKE

Bereits erschienen

OMNIA VERITAS LTD PRÄSENTIERT:

DIE WALL STREET TRILOGIE

VON ANTONY SUTTON

"Professor Sutton wird für seine Trilogie in Erinnerung bleiben: *Wall St. und die bolschewistische Revolution*, *Wall St. und FDR* und *Wall St. und der Aufstieg Hitlers.*"

Diese Trilogie beschreibt den Einfluss der Finanzmacht bei drei Schlüsselereignissen der jüngeren Geschichte

---

Omnia Veritas Ltd präsentiert:

Geschichte der Zentralbanken
und der Versklavung der Menschheit

von

STEPHEN MITFORD GOODSON

Im Laufe der Geschichte wurde die Rolle der Geldverleiher oft als "verborgene Hand"

Der Leiter einer Zentralbank enthüllt die Geheimnisse der Macht des Geldes

Ein Schlüsselwerk die Vergangenheit, die Gegenwart und die Zukunft zu verstehen

---

Omnia Veritas Ltd präsentiert:

DIE WERKE VON PAUL RASSINIER

Das drama der juden europas & Die jahrhundert-provokation

Es wäre die Gnade, dass die historische Wahrheit früh genug, weit genug und stark genug ausbricht, um den gegenwärtigen Verlauf der Ereignisse umzukehren.

Ich habe keine Historiker gefunden - zumindest diejenigen, die diesen Namen verdient hätten

OMNIA VERITAS
Omnia Veritas Ltd präsentiert:
KEVIN MACDONALD
DIE KULTUR DER KRITIK
DIE JUDEN UND DIE RADIKALE KRITIK
AN DER KULTUR DER NICHTJUDEN
Ihre Analysen zeigen den vorherrschenden kulturellen Einfluss der Juden und ihr Bestreben, die Nationen, in denen sie leben, zu unterminieren, um die vielfältige Gesellschaft, für die sie eintreten, besser beherrschen zu können, während sie selbst eine ethnozentrische und homogene Gruppe bleiben, die den Interessen der weißen Völker feindlich gegenübersteht.
Eine evolutionäre Analyse der jüdischen Beteiligung an politischen und intellektuellen Bewegungen im 20.

OMNIA VERITAS
OMNIA VERITAS LTD PRÄSENTIERT:
Berlin ist in Deutschland etwas Einmaliges. Die Bevölkerung dieser Stadt setzt sich nicht, wie die irgendeiner anderen, aus einer einheitlichen, in sich geschlossenen, homogenen Masse zusammen.
KAMPF
UM
BERLIN
Die Hauptstadt stellt das Zentrum aller politischen

OMNIA VERITAS
Omnia Veritas Ltd präsentiert:
KOSTSPIELIGE RACHE
THE HIGH COST OF VENGEANCE
VON
FREDA UTLEY
Deutschland Waffenstillstandsbedingungen akzeptieren, die es völlig hilflos machten...
KOSTSPIELIGE RACHE
Die sagten, sie könnten entweder Frieden oder Rache haben, aber nicht beide zugleich

HINTER DER GRÜNEN MASKE

OMNIA VERITAS

Omnia Veritas Ltd präsentiert:

Nürnberg

Nürnberg I oder das Gelobte Land
Nürnberg II oder die falschmünzer

Ich übernehme nicht die Verteidigung Deutschlands. Ich übernehme die Verteidigung der Wahrheit.

von **MAURICE BARDÈCHE**

Wir leben auf einer Fälschung der Geschichte

OMNIA VERITAS

Omnia Veritas Ltd präsentiert:

PRAKTISCHER IDEALISMUS

RICHARD COUDENHOVE-KALERGI

DER KALERGI-PLAN ZUR VERNICHTUNG DER EUROPÄISCHEN VÖLKER

OMNIA VERITAS

Omnia Veritas Ltd präsentiert:

WILLIAM LUTHER PIERCE

Dieser Roman der Erwartung beschreibt einen Staatsstreich unter der Führung von Weißen in den Vereinigten Staaten, die Schwarze und Juden angreifen, wobei letztere als Kontrolle des amerikanischen Staates beschrieben werden

DIE TURNER TAGEBÜCHER

Die Turner Diaries bieten einen Einblick, der einzigartig wertvoll ist

OMNIA VERITAS
OMNIA VERITAS LTD PRÄSENTIERT:
ROGER GARAUDY
DIE GRÜNDUNGSMYTHEN
DER ISRAELISCHEN POLITIK
ROGER GARAUDY
DIE GRÜNDUNGSMYTHEN
DER ISRAELISCHEN POLITIK
Wer ist schuldig? Wer begeht das Verbrechen oder wer prangert es an?

OMNIA VERITAS
Omnia Veritas Ltd vorhanden:
Mein Kampf
Mein Kampf
Es war zu dieser Zeit, dass meine Augen auf zwei Gefahren für die Existenz des deutschen Volkes geöffnet wurden: Marxismus und Judentum.
Ein Dokument von historischem Interesse

OMNIA VERITAS®
www.omnia-veritas.com